Vom richtigen Zeitpunkt

Johanna Paungger · Thomas Poppe

Vom richtigen
Zeitpunkt

Die Anwendung des Mondkalenders
im täglichen Leben

IRISIANA

Für die zahlreichen Zuschriften in den letzten Jahren möchten wir uns an dieser Stelle ganz herzlich bedanken und gleichzeitig um Nachsicht bitten, wenn wir sie nicht mehr alle persönlich beantworten können. Dennoch möchten wir Sie einladen, uns weiterhin zu schreiben, denn es lohnt sich: Es gibt immer viel Neues aus der Paungger-Poppe-Werkstatt, von der weltweit einzigen Mondkosmetik bis zu den Kräuter-Tees »Vom richtigen Zeitpunkt«. Und hier bestellen Sie unseren Katalog:

Mondversand Paungger & Poppe
Postfach 3
A-5230 Mattighofen
e-mail: paungger.poppe@aon.at

Die Inhalte des Buches wurden von den Verfassern nach bestem Wissen erstellt und mit größtmöglicher Sorgfalt geprüft. Sie bieten jedoch keinen Ersatz für eine kompetente medizinische Beratung. Weder die Autoren noch der Verlag können für eventuelle Nachteile oder Schäden, die aus den im Buch gegebenen Hinweisen resultieren, eine Haftung übernehmen.

5. Auflage Jubiläumsausgabe 2025

© 1991 by Irisiana Verlag, einem Unternehmen der Penguin Random House Verlagsgruppe GmbH, Neumarkter Straße 28, 81673 München produktsicherheit@penguinrandomhouse.de (Vorstehende Angaben sind zugleich Pflichtinformationen nach GPSR.)

Umschlaggestaltung: Geviert, Grafik & Typografie, München unter Verwendung eines Motivs von Anselm Spring
Satz: Satzwerk Huber, Germering
Druck und Bindung: GGP Media GmbH, Pößneck
Printed in Germany

ISBN 978-3-424-15300-2

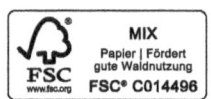

Penguin Random House Verlagsgruppe FSC® N001967

454151810113

Inhalt

Seite

Vorwort der Neuausgabe

or über 30 Jahren, im Herbst 1991, erschien »Vom richtigen Zeitpunkt« zum ersten Mal – das Buch, das der Wiederent-deckung des Wissens um die Mondrhythmen den Weg ebnete und heute in 26 Sprachen übersetzt worden ist. Millionen Leserinnen und Leser haben erleben dürfen, wie sehr der Mondkalender den Alltag erleichtern hilft und Gesundbleiben und -werden aus eigener Kraft zum erreichbaren Ziel werden ließ.

Heilpraktiker, Ärzte und Zahnärzte erlebten, wie das Achten auf den Mondstand zum Segen für viele Patienten geriet und viele merkwürdige Umstände bei Therapie und Heilungsverlauf erklären half. Gut vorbereitet ist der halbe Weg zum Ziel: In vielen Praxen und manchen Kliniken hängen unsere Mondkalender jetzt offen an der Wand und helfen mit bei der Wahl der günstigen Termine für Operationen und Therapiemaßnahmen. Mehrere Bücher sind inzwischen erschienen, in denen Ärzte und Chirurgen über ihre positiven Erfahrungen mit dem »richtigen Zeitpunkt« berichten.

Zahllose Gärtner, Landwirte und vor allem auch die vielen unermüdlichen Balkonbauern haben aus eigener Anschauung die Wirkungen des richtigen Zeitpunkts erlebt. Und erlebt, dass es tatsächlich möglich war, auf Pestizide, Düngemittel und die Verschwendung von Trinkwasser völlig zu verzichten, bei gleichem oder höherem Ertrag und viel höherer Qualität der Erntefrüchte und Kräuter. Auch deshalb hat sich danach die Zahl der Biobauern innerhalb von acht Jahren nach 1991 verzehnfacht!

Waldbauern und Tischler, die den richtigen Zeitpunkt beachten, haben entdeckt, dass zum richtigen Zeitpunkt geschlagenes »Mondholz« umweltverträgliches Arbeiten erleichtert und biologische Holzprodukte erst möglich macht, im Innen- wie im Außenbereich. Keine Gifte verwandeln das Holz mehr in Sondermüll und belasten die Gesundheit der Menschen. Es kann bleiben, was es ist: der schönste Werkstoff, den uns die Natur schenkt. Und auch was seine Dauerhaftigkeit betrifft, kann es wieder erfolgreich in Konkurrenz treten zu den naturfernen Werkstoffen Beton, Stahl, Glas.

FriseurInnen und KosmetikerInnen konnten mit Freude beobachten, wie die Anwendung der Mondrhythmen auch in ihrem Beruf Erfolge brachte und dass auch sie weitgehend auf den übermäßigen Einsatz von Chemie in den Produkten verzichten können. Naturkosmetik bekommt dadurch die Chance, die sie verdient. Das Achten auf den richtigen Zeitpunkt macht hautbelastende Mittel überflüssig.

Und nicht zuletzt haben die Angehörigen des am meisten unterschätzten Berufsstandes der Welt das Mondwissen mit offenen Armen aufgegriffen – die Hausfrauen: Der Mondkalender hat sie unbestechlich gegen jeden Versuch gemacht, dieses Wissen als Modeerscheinung abzutun. Wer würde schon das beste Pferd im Stall auswechseln? Mit halb so viel Arbeit und doppeltem Spaß ein doppelter Nutzen – das spricht für sich selbst.

Wenn Sie unsere Arbeit noch nicht kennen und mit diesem Buch erstmals damit in Berührung kommen, dann ist unser Wunsch, dass es Sie ein langes Stück Weg begleitet und für Sie nützlich wird. Vielleicht macht es neugierig auf die genaueren Zusammenhänge und noch viel mehr Wissen, das wir in unseren Büchern festgehalten haben. Wenn Sie es schon in einer der früheren Ausgaben zu Hause besitzen, dann freut es Sie vielleicht zu hören, dass wir es überarbeitet und erweitert (besonders im Bereich gesunde Ernährung) und für das neue Jahrtausend tauglich gemacht haben.

Neulingen wie »alten Hasen« versprechen wir, auch in Zukunft für sie da zu sein – mit aufrichtiger Information über in Vergessenheit geratene Zusammenhänge, deren Kenntnis für die Gegenwart und Zukunft unseres kleinen Planeten von größter Bedeutung ist.

Die Natur sollte uns nicht erst zwingen müssen, das Wissen vom ›richtigen Zeitpunkt‹ wieder lebendig werden zu lassen. Gemeinsam mit Ihnen möchten wir die ersten Schritte aus freiem Willen gehen.

Johanna Paungger & Thomas Poppe

Originalvorwort der Autoren

 eit vielen Jahren werde ich immer wieder gebeten, ein Wissen weiterzugeben, mit dem ich von frühester Kindheit an aufgewachsen bin – das Wissen um die Mondrhythmen, um die Einflüsse auf alles Leben auf der Erde, die vom Stand des Mondes und den Mondphasen angezeigt werden. Ich verdanke es meinem Großvater, der mir beibrachte, dass Gespür, Schauen und Erfahren der Schlüssel zu vielen Dingen in der Natur ist, die durch die Wissenschaft allein nicht entschleiert werden können.

Ich erinnere mich noch sehr gut an meinen ersten Vortrag. Man warnte mich zuvor, dass ich wohl mit Spott zu rechnen habe. Meine innere Überzeugung war jedoch so fest und auch die Unterstützung meiner Freunde war mir sicher, dass es mir gleichgültig war, wie viele Zuhörer mich auslachen würden. Für mich zählte nur eines: Wenn sich auch nur eine Person dieser naturgegebenen Sache annimmt, dann bleibt ein altes Wissen lebendig, das sich über Jahrhunderte durch Weitererzählen, Ausprobieren und Anwenden gehalten hat und das gerade heute für uns alle und für die Welt, in der wir leben, von großem Wert sein könnte.

Der Erfolg dieses ersten Vortrags hat mich zu weiteren ermutigt, und heute, nach vielen Vorträgen, schreibe ich meine Erfahrungen auf. Ich freue mich besonders über die Aufgeschlossenheit, mit der viele Menschen dem

13

Wissen um die Mondrhythmen gegenüberstehen. Sah ich anfangs viele ungläubige Gesichter, so entwickelte sich schon nach kurzer Zeit ein explosionsartiges Interesse. Heute wenden sogar viele Ärzte und Unternehmer das Wissen um »den richtigen Zeitpunkt« in ihrem Beruf an. Für mich ist der Umgang mit den Mondphasen ja überhaupt nichts Neues, aber ich bin glücklich darüber, dass viele Menschen diesem alten Wissen heute wieder Vertrauen schenken.

Das ist mein Wunsch: Sie sollen, wenn Sie Freude daran haben, ein Wissen erhalten, das Sie ein Leben lang begleiten kann, ohne immer wieder in Leitfäden, Ratgebern und Tabellen nachschlagen zu müssen – ein Wissen, das Ihnen in Fleisch und Blut übergeht, das Sie Ihren Kindern als Starthilfe für eigene Erfahrungen weitergeben können. Wenn Sie auch nicht wie ich mit diesem Wissen aufgewachsen sind, so bekommen Sie mit diesem Buch Gelegenheit, eigene Erfahrungen zu sammeln – und das hilft mehr als tausend Beispiele in einem Buch. Nach einigen Versuchen kommt Ihnen das Wissen nicht mehr so fremdartig vor, und Sie merken schnell, um wie viel einfacher Ihnen alles von der Hand geht.

In gemeinsamer Arbeit mit meinem Mann Thomas Poppe ist dieses Buch entstanden. Möge es allen Lesern, die guten Willens sind, eine Erleichterung und ein hilfreicher Begleiter in vielen Lebenssituationen sein.

Johanna Paungger

Große Abenteuer nehmen manchmal ihren Anfang in kleinen, unschein-
baren Dingen – zum Beispiel im Klingeln eines Telefons.

»Du, ich habe da eine Frau kennengelernt, die für dich bestimmt sehr
interessant sein könnte. Vielleicht schreibt ihr gemeinsam ein Buch. Sie
heißt Johanna Paungger. Ich habe von dir erzählt und sie möchte dich
kennenlernen . . . «
»Buch schreiben? Worüber?«, antwortete ich leicht gereizt, weil ich mich
gerade mit einem ungeliebten Buch herumschlug und die Inspiration
mich verlassen hatte.
»Warte es ab, das ist nicht so einfach zu erklären.«
Auch das noch.
Nun, von Natur aus neugierig, sagte ich zu. Ich ahnte damals nicht, was
auf mich zukommen sollte.

Viele Ereignisse und Erfahrungen in meinem Leben verdienen die Beschreibung »außergewöhnlich, seltsam, erhebend, bereichernd«, doch das
Treffen mit Frau Paungger passt in keine dieser Kategorien. Die Qualität
der Begegnung mit ihr war mir so neu, dass ich mir selbst keine Maßstäbe
anbieten konnte, um sie in irgendeine »Ecke« meines Denkens und Füh-
lens zu stellen.

Dabei passierte nichts Ungewöhnliches oder Spektakuläres: Wir trafen
uns in einem Waldcafé, sprachen nur wenig über das Thema des beab-
sichtigten Buchs, tauschten Freundlichkeiten und Anekdoten aus, um die
anfängliche Distanz zu überwinden, und philosophierten über dies und
das. Sie habe eines meiner Bücher gelesen, sagte sie, und das Gefühl
gewonnen, ich sei der Richtige, um mit ihr gemeinsam ein altes Wissen
aufzuschreiben. Sie erzählte von ihrer Heimat Tirol, von ihrer Kindheit als
eines von zehn Kindern einer Bergbauernfamilie, von ihrem Umzug nach
München – und immer wieder, fast wie nebenbei, flossen Andeutungen
über ein besonderes Wissen ein, das in ihrer Heimat noch weit verbreitet
sei und das sie von ihrem Großvater vermittelt bekommen habe, das Wis-

15

sen um die Rhythmen des Mondes und ihren Einfluss auf die Natur, auf Mensch, Tier und Pflanze.

Eine Anekdote, die die Lehrzeit bei ihrem Großvater beleuchtet, blieb mir im Gedächtnis: Sie erzählte, dass die langen Jahre des Lernens fast ohne Worte verlaufen seien – nur im Schauen, Beobachten, Anfassen, Durchleben, Erfahren. Eines Tages habe sie doch einmal eine Frage gestellt, ich glaube, im Zusammenhang mit dem Sammeln eines bestimmten Heilkrauts. Der Großvater habe ihr geantwortet: »Schau nur genau hin.«

Viele weitere Begegnungen mit Johanna folgten und es dauerte noch lange Zeit, bis wir die Gewissheit spürten: Jetzt ist die Zeit reif, mit einem Buch zu beginnen. Wir hatten einander kennengelernt und Vertrauen gewonnen. Und immer mehr Menschen besuchten ihre Vorträge, begannen sich zu interessieren für das alte Wissen um die Mondrhythmen und bedrängten sie, doch alles einmal aufzuschreiben. Dieses Buch ist das Ergebnis einer harmonischen Teamarbeit, eines Miteinanders, das ich nur als glücklich bezeichnen kann. Johanna steuerte ihr Wissen und ihre Erfahrung bei, ich die Feder und meine Erfahrung. Nur an manchen Stellen werden Sie kurze, in der Ich-Form geschriebene Passagen finden, die ganz persönliche Erlebnisse und Feststellungen von Johanna oder mir selbst wiedergeben.

Sogar das Schreiben selbst ist für mich zum Lernprozess besonderer Art geworden. Ich hatte anfangs das alte Sprichwort vergessen, dass »Begeisterung für den Lernenden dasselbe ist wie der Schlaf für den Jäger«. Nach und nach wurde mir jedoch klar, dass Johanna nichts beweisen und niemanden belehren will, dass das Wissen keinerlei Rechtfertigung bedarf, weil es sich ausschließlich durch sich selbst beweist. Ihr wichtigstes Anliegen ist jedoch, dem Leser die Überzeugung zu nehmen, er habe wieder einmal ein Patentrezept, vielleicht sogar ein Allheilmittel gefunden, um mit seinen Problemen fertig zu werden. Auch die Einhaltung des »richtigen Zeitpunkts« hilft nicht auf Dauer, wenn das Denken und die Einstellung nicht stimmen. Eine Krücke, etwa das Einprägen und Einhalten von Regeln und Gesetzen, erfüllt eigentlich nur einen Zweck: sich auf sie zu stützen, solange es nötig ist und sie wegzuwerfen, wenn man sie nicht mehr braucht. Das Wissen sollte in Fleisch und Blut übergehen und zur Wachheit sich selbst und der Umwelt gegenüber führen. Der tägliche Umgang, das Experimentieren mit diesen Regeln schärft unsere Aufmerksamkeit gegenüber den Dingen, die uns umgeben, und lässt uns Zusammenhänge für unser Leben erkennen, die schließlich über die Regeln hinausführen.

In alter Zeit war es vornehmste Pflicht eines Wissenden, gleich ob Handwerker oder Philosoph, sein Wissen (nicht seine Ahnungen, Vermutungen, Meinungen und Überzeugungen) verantwortungsvoll weiterzugeben. Erstmals nun steht uns das Wissen um die Mondrhythmen, soweit es schriftlich fixierbar ist, zur Verfügung. Eine Vielfalt von Ratschlägen und Tipps, die sich mit fast allen wichtigen Bereichen unseres Alltags befassen: von der Heilkunde über Haushalt und Ernährung bis zur Garten- und Feldarbeit.

Geduld ist der einzige Preis, den Sie bezahlen müssen, um aus diesem Buch Gewinn zu ziehen. Dann kann es wirklich zu einem Baustein werden für eine andere Welt.

Thomas Poppe

17

I

Die sieben Impulse des Mondes

Es ist so angenehm, zugleich die Natur und sich selbst zu erforschen,
weder ihr noch dem eigenen Geist Gewalt anzutun,
sondern beide in sanfter Wechselwirkung
miteinander ins Gleichgewicht zu bringen.

(Goethe)

Vergangenheit und Gegenwart

ahrtausende lang lebte der Mensch weitgehend in Harmonie mit den vielfältigen Rhythmen der Natur, um sein Überleben zu sichern. Er beobachtete mit wachen Augen und gehorchte Notwendigkeiten, anfangs noch ohne nach ihren Ursachen zu fragen. Die Inuits etwa leben unter den härtesten nur denkbaren Umweltbedingungen, mitten in ewigem Eis. Ihre Sprache kennt vierzig verschiedene Worte für »Schnee«, weil sie vierzig verschiedene Zustände gefrorenen Wassers zu unterscheiden lernten. Die unwirtlichen Klimaverhältnisse zwangen sie dazu.

Nicht allein den Zustand der Dinge beobachtete der Mensch genau, sondern auch, welche Wechselwirkungen zwischen dem Zustand und dem jeweiligen Zeitpunkt des Beobachtens bestanden – die Tages-, Monats- und Jahreszeit, der Stand von Sonne, Mond und Sternen. Viele archäologisch bedeutsame Gebäude aus alter Zeit bezeugen, welch hohen Stellenwert unsere Vorfahren der genauen Beobachtung der Gestirne und der Berechnung ihres Laufs beimaßen. Nicht nur aus wertfreiem Forscherdrang, sondern weil sie so den größtmöglichen Nutzen aus der Kenntnis der Einflüsse zur Zeit der jeweiligen Sternenkonstellation ziehen konnten. Die von ihnen nach dem Lauf des Mondes und der Sonne errechneten Kalender dienten der Vorausschau auf bestimmte Kräfte – auf Impulse, die nur zu bestimmten Zeiten auf die Natur, auf Mensch und Tier wirken und in regelmäßigen Abständen wiederkehren. Besonders auf jene Kräfte, die im Gleichtakt mit dem Lauf des Mondes alles Leben beeinflussen, die über Erfolg und Misserfolg von Jagd und Ernte, von Lagern und Heilen mitentscheiden.

Der Naturforscher Charles Darwin hat deshalb in seinem Werk »Von der Abstammung des Menschen« nur eine Erkenntnis wiedergegeben, die zahllosen Generationen vor ihm zuteilwurde und für sie von großem Nutzen war: »Der Mensch ist gleich den Säugetieren, Vögeln und sogar Insekten jenem geheimnisvollen Gesetz unterworfen, wonach gewisse Prozesse, wie Schwangerschaft, Pflanzenwachstum und Reife, Dauer verschiedener Krankheiten, von den *Mondperioden* abhängig sind.« Geschärfte Sinne, Wachheit, Wahrnehmungsfähigkeit und genaue Beobachtung der Natur, der Tier- und Pflanzenwelt, machten unsere Vorfahren zu »Meistern des richtigen Zeitpunkts«.

Sie entdeckten
● dass zahlreiche Phänomene der Natur – Ebbe und Flut, Geburten, Wettergeschehen, der Zyklus der Frauen und vieles mehr – in Beziehung zur Mondwanderung stehen

● dass sich viele Tiere in ihrem Tun nach dem Mondstand richten, dass Vögel beispielsweise das Nistmaterial zu bestimmten Zeiten sammeln, sodass die Nester nach einem Regen rasch wieder trocknen

● dass Wirkung und Erfolg zahlloser alltäglicher Aktivitäten – Holzschlagen, Kochen, Essen, Haareschneiden, Gartenarbeit, Düngen, Waschen, die Anwendung von Heilmitteln, Operationen und vieles mehr – Rhythmen in der Natur unterworfen sind

20

● dass manchmal Operationen und Medikamentengaben, an bestimmten Tagen durchgeführt, hilfreich sind, an anderen Tagen nutzlos oder gar schädlich – oft unabhängig von Dosis und Qualität der Medikamente, von aller Kunst des Arztes

● dass Pflanzen und ihre Teile von Tag zu Tag unterschiedlichen Energien ausgesetzt sind, deren Kenntnis ausschlaggebend für erfolgreichen Anbau, Pflege und Ernte der Früchte ist, dass Heilkräuter zu bestimmten Zeiten gesammelt ungleich mehr Wirkstoffe enthalten als zu anderen.

Mit einem Satz: Der Erfolg einer Absicht hängt nicht nur vom Vorhandensein der nötigen Fähigkeiten und Hilfsmittel ab, sondern entscheidend auch vom Zeitpunkt des Handelns.

*

Natürlich waren unsere Ahnen bestrebt, ihr Wissen und ihre Erfahrungen an ihre Kinder weiterzugeben. Dazu war es nötig, den beobachteten Einflüssen griffige, leicht verständliche Namen zu geben und sie vor allem in ein einleuchtendes System zu kleiden, das immer und überall die Beschreibung der Kräfte und vor allem die Vorausschau auf die kommenden Einflüsse ermöglicht. Eine ganz besondere Uhr musste erfunden werden.

Sonne, Mond und Sterne waren es, die sich von Natur aus als äußerer Rahmen, sozusagen als »Zeiger und Zifferblatt« für diese Uhr anboten. Aus einem sehr einfachen Grunde: Das Wesen von Rhythmus ist Wiederholung. Wenn man beispielsweise beobachtet, dass die günstige Zeit zum Ansäen einer bestimmten Pflanze monatlich genau zwei bis drei Tage währt und dabei der Mond die immer gleichen Sterne durchwandert, dann liegt es nahe, diese Sterne zu einem »Bild« zusammenzufassen und der Sternenkonstellation einen für die jeweilige Beschaffenheit des Einflusses typischen und einleuchtenden Namen zu geben. Das Sternbild wird zur Ziffer auf dem Zifferblatt des Sternenhimmels.

21

Unsere Vorfahren isolierten grob gesehen zwölf Kraftimpulse, die jeweils unterschiedliche Eigenart und Färbung besitzen. Den von der Sonne (im Laufe eines Jahres) und vom Mond (im Laufe eines Monats) während eines dieser Impulse durchwanderten Sternen gaben sie zwölf verschiedene Namen.

So sind die zwölf Sternbilder des Tierkreises entstanden: Widder, Stier, Zwillinge, Krebs, Löwe, Jungfrau, Waage, Skorpion, Schütze, Steinbock, Wassermann, Fische.

Der Mensch hatte sich eine »Sternenuhr« geschaffen, an der er ablesen konnte, welche Einflüsse gerade herrschten, mit der er berechnen konnte, was die Zukunft an förderlichen und bremsenden Einflüssen für seine Vorhaben bringen würde. Viele Kalender der Vergangenheit richteten sich nach dem Lauf des Mondes, weil die vom Mondstand im Tierkreis angezeigten und angekündigten Kräfte von weit größerer Bedeutung für den Alltag der Menschen sind als die des Sonnenstandes. Vielleicht wissen Sie, dass heute noch viele unserer Feiertage vom Stand des Mondes abhängen: Ostern etwa wird seit Ende des 2. Jahrhunderts n. Chr. stets an dem ersten Sonntag gefeiert, der dem ersten Vollmond nach Frühlingsanfang folgt.

Gegen Ende des 19. Jahrhunderts geriet das Wissen um diese besonderen Rhythmen der Natur fast über Nacht in Vergessenheit – vielleicht auch deshalb, weil jede Systematisierung eine Art Schlafmittel in sich trägt. Wenn meine Uhr zwölf Uhr mittags anzeigt, muss ich nicht mehr die Sonne beobachten. Wenn das GPS meine Fahrt dirigiert, verlieren »Norden« und »Süden« ihre Bedeutung. Wenn die direkte Wahrnehmung von Impulsen und Kräften, die einen Tag regieren, keine Rolle mehr spielt, verlieren Regeln und Gesetze, die in ihr wurzeln, schnell an Gültigkeit.

Der Hauptgrund für den Verzicht auf das Wissen ist jedoch, dass uns die moderne Technik und Medizin die »schnelleren« Lösungen für alle Probleme des Alltags versprochen hatten. In kürzester Zeit gelang es ihnen, uns die Illusion zu geben, dieses Versprechen auch einlösen zu können. Die Beobachtung und Beachtung der Naturrhythmen schien fast mit einem Schlag überflüssig geworden. Das Wissen überlebte schließlich nur in vereinzelten, teils abgelegenen Regionen, und das auch nur in Bruchstücken, wie wir aus Zehntausenden von Zuschriften erfahren haben.

Die jungen Bauern, Forstwirte und Gärtner der »modernen Zeiten« lachten über ihre Eltern und Großeltern, sprachen von Aberglauben und begannen, sich fast völlig auf den übertriebenen Einsatz von Maschinen und Instrumenten, Dünger und Pestiziden zu verlassen. Sie glaubten, das Wissen ihrer Eltern vom rechten Zeitpunkt ignorieren zu können, und die steigenden Erträge schienen ihnen lange Zeit recht zu geben. So verloren sie den Kontakt zur Natur und begannen, anfangs unbewusst, die Zerstörung der Umwelt mit zu betreiben, immer unterstützt von der Industrie, die das Vertrauen in ihre Fähigkeit, alle Probleme lösen zu können, aufrechtzuerhalten verstand. Heute kann kaum noch jemand die Augen verschließen vor dem hohen Preis, den wir für die Missachtung der Rhythmen und Naturgesetze bezahlen müssen – die Erträge sinken und Schädlinge bekommen leichtes Spiel, weil der Boden ausgebeutet wird, ohne sich schützen und regenerieren zu können, der Einsatz von Pestiziden hat sich in wenigen Jahrzehnten vervielfacht, ohne nennenswerten Erfolg. Qualität und Gesundheitswert der Erntefrüchte sprechen eine deutliche Sprache.

Die Fortschritte der Chemie und Pharmazeutik verführten die Ärzteschaft zu der Überzeugung, ungestraft die Wellenbewegung und Ganzheit des Lebens missachten zu können. Schnelle Schmerz- und Symptombeseitigung galt schon als »Therapieerfolg«, die Ursachenforschung und Vorbeugung, die Geduld und Bereitschaft zum echten Miteinander mit dem Patienten auf Augenhöhe traten in den Hintergrund. Zudem ist das Wissen um die Mondrhythmen mit den heutigen wissenschaftlichen Methoden zwar beweisbar, aber kaum zu begründen, die Frage nach dem »Warum« muss vorläufig unbeantwortet bleiben: Im linearen Denken der meisten Wissenschaftler ein legitimer Grund, es gänzlich zu ignorieren.

Und wir alle, die wir so leichten Herzens auf das Wissen um die Rhythmen verzichten, tun das einerseits, weil wir die kurzfristige Bequemlichkeit zum höchsten Gut erhoben haben, auf Kosten von Vernunft, Maß und Ziel. Wir glauben, alles überholen zu können, auch die Natur, und überholen uns dabei selbst. Im Höllentempo unserer Zeit hetzen wir ständig von der Vergangenheit in die Zukunft. Der gegenwärtige Augenblick, der einzige Ort, an dem Leben stattfindet, geht verloren.

»Der Bürger wird zunehmend abhängiger von Dienstleistungen, die er nicht beeinflussen kann, und von Experten, die ihm raten und vorschreiben, wie er zu leben hat. Unter dem Wust von Vorschriften und Ratschlägen ersticken die normalen, angeborenen Fähigkeiten, der Mensch bleibt unselbstständig und abhängig wie ein Kind, er darf und soll es bleiben. Er vertraut nicht auf sich selbst, nicht auf die Zukunft und nicht auf die Selbstregulierungskraft des Lebens.«

Ricarda Winterswyl, Süddeutsche Zeitung vom 20.4.1991

Andererseits aber ignorieren wir die Rhythmen auch aus dem einfachsten nur denkbaren Grund: *Sie sind uns unbekannt.* Vielleicht gehören Sie zu den Pionieren, die dieses Wissen zurückerobern wollen, langsam, nach und nach, ohne Hast und Eile. Denn es ist keineswegs zu spät, diese alte Kunst wiederzubeleben. Sie wartet nur auf Menschen, die sich nicht damit entschuldigen, »dass man allein ja doch nichts ausrichten kann«. Auch wenn in der heutigen Zeit noch so viele Anzeichen dafür sprechen, dass der Einzelne keinen Einfluss hat auf die Gesundung unserer Umwelt: Jede einzelne noch so »kleine« Handlung zählt. Manchmal viel mehr als die großen Gesten und vor allem die großen Worte.

Alle in diesem Buch vorgestellten Regeln und Gesetze wurzeln ausschließlich in persönlicher Erfahrung und eigenem Erleben. Nichts stammt nur vom Hörensagen, nichts beruht auf Vermutungen oder Überzeugungen. Es gibt sicherlich noch viele weitere Rhythmen und Einflussfaktoren in der Natur, etwa in Zusammenhang mit dem menschlichen Biorhythmus, mit der Aktivität der Sonnenflecken, mit Weltraum- und Erdstrahlungen und dergleichen. Dieses Buch beschränkt sich jedoch ausschließlich auf die sieben verschiedenen »Zustände« des Mondes:

 Neumond

 Zunehmender Mond

 Vollmond

 Abnehmender Mond

 Der jeweilige Stand des Mondes in einem Sternzeichen des Tierkreises

 Aufsteigender Mond

 Absteigender Mond

Die Frage, ob der Mond und seine Konstellation am Sternenhimmel einen direkten Einfluss ausübt oder ob, wie schon angedeutet, die jeweiligen Mond- und Sternenstände nur die Funktion von Uhrzeigern haben, die den jeweils beobachteten Einfluss anzeigen oder ankündigen, kann auch heute noch nicht endgültig beantwortet werden.

Wer sich mit Astronomie etwas auskennt und die einzelnen Sternbilder des Tierkreises am Nachthimmel identifizieren kann, wird vielleicht erstaunt feststellen, dass der »tatsächliche« Stand von Sonne und Mond von dem im Kalender angegebenen etwas abweicht – immerhin so sehr, dass der Mond etwa in Wirklichkeit gerade noch im Widder steht, während der Kalender schon den Einfluss des Zeichens Stier angibt. Vertrauen Sie jedoch den Kalendern. Bestimmte Bahnabweichungen von Sonne, Mond und Sternen in einem Rhythmus von 28.000 Jahren sind für diese Differenz verantwortlich. Der Einfluss der Tierkreiszeichen wird deshalb nicht nach dem wirklichen Stand des Mondes, sondern nach dem »Frühlingspunkt« berechnet, nach dem Zeitpunkt der Tag-und-Nacht-Gleiche am 21. März. Auch die Erfahrung zeigt, dass diese Berechnung zur Identifikation der Einflüsse die richtige ist, denn selbst wenn der Mond real noch in den Fischen steht, herrscht bisweilen schon der Kraftimpuls, dem unsere Vorfahren den Namen »Widder« gegeben haben.

Die Berechnungsgrundlagen sind sehr komplex, und es ist hier nicht der Ort, die genauen Zusammenhänge zu entschlüsseln. Wir möchten Sie deshalb auf die umfangreiche astronomische Literatur verweisen.
Die Diskrepanz zwischen tatsächlichem Mondstand und Kalendermondstand gibt vielleicht einen Hinweis auf die möglichen Ursachen der Mondrhythmen, denn damit dürfte feststehen, dass die Sternenkonstellation selbst – in Milliarden von Lichtjahren Entfernung – beim Erkennen und Nutzen der zwölf Kraftimpulse keine Rolle spielt. Vielleicht als Anregung: Ein Forscher, der die Wechselwirkung zwischen Mondstand und Impulsqualität auf der Erde ergründen möchte, sollte nach Resonanzphänomenen Ausschau halten, die durch das Kreisen und Schwingen von Mond,

Erde und Planeten um die Sonne entstehen – so, als ob er ein mehrdimensionales Musikinstrument studiert, das zwölf deutlich voneinander unterscheidbare Töne erzeugt.

»Welche Bedeutung Resonanz hat, das Mitschwingen eines Körpers mit der von einem anderen Körper ausgesandten Schwingung, konnte ich als kleiner Junge im Vorschulalter feststellen. Beim Spielen im Garten neben einer leeren Zinkbadewanne hörte ich plötzlich einige Minuten lang leise Musik und schließlich einen Nachrichtensprecher. Die Töne kamen aus der Badewanne und verschwanden, wenn ich sie anfasste. Die Wanne besaß unter bestimmten Bedingungen die gleiche Frequenz wie der Radiosender in der Nähe, ihre Bauweise verstärkte die Schwingungen bis zur Hörbarkeit.«

Die Kräfte und ihre Wirkungen auf Mensch, Tier und Pflanze sind – völlig unabhängig von ihrer Ursache – jederzeit durch *Erfahrung* beweisbar. Die Ursachenforschung muss sich derzeit noch mit Spekulation, Meinung oder Überzeugung begnügen, sicherlich jedoch nicht mehr lange. Seit langem hat sich allerdings eine Sprachregelung durchgesetzt: etwa »Das Zeichen Steinbock wirkt auf die Knie« oder »Der Vollmond beeinflusst die Psyche«. Diese Ausdrucksweisen sind der Einfachheit halber im Buch beibehalten worden.

Der Neumond

Bei seinem etwa 28 Tage währenden Umlauf um die Erde wendet der kleine Mond der Erde stets nur eine Seite zu, die Seite, die wir in ihrer ganzen Pracht bei Vollmond zu sehen bekommen. Die Astronomen nennen einen solchen »starren« Umlauf eines Trabanten um einen anderen Himmelskörper »gebundene Rotation«.

Steht nun der Mond – von der Erde aus gesehen – »zwischen« der Erde und der Sonne, dann liegt die uns zugewandte Seite völlig im Dunkeln. Er ist dann kaum zu erkennen und auf der Erde herrscht **Neumond** (in alter Zeit auch »toter Mond« genannt).

Eine wichtige Beobachtung ist, dass der Mond bei Neumond zwei bis drei Tage lang vor demselben Sternenhintergrund und somit im selben Tierkreiszeichen steht wie die Sonne. Das ist verständlich, wenn man bedenkt, dass der Mond bei Neumond der Sonne am nächsten steht und somit Sonne, Mond und Betrachter auf der Erde fast eine Linie bilden. So befindet sich der Neumond etwa im März immer im Zeichen der Fische, im August immer im Zeichen Löwe, und so fort.

Sich diese Regel zu merken ist sinnvoll, wenn man überschlägig berechnen will, in welchem Tierkreiszeichen sich der Mond im Augenblick gerade befindet. Halten Sie sich vor Augen: Der Mond hält sich immer zwei bis drei Tage lang in einem Tierkreiszeichen auf. Der nächste Vollmond nach dem Märzneumond hat also genau die Hälfte des Tierkreises zurückgelegt, ist somit sechs Tierkreiszeichen weitergewandert und muss sich demnach vierzehn Tage später im Zeichen Jungfrau oder Waage befinden. Das Prinzip lässt sich auf alle anderen Monate des Jahres übertragen.

In Kalendern ist der Mond bei Neumond meist als schwarze Scheibe eingezeichnet. Eine kurze Zeit besonderer Impulse auf Mensch, Tier und Pflanze herrscht: Wer jetzt beispielsweise einen Tag lang fastet, beugt vielen Krankheiten vor, weil die Entgiftungsbereitschaft des Körpers am höchsten ist. Will man schlechte Gewohnheiten über Bord werfen, ist dieser Tag als Startpunkt geeigneter als fast jeder andere Tag. Kranke Bäume können nach einem Rückschnitt an diesem Tag wieder gesunden. Die Erde beginnt, einzuatmen.

Die Impulse der Neumondtage sind nicht so stark unmittelbar zu spüren wie die des Vollmonds, weil die Umpolung und Neuorientierung der Kräfte vom abnehmenden zum zunehmenden Mond nicht so heftig erfolgt wie umgekehrt bei Vollmond.

Der zunehmende Mond

Schon wenige Stunden nach Neumond kommt – auf der Mondoberfläche von links nach rechts wandernd – die der Erde zugewandte Seite des Mondes zum Vorschein, eine feine Sichel zeigt sich, der **zunehmende Mond** mit seinen wiederum spezifischen Einflüssen macht sich auf den Weg. Die etwa sechstägige Reise bis zum Halbmond wird auch I. Viertel des Mondes genannt, die Wanderung bis zum Vollmond nach etwa 13 Tagen II. Viertel.

Alles, was dem Körper zugeführt werden soll, was ihn aufbaut und stärkt, wirkt zwei Wochen lang doppelt gut. Je weiter der Mond zunimmt, desto ungünstiger kann die Heilung von Verletzungen und Operationen verlaufen. Wäsche beispielsweise wird bei gleicher Waschmittelmenge nicht mehr so sauber wie bei abnehmendem Mond. Bei zunehmendem Mond und Vollmond kommen mehr Kinder zur Welt.

Der Vollmond

Schließlich hat der Mond die Hälfte seiner Reise um die Erde vollendet, seine uns zugewandte Seite steht als **Vollmond,** als helle kreisrunde Scheibe am Himmel. Von der Sonne aus gesehen befindet sich der Mond jetzt »hinter« der Erde. In Kalendern ist der Vollmond als helle Scheibe eingezeichnet.
Auch in den wenigen Stunden des Vollmonds macht sich auf der Erde bei Mensch, Tier und Pflanze eine deutlich spürbare Kraft bemerkbar, wobei

der Richtungswechsel der Mondimpulse von zunehmend zu abnehmend stärker empfunden wird als der Kraftwechsel bei Neumond. »Mondsüchtige« Menschen wandeln im Schlaf, Wunden bluten stärker als sonst, an diesem Tag gesammelte Heilkräuter entfalten größere Kräfte, jetzt beschnittene Bäume könnten absterben, Polizeireviere verstärken ihre Besatzung, weil sie regelmäßig mit einer Zunahme von Gewalttaten und Unfällen rechnen, Hebammen legen Sonderschichten ein.

Der abnehmende Mond

Langsam wandert der Mond weiter, der Schatten »beult« ihn scheinbar – von rechts nach links – aus, die etwa dreizehntägige Phase des **abnehmenden Mondes** beginnt (III. und IV. Viertel).

Wieder ist unseren Vorfahren die Entdeckung besonderer Einflüsse während dieser Zeit zu verdanken: Operationen gelingen besser als sonst, fast alle Hausarbeiten gehen leichter von der Hand, selbst wer jetzt etwas mehr isst als sonst, nimmt nicht so schnell zu. Viele Arbeiten in Garten und Natur sind jetzt begünstigt (etwa das Aussäen und Pflanzen von unterirdischem Gemüse) oder wirken sich eher ungünstig aus (etwa auf das Veredeln von Obsthölzern).

Der Mond im Tierkreis

Wenn die Erde um die Sonne wandert, hält sich die Sonne von der Erde aus gesehen im Laufe eines Jahres jeweils einen Monat lang in einem Sternbild des Tierkreises auf. Die gleichen Tierkreiszeichen durchläuft der Mond bei seinem etwa 28-tägigen Umlauf um die Erde, wobei er sich jedoch in jedem Zeichen nur zirka zweieinhalb Tage lang aufhält.

Die zwölf unterschiedlichen Kräfte, die mit dem Mondstand im Tierkreis assoziiert sind, lassen sich nur selten so unmittelbar spüren wie der Vollmond. Der Einfluss auf Pflanze, Tier und Mensch ist jedoch deutlich erkennbar, besonders die Wirkungen auf Körper und Gesundheit und in Garten und Landwirtschaft (Ernteerträge, Unkrautbekämpfung, Düngen). Der Mond in Jungfrau (Element Erde) beispielsweise gilt im Pflanzenreich als »Wurzeltag«. Maßnahmen zur Förderung des Wurzelwachstums in diesen zwei oder drei Tagen sind wirksamer und erfolgreicher als an anderen Tagen.

Besonders in der Heilkunde wurde früher das Wissen um die Zusammenhänge zwischen Mondstand und Krankheitsverlauf gewissenhaft befolgt. Hippokrates, Mentor aller Ärzte, wusste um die Kräfte des Mondes und belehrte seine Schüler unmissverständlich: »Wer Medizin betreibt, ohne den Nutzen der Bewegung der Sterne zu berücksichtigen, der ist ein Narr« und »Operiert nicht an jenem Teil des Körpers, der von dem Zeichen regiert wird, das der Mond gerade durchquert.«
Bei uns Menschen übt der jeweilige Mondstand im Tierkreis spezifische Einflüsse auf Körper- und Organbereiche aus. Üblicherweise spricht man davon, dass jede Körperzone von einem bestimmten Tierkreiszeichen »regiert« wird. Die genauen Zusammenhänge können Sie der zusammenfassenden Tabelle am Schluss dieses Kapitels entnehmen.

Unsere heilkundigen Vorfahren entdeckten das folgende Prinzip:

Alles, was man für das Wohlergehen jener Körperregion tut, die von dem Zeichen regiert wird, das der Mond gerade durchschreitet, ist wirksamer als an anderen Tagen. Mit Ausnahme von chirurgischen Eingriffen.

Alles, was die Körperregion, die von dem Zeichen regiert wird, das der Mond gerade durchschreitet, besonders belastet oder strapaziert, wirkt schädlicher als an anderen Tagen. Chirurgische Eingriffe am jeweiligen Organ oder Körperteil

sollte man in dieser Zeit, wenn möglich, vermeiden. Notoperationen gehorchen einem höheren Gesetz.

Nimmt der Mond gerade zu, wenn er das jeweilige Zeichen durchläuft, sind alle Maßnahmen zur Zuführung aufbauender Stoffe für das von ihm regierte Organ erfolgreicher als bei abnehmendem Mond. Nimmt er gerade ab, sind alle Maßnahmen zum Entgiften und Entlasten des jeweiligen Organs erfolgreicher als bei zunehmendem Mond.

Chirurgische Eingriffe sind nur scheinbar eine Ausnahme von dieser Regel. Sie dienen zwar letztlich dem Wohlergehen des jeweiligen Organs oder des ganzen Körpers, wirken sich aber im Augenblick der Operation und in der ersten Zeit danach belastend für das Organ aus. Im II. Kapitel werden diese Zusammenhänge noch ausführlich besprochen.

Der aufsteigende und absteigende Mond

Vielfach wird im Buch schließlich die Rede sein von den **aufsteigenden** und **absteigenden** Kräften des Mondes (in manchen Regionen auch »übergehender« und »untergehender« Mond genannt).
Wichtig zu wissen ist zuallererst, dass der aufsteigende und absteigende Mond nichts mit den Mondphasen zu tun hat, also damit, ob er gerade abnimmt oder zunimmt. Auf- und absteigender Mond sind Begriffe, die mit Stand des Mondes im Tierkreis zusammenhängen.

Allen Tierkreiszeichen, die die Sonne in ihrem Jahreslauf von der Wintersonnenwende (21. Dezember) bis zur Sommersonnenwende (21. Juni) durchwandert *(Schütze bis Zwillinge)*, wohnt eine **aufsteigende** Kraft inne – die Kraft des Winters und des Frühlings, die allmähliche Zunahme, Expansion, Wachstum und Blüte signalisiert.

Eine **absteigende** Kraft dagegen ist den Zeichen der zweiten Jahreshälfte *(Zwillinge bis Schütze)* zu eigen – die Kräfte von Sommer und Herbst, die Reife, Ernte, Niedergang und Ausruhen bedeuten.

Die Zeichen Zwillinge und Schütze werden im Sprachgebrauch üblicherweise nicht so genau festgelegt, weil sie *Wendepunkte* zwischen den auf- und absteigenden Kräften darstellen und deshalb nicht ganz so eindeutig einer der beiden Kräfte zugerechnet werden können. Die genaue Unterscheidung wird erst wichtig bei der jeweiligen Tätigkeit, die man ins Auge gefasst hat.

Schütze			Zwillinge		
Steinbock			Krebs		
Wassermann			Löwe		
Fische	}	aufsteigende	Jungfrau	}	absteigende
Widder		Kraft	Waage		Kraft
Stier			Skorpion		
(Zwillinge)			(Schütze)		

Die beiden Eigenschaften »aufsteigend« und »absteigend« machen sich nun auch bei der 28-tägigen Reise des Mondes durch den Tierkreis bemerkbar – fast, als ob die Kräfte von Frühling, Sommer, Herbst und Winter auch im Lauf eines einzigen Monats spürbar wären. Sie tragen zur individuellen »Farbe« des jeweiligen Zeichens bei und wirken sich – je nach Mondphase – besonders in Garten und Natur, aber auch in der Heilkunde aus.

Die Zeit des aufsteigenden Mondes wurde auch als »Erntezeit«, die Zeichen mit absteigender Kraft als »Pflanzzeit« bezeichnet, weil in Landwirtschaft und Gartenbau neben den anderen Rhythmen auch das Beachten dieser beiden unterschiedlichen Impulse von großem Nutzen ist. Bei aufsteigendem Mond *(Schütze bis Zwillinge)* steigen die Säfte auf, Obst und Gemüse sind besonders saftig, die oberirdische Entwicklung der Pflanzen wird besonders begünstigt. Bei absteigendem Mond *(Zwillinge bis Schütze)* ziehen die Säfte mehr nach unten und fördern die Wurzelbildung.

Früher baute man sich eine Eselsbrücke, um die beiden Impulse unterscheiden zu können. Wenn das Zeichen ⏝ in einem Kalender eingezeichnet ist, sieht dieses Mondzeichen wie eine Schüssel aus: aufsteigender Mond, die Schüssel wird aufgefüllt – Erntezeit. Umgekehrt ⏜ zeigt es den absteigenden Mond an – Pflanzzeit.

Eine weitere einfache Methode, um sich zu merken, welches Zeichen aufsteigende und welches absteigende Kraft hat, verlangt die Kenntnis der von den Tierkreiszeichen regierten Körperzonen. Anhand der Tabelle am Schluss des Kapitels dürfte das nicht schwerfallen.

Der *Widder- und Stier-Einfluss* ist aufsteigend. Diese ersten beiden Zeichen im Tierkreis regieren die oberen Extremitäten von Kopf bis zu Nacken und Schultergürtel. Die letzten vier Zeichen, *Schütze (Knotenpunkt), Steinbock, Wassermann und Fische,* sind ebenfalls aufsteigend und regieren die unteren Extremitäten – Oberschenkel, Knie, Unterschenkel und Füße. Diese Zeichen im Tierkreis weisen also nach außen: schulterauf- und seitwärts und knieabwärts = aufsteigende Kraft.

Die »mittleren« sechs Tierkreiszeichen *(Zwillinge bis Schütze)* weisen »einwärts« in den Körper und betreffen hauptsächlich seine inneren Organe: Brust, Lunge, Leber und Nieren bis hinab zur Hüfte = absteigende Kraft.

Kombinationswirkungen

Die sieben beschriebenen Kraftimpulse können sich teilweise gegenseitig durchdringen, sich verstärken, abschwächen und zur Umorientierung der jeweiligen Impulseigenschaften beitragen.

Beispielsweise sind Maßnahmen zur Entgiftung des Körpers im abnehmenden Mond bei einem Tierkreiszeichen mit absteigender Kraft wirksamer als bei einem Zeichen mit aufsteigender Kraft. (Denken Sie daran, dass alle inneren Organe, auch die entgiftenden, von Zeichen mit absteigender Kraft regiert werden!)

Steht etwa der Mond im Löwen, was eine Herzoperation ungünstig beeinflussen würde, wird die negative Kraft durch einen gerade zunehmenden Mond (was von Februar bis August der Fall ist) noch um ein Vielfaches verstärkt. Ein Mittel zur Herzkräftigung dagegen in einem Zeichen *mit aufsteigender Kraft bei zunehmenden Mond* verabreicht ist wirksamer als das gleiche Mittel *im abnehmenden Mond bei einem Zeichen mit absteigender Kraft* gegeben.

Den Pionieren unter den Lesern, besonders auch den Ärzten und Heilpraktikern, soll es überlassen bleiben, die folgenden Rhythmen zu studieren und die entsprechenden Schlüsse zu ziehen.

> *»Viele Ärzte und Heilpraktiker, die mit diesen Rhythmen Erfahrungen sammeln, kenne ich inzwischen persönlich. Gerade etwas langwierige Krankheiten könnten mit dieser Methode und einer leichten Einstellungsänderung oft gelindert werden. Beobachtung und Geduld sind hier angesagt. Beide passen nicht so recht in unsere schnelllebige Zeit.«*

35

Die Verteilung der Tierkreiszeichen auf die Mondphasen

Zeichen	im zunehmenden Mond	im abnehmenden Mond
Widder	Oktober bis April	April bis Oktober
Stier	November bis Mai	Mai bis November
Zwillinge	Dezember bis Juni	Juni bis Dezember
Krebs	Januar bis Juli	Juli bis Januar
Löwe	Februar bis August	August bis Februar
Jungfrau	März bis September	September bis März
Waage	April bis Oktober	Oktober bis April
Skorpion	Mai bis November	November bis Mai
Schütze	Juni bis Dezember	Dezember bis Juni
Steinbock	Juli bis Januar	Januar bis Juli
Wassermann	August bis Februar	Februar bis August
Fische	September bis März	März bis September

Wenn Sie nicht immer wieder in der Tabelle nachschauen wollen, können Sie sich auch folgende Faustregel merken:

Das Tierkreiszeichen, in dem sich die **Sonne** gerade befindet, steht von diesem Monat an ein halbes Jahr lang im abnehmenden, danach ein halbes Jahr im zunehmenden Mond – also etwa im März: Sonne in Fische, Neumond in Fische.

Besonders interessant ist folgende Beobachtung: Wenn man das Wissen um die von den Tierkreiszeichen regierten Körperregionen mit den obigen Angaben zum Jahreslauf der Tierkreiszeichen im Mond und den Gesetzmäßigkeiten kombiniert, dann folgt konsequent, dass Maßnahmen zur Heilung bestimmter Organe und Körperregionen *in den beiden Halbjahren jeweils unterschiedliche Wirkungen haben* – eine durch zahlreiche Erfahrungen erhärtete Feststellung.

Ein Beispiel: Maßnahmen zur Kräftigung von Nieren und Blase (regiert vom Zeichen Waage), beispielsweise mit natürlichen Kräutertees, werden in den Monaten April bis Oktober (Waage stets im zunehmenden Mond) bessere Resultate zeitigen als in der anderen Jahreshälfte.

Wenn man diesen Rhythmus erfasst hat, kann man das Prinzip mühelos auf alle anderen Körperzonen und Organe übertragen.

>*So hat jedes Tierkreiszeichen, zeitlich jeweils um einen Monat verschoben, die unterstützende Kraft ein halbes Jahr zum Ausschwemmen von Giften und ein halbes Jahr zum Zuführen aufbauender Stoffe zur Verfügung. Ich habe diesen Zusammenhang entdeckt, weil ich mir stets den Zeitpunkt aufschreibe, wenn eine Maßnahme besonders hilft oder schlicht eine gute Wirkung hat. Ebenso notiere ich mit, wenn ein ansonsten gutes Mittel, in günstigen Mondphasen oder am zuständigen Tierkreiszeichen verabreicht, die üblicherweise eintretende Wirkung verfehlte. Aus jahrelangen Beobachtungen kam ich zu dem Schluss, dass bestimmte Anwendungen beispielsweise im Herbst schneller zum gewünschten Erfolg führen als im Frühling und umgekehrt.*«*

Eine der wichtigsten Regeln ist jedoch, **chirurgische Eingriffe, wenn möglich, bei abnehmendem Mond** vorzunehmen. Sie passt zwar nicht reibungslos in den Alltag von Krankenhäusern und Ärztepraxen, aber das ist nicht so wichtig. Auch das Wissen, dass man sich vor Operationen die Hände waschen sollte, brauchte Jahre und Jahrzehnte, bevor es als »richtig« akzeptiert wurde.

Besondere Rhythmen

Sie werden in diesem Buch auch mit ganz besonderen Rhythmen Bekanntschaft machen: Regeln und besondere Termine, die vom Mondstand völlig unabhängig sind. Sie gehören zu den seltsamsten und unerklärlichsten Dingen zwischen Himmel und Erde und wir werden erst gar nicht den Versuch einer Begründung machen. Wie soll man erklären, dass Holz, am 1. März nach Sonnenuntergang geschlagen, nicht brennt? Wir vertrauen einfach darauf, dass es interessierte und neugierige Leser gibt, die diese merkwürdigen Gesetze einfach einmal ausprobieren. Sie sind so gültig wie alle anderen Regeln auch.

Der Zeitpunkt der Berührung

Viele Menschen interessiert die Frage: Wie kann es sein, dass ein bestimmter »günstiger« Termin, etwa zum Ernten von Obst oder zum Einnehmen eines Medikaments, sich oft sehr langfristig positiv auswirkt, wenn doch oft schon kurze Zeit später der entgegengesetzte negative Einfluss herrscht, der dieselbe Handlung fast zum Scheitern verurteilt? Kann die negative Energie dann nicht die positive aufheben?

Kartoffeln beispielsweise sind, zum richtigen Zeitpunkt geerntet und gelagert, monatelang haltbar. Nur ein paar Tage früher oder später geerntet verderben sie manchmal schon nach kürzester Zeit.

Die Antwort klingt vielleicht etwas geheimnisvoll, entspricht jedoch den Tatsachen: Der Zeitpunkt der »Berührung« ist der entscheidende Faktor, der Zeitpunkt des Handelns gegenüber einem Menschen, einem Tier oder einer Pflanze.

Berühre ich ein Wesen in der Natur zu einem bestimmten Zeitpunkt, sei es durch meine Gedanken oder meine Hände, durch meine inneren und äußeren Absichten, dann übertrage ich in diesem Augenblick feine Energien, im Besonderen auch die Kräfte, die durch die Mondphasen und den Mondstand im Tierkreis gekennzeichnet sind – wie mit einem Brennglas, das die vorhandenen, zerstreuten Energien auf einen Punkt bündelt und dort größere Wirkung erzielt als ungebündelt.

Diese Kräfte wirken, um beim Beispiel zu bleiben, so stark, dass sogar das »Berühren« *schon gelagerter* Kartoffeln je nach Zeitpunkt unterschiedlich wirkt. Wenn Kartoffeln vorzeitig verderben, weil sie zum »falschen« Zeitpunkt geerntet und gelagert wurden, lässt sich oft noch vieles retten, wenn man sie an einem *günstigen* Tag umlagert. Umgekehrt kann man feststellen, dass eingekellerte Kartoffeln plötzlich schnell verderben, wenn sie an einem ungünstigen Termin »berührt« und bewegt werden – etwa durch Nachrutschen, wenn man einige Kartoffeln als Küchenvorrat holt.

Viele scheinbar widersprüchliche Erfahrungen im Alltag, in der Heilkunde, in Garten und Natur und im Haushalt finden hier vielleicht eine einleuchtende Erklärung. Das Prinzip lässt sich leicht auf alle Regeln übertragen, die in diesem Buch vorgestellt werden.

Der Mondkalender – das einzige Werkzeug

Das Wissen um die Natur- und Mondrhythmen erfordert zu seiner Anwendung als einziges »technisches« Hilfsmittel einen Mondkalender – ein Kalender, der die Mondphasen und den Stand des Mondes im Tierkreis angibt. Sie finden einen solchen Kalender am Schluss des Buches.
Aus Hunderttausenden von Zuschriften aus aller Welt wissen wir, was die Leser in Zusammenhang mit diesem Kalender besonders interessiert und welche Erfahrungen sie über viele Jahre mit ihm gemacht haben. Diese Erfahrungen können wir an Sie weitergeben und damit so manche Frage beantworten, die an uns immer wieder gerichtet wird und vielleicht auch Sie eines Tages bewegt.

Der Mondkalender, der unseren Büchern beiliegt, ist nach dem *Mondstand im Tierkreis* berechnet. Alle guten Erfahrungen aus jedem Lebensbereich, die wir in unseren Büchern vermitteln – von der gesunden Ernährung und der weisen Körperpflege über Heil- und Kräuterkunde und biologisches Bauen, Gartenbau, Land- und Forstwirtschaft –, beruhen auf diesem Mondkalender. Er wird seit Jahrtausenden verwendet

Bei der Angabe der Neu- und Vollmondzeiten ist aus verschiedenen Gründen die Sommerzeit nicht berücksichtigt, unter anderem, weil sich die Natur nicht nach der Sommerzeit richtet und weil manche Tätigkeiten nach dem genauen Zeitpunkt des Neumonds berechnet werden müssen.

Wie wir heute wissen, ist der Kalender überall auf der Welt gültig, was den *Stand des Mondes im Tierkreis* betrifft. Wenn der Mond im Tierkreiszeichen Fische steht, dann macht sich die »Fische«-Energie fühlbar – in Alaska und Australien, in Zaire und Zypern. Nur die *Mondphasen* (Voll- und Neumond, zu- und abnehmender Mond) unterliegen der Zeitverschiebung, wobei die Zeitangaben im beiliegenden Kalender an den mitteleuropäischen Raum angepasst sind. Anderswo sollte man die Zeitverschiebung berücksichtigen.

Auch die vielen örtlichen Kalender, die wir zugeschickt bekamen, bestätigen dies – etwa ein Bildkalender aus Indien oder ein Fischkalender aus Ozeanien. Sämtliche Regeln zu den Mond- und Naturrhythmen besitzen weltweit dieselbe Gültigkeit – auch auf der Südhalbkugel, von Südamerika über Südafrika bis Australien und Neuseeland.

Kleinere Ausnahmen beziehen sich in erster Linie auf die Tatsache, dass die Jahreszeiten umgekehrt verlaufen. In unserem Winter ist dort Hochsommer und wenn dort in gemäßigten Breiten die Blätter fallen, wehen bei uns die Frühlingslüfte.

Dieser Unterschied ist vor allem im Gartenbau und in der Land- und Forstwirtschaft von Bedeutung, etwa für den Zeitpunkt des Holzschlagens.
Letzteres sollte ja in erster Linie während der Zeit der »Saftruhe« erfolgen
– in gemäßigten oder kalten Regionen der südlichen Erdhalbkugel also
meist die Winterzeit zwischen dem 21. Juni und dem 6. Juli, in tropischen
Regionen die Zeit der größten Hitze und Trockenheit. Mit ein wenig Experimentieren lassen sich alle Richtlinien mühelos auf die Südhalbkugel mit
ihren den unseren entgegengesetzten Jahreszeiten übertragen.

Der vielleicht augenfälligste Unterschied ist die äußere Form des abnehmenden und zunehmenden Mondes am Himmel. Auf der Nordhalbkugel
nimmt der Mond von rechts nach links zu, auf der Südhalbkugel von links
nach rechts. An den Mondregeln ändert das aber nichts. 90 Prozent unserer Leser leben auf der Nordhalbkugel, deshalb haben wir die Symbole
für ab- und zunehmenden Mond so gestaltet, wie sie in der nördlichen
Hemisphäre am Himmel zu beobachten sind.

»Warum gibt es heutzutage zwischen manchen Mondkalendern kleinere
Unterschiede?« – diese Frage hat man uns öfters gestellt. Anfangs war das
eine kleine Überraschung für uns, denn dass es andersartige Mondkalender gibt, haben wir erst nach Erscheinen der Erstausgabe dieses Buches
erfahren. Nach kurzer Zeit fanden wir die Ursachen und für diejenigen
Leser, die es etwas genauer wissen wollen, haben wir uns etwas gründli-
cher informiert. Heute wissen wir, dass es für die Kalenderunterschiede in
erster Linie drei Gründe gibt:

● Alle Mondkalender wurden fast ausnahmslos nach den gleichen Methoden berechnet, nämlich nach dem *Stand des Mondes im Tierkreis,*
nach dem Frühlingspunkt (»tropischer« Mondstand). Zu allen Zeiten nun
war es den Kalendermachern möglich, den Übergang zwischen einem
Tierkreiszeichen zum nächsten auf die Minute genau zu berechnen. Nachdem der Mondstand seit Menschengedenken immer nur für ganze Tage
angegeben wird, muss man sich entscheiden, welchen »Stich-Augenblick«

man wählt. Und hier gibt es im Wesentlichen zwei Möglichkeiten. Wähle ich das Tierkreiszeichen, in dem der Mond um 12 Uhr Mitternacht oder um 12 Uhr Mittag steht? Der Kalender, der unseren Büchern beiliegt, ist nach 12 Uhr Mitternacht berechnet. Das ist die Methode, nach der alle Mondkalender im Laufe der Jahrhunderte berechnet waren, wie wir feststellen konnten. Selbst dann nämlich, wenn der Übergang einige Minuten nach Mitternacht erfolgt, ist die Energie des vorherigen Tierkreiszeichens für den ganzen folgenden Tag bestimmend. Warum das so ist, wissen wir nicht, aber alle Erfahrung bestätigt es.

Hier verbirgt sich also der Hauptgrund für manche Kalenderunterschiede – nämlich in der Wahl der »Stich-Minute« und in der überflüssigen Angabe der Minute des Übergangs. Letztere wirkt, wie wir erfahren haben, auf die meisten »Anwender« eher abschreckend. Das Wissen ist viel zu wertvoll, um es komplizierter zu machen als es ist. Zum einen erfolgt der Übergang der Wirkkräfte allmählich, niemals von einer Sekunde zur anderen! Die Einflüsse, die der Mondstand im Tierkreis anzeigt, überlappen und vermischen sich, besonders, wenn im Kalender ein Zeichen drei Tage hintereinander angegeben ist. Dann ist meist am ersten oder am dritten Tag die Kraft des benachbarten Zeichens noch oder schon stark zu spüren. Gott arbeitet nicht wie eine Krämerseele und zwingt uns, Tomaten erfolgreich nur bis 10.47 Uhr vormittags zu pflanzen, während er um 10.49 Uhr gesetzte Tomaten benachteiligt.

● Der zweite Grund für die Kalenderunterschiede ist gleichzeitig einer der Hauptgründe dafür, warum das Mondwissen im Laufe der Geschichte immer wieder einmal in Vergessenheit geriet. Zwischen einem Tierkreiszeichen und dem gleichnamigen Sternbild droben am Nachthimmel besteht nämlich ein Unterschied. Die Sternbilder besitzen unterschiedlich große Ausdehnungen, während der Tierkreis in zwölf genau gleich große 30-Grad-»Kuchenstücke« eingeteilt ist, die mit den Sternbildern nur die Namen gemeinsam haben. So ist beispielsweise das Sternbild Waage nur halb so groß wie das Sternbild Jungfrau.

Hinzu kommt, dass die gültige Berechnung der Tierkreiszeichen immer gleich ist, während der Mond aufgrund der sogenannten Präzession wie eine fehlerhafte Uhr etwas »vorgeht«. Das sorgt dafür, dass er im Laufe von 28.000 Jahren einmal durch alle Sternbilder vorgegangen ist und erst in etwa 25.500 Jahren wieder ziemlich genau die gleiche Position einnimmt wie der Mond im Tierkreis.

Deshalb besteht für das geübte Auge ein heute schon merklicher Unterschied zwischen dem astronomischen Stand des Mondes am Himmel und dem Stand des Mondes im Tierkreis, wie ihn die Mondkalender angeben. Aber das war zu allen Zeiten bekannt: Seit Jahrtausenden hatten die Kalendermacher das Wissen und die Möglichkeit, diese Abweichung in die Mondkalender mit einzubeziehen. Unsere Vorfahren waren ja große Meister in der Berechnung von Gestirnsständen und Umlaufbahnen. Aus gutem Grund jedoch hatten sie keine Veranlassung dazu: Denn nicht der Stand des Mondes am Himmel zählt, sondern die Antwort auf die Frage: Wann herrscht auf der Erde die *Löwe-Energie,* um Getreide in feuchte Böden zu säen? Wann kommt mir die *Steinbock-Energie* zu Hilfe, um Zaunpfosten zu setzen?

Und *diese* Fragen beantwortet der Mondkalender, wie er unseren Büchern beiliegt. Die *Praktiker* des Mondwissens haben zu allen Zeiten diesen Kalender verwendet. Wenn heute jemand nach dem astronomischen Mondstand arbeitet, erzielt er immer noch bessere Ergebnisse als gänzlich ohne Mondkalender. Aber es könnte natürlich noch viel besser gehen!

● Der dritte Grund für Kalenderunterschiede liegt darin, dass heute fast jeder Verlag einen Mondkalender herausgibt. Dabei wird natürlich viel abgeschrieben und viel Überflüssiges, Mondmagie, Kochen nach dem Mond, »Bauernregeln« usw. hinzugefügt und eben auch Kalender verändert. Traurig ist, dass falsche Informationen das Mondwissen in Verruf bringen können – und das ist ein viel größerer Schaden als die Verleger und Autoren ahnen. Jeder Tag, der die Wiederbelebung des Mondwissens hinauszögert, ist ein verlorener Tag auf dem Weg zu einem harmonischen Miteinander von Mensch und Natur.

Zusammenfassend: Dieses Buch ist in erster Linie als Anregung für die Leser gedacht, nicht als starres »Gesetzeswerk«, nach denen man sich richten sollte. Wer sich ernsthaft fragt, welcher von zwei unterschiedlichen Mondkalendern denn gültig ist, sollte einfach *beide* ausprobieren! Wir haben das in den letzten Jahren immer wieder selbst getan und bis heute keinen Grund gefunden, unseren Büchern einen anderen Kalender beizulegen oder unsere Kalender zu ändern. Zum Schluss vielleicht die Worte einer Leserin, die für uns die Frage nach den Kalenderunterschieden so formuliert hat:

»Durch Zufall erfuhr ich, dass einige der vielen Mondkalender anders berechnet sind als Ihr Mondkalender und dass manche Leser deshalb etwas verwirrt sind. Das verstehe ich natürlich, aber ich wende Ihren Kalender nun schon sieben Jahre lang an, mit überraschend großem Erfolg und auch bei schweren Operationen im Verwandtenkreis. Ich würde es so sagen: Wenn mir jemand mein Traumhaus mit schöner, großer Werkstatt baut, in dem es sich wunderbar leben und arbeiten lässt, dann würde ich doch niemals auf die Idee kommen, die Qualität des Werkzeugs, mit dem Haus und Werkstatt errichtet worden sind, in Zweifel zu ziehen. Das wäre ja, als ob man zu Roger Federer nach seinem ersten Wimbledon-Sieg geht und sagt: ›Du spielst super Tennis, aber mit deinem Schläger stimmt was nicht‹.«

Die Tierkreiszeichentabelle

Die folgende Tabelle ist ein wichtiges Handwerkszeug. Sie gibt einen Überblick über die unterschiedlichen Wirkungsimpulse der einzelnen Tierkreiszeichen – auf Körperzonen, Pflanzenteile, Nahrungsqualität etc. und zeigt Ihnen die gebräuchlichsten Symbole für die Tierkreiszeichen, um das Auffinden und Identifizieren der Zeichen in den Kalendern im Anhang des Buches zu erleichtern. Kopieren Sie sich die Tabelle und lassen Sie sich von ihr durch das Buch begleiten.

Die Tierkreiszeichentabelle

Tierkreis-zeichen	Symbole neu alt	Körperzone	Organ-system	Pflanzen-teil	Element	Absteigend/ Aufsteigend	Nahrungs-qualität	Tages-qualität
Widder		Kopf, Gehirn, Augen, Nase	Sinnes-organe	Frucht	Feuer	☽	Eiweiß	Wärmetag
Stier		Kehlkopf, Schilddrüse, Zähne, Kiefer, Mandeln, Ohren	Blut-kreislauf	Wurzel	Erde	☽	Salz	Kältetag
Zwillinge		Schulter, Arme, Hände (Lunge)	Drüsen-system	Blüte	Luft	☾	Fett	Luft/ Lichttag
Krebs		Brust, Lunge, Magen, Leber, Galle	Nerven-ystem	Blatt	Wasser	☾	Kohlen-hydrat	Feuchtetag
Löwe		Herz, Rücken, Zwerchfell, Blutkreislauf, Schlagader	Sinnes-organe	Frucht	Feuer	☾	Eiweiß	Wärmetag
Jungfrau		Verdauungsorgane, Nerven, Milz, Bauchspeicheldrüse	Blut-kreislauf	Wurzel	Erde	☾	Salz	Kältetag
Waage		Hüfte, Nieren, Blase	Drüsen-system	Blüte	Luft	☾	Fett	Luft/ Lichttag
Skorpion		Geschlechtsorgane, Harnleiter	Nerven-system	Blatt	Wasser	☾	Kohlen-hydrat	Feuchtetag
Schütze		Oberschenkel, Venen	Sinnes-organe	Frucht	Feuer	☽	Eiweiß	Wärmetag
Steinbock		Knie, Knochen, Gelenke, Haut	Blut-kreislauf	Wurzel	Erde	☽	Salz	Kältetag
Wassermann		Unterschenkel, Venen	Drüsen-system	Blüte	Luft	☽	Fett	Luft/ Lichttag
Fische		Füße, Zehen	Nerven-system	Blatt	Wasser	☽	Kohlen-hydrat	Feuchtetag

II

Gesund leben, gesund werden, gesund bleiben in Harmonie mit den Mondrhythmen

Denkst du, du kannst das Universum in die Hand nehmen und es vollkommen machen?
Ich glaube nicht, dass sich dies tun lässt.

Das Universum ist heilig.
Vollkommener machen kannst du es nicht.
Wenn du es verändern willst, wirst du es zugrunde richten. Wenn du es festhalten willst, wird es dir entgleiten.

So sind die Dinge manchmal voraus, manchmal zurück;
Manchmal fällt das Atmen schwer, manchmal geschieht es mühelos;
Manchmal ist Kraft da und manchmal Schwäche;
Manchmal wird man nach oben getragen, manchmal nach unten gedrückt.

Daher meidet der Weise Übertreibung, Maßlosigkeit und Selbstzufriedenheit.

(Lao Tse)

Gedanken über die Gesundheit

 eder Mensch glaubt zu wissen, was Gesundheit bedeutet. Und doch: Noch vor wenigen Jahren wurde Gesundheit höchst offiziell von der Weltgesundheitsorganisation definiert als die »Abwesenheit von Krankheit« – vielleicht deshalb, weil man Gesundheit oft erst dann als ein »höchstes Gut« empfindet, wenn man es gerade vermissen muss. Trotzdem könnte nichts ferner

47

der Wahrheit sein und viele Ärzte und Heilpraktiker bemühen sich heute um eine neue Sichtweise. So schreibt etwa ein Heilpraktiker: »Gesundheit bedeutet für uns die Kraft und die Fähigkeit, das zu werden, was wir sind, und das zu überwinden, was uns daran hindert, und bezeichnet den Zustand, der sich daraus ergibt: ein harmonisches Zusammenspiel der verschiedenen Prozesse, die den Menschen definieren im Dienste einer Absicht, die dem Sinn des Lebens folgt.«

Unsere Vorfahren wussten um diese Zusammenhänge. Heilkundige Priesterärzte, Schamanen und Medizinmänner handelten und heilten nach der Erkenntnis, dass wir Menschen keine Maschinen sind. Dass wir mehr sind als ein schlecht und recht aufeinander eingespieltes System von Knochen, Nerven, Muskeln und Organen, zusammengehalten vom »Zufall« der Evolution. Dass Körper, Geist und Seele sich gegenseitig beeinflussen und in untrennbarer Verbindung mit allem stehen, was uns umgibt – mit anderen Menschen, der Natur und sogar den Sternen.

Sie wussten, dass Krankheit entsteht, wenn der Mensch – aus welchen Gründen auch immer – das dynamische Fließgleichgewicht zwischen den vielen Elementen des Lebens nicht mehr aufrechterhalten kann – zwischen Spannung und Entspannung, zwischen gesundem Egoismus und Hingabe, zwischen dem Auf und Ab des Schicksals.

Alles in der Natur ist Klang, Schwingung und Rhythmus. Ein »Leben im Gleichgewicht« bedeutet daher, diese Rhythmen nicht *dauernd* zu missachten oder ständig gegen ihren Strom zu schwimmen. Gleichgewicht hat andererseits nichts mit Rhythmus nach der Uhr, nichts mit Bequemlichkeit, mit einem trägen, gleichmäßigen, »lauwarmen« Dahinfließen der Zeit zu tun. Dosiertes Übertreiben ist genauso wichtig für eine gesunde Lebensführung wie Regelmäßigkeit und Rhythmus im Alltag. Jedes Organ, jedes lebende Wesen braucht diese dosierten Stöße, Schocks sozusagen, um bis an die Grenzen seiner Entfaltungsmöglichkeiten vorzustoßen.

Unser Körper ist wie ein verlässliches und robustes Schiff, das einer gewissen Pflege bedarf, um seine volle oder altersentsprechende Leistung bringen zu können, und das mehr oder weniger regelmäßig »Treibstoff« in Form von Sauerstoff und vielfältiger Nahrungsmittel braucht. Und nicht nur der Körper braucht Nahrung, vollwertige und gesunde Nahrung, sondern auch Geist und Seele. Das merkwürdige naturwissenschaftliche Weltbild, von dem unser Zeitgeist heute regiert wird, hat uns fast vergessen lassen, dass im »Fahrzeug Körper« auch unsere Gefühle, unser Denken, unsere Instinkte eine große Rolle spielen. Und vor allem, dass es auf einen Kapitän wartet: das Bewusstsein.

Unser Bewusstsein, unsere Einstellung dem Leben gegenüber sind es, die über das Schicksal unseres Körpers mitentscheiden, die seine Gesundheit, seine Leistungsfähigkeit und seine Freude am Leben mitbestimmen. Und gleichzeitig über das Schicksal der Natur, der Umwelt. Ihr Zustand ist immer ein genaues Spiegelbild unseres eigenen Zustandes, körperlich wie geistig.

Was ist mit »Einstellung« gemeint? Stellen Sie sich vor, Sie tragen Ihr allerschönstes Gewand zum Sonntagsspaziergang. Zur Schadenfreude der Umstehenden landet ein Haufen Vogelmist mit einem satten »platsch!« auf Ihren Schultern. Was nun? Wut wird Sie dem Magengeschwür oder dem Herzinfarkt einen Schritt näher bringen, Selbstmitleid wird das Gefühl Ihrer eigenen Wichtigkeit stärken und Ihnen fast noch mehr schaden. Sie können aber auch fröhlich pfeifend nach Hause gehen und das gute Stück reinigen, mit einem innigen Dank an Gott auf den Lippen, dass er Kühen keine Flügel verliehen hat . . .

Ernsthaft gesprochen: Es gibt natürlich viel Schlimmeres im Leben als schmutzige Jacken. Ein guter Kapitän weiß jedoch, dass seine *Einstellung* vieles beeinflusst und entscheidet. Er weiß, dass die »Krankheit der Selbstverständlichkeit« viel schlimmer ist als alle anderen und achtet darauf, dass für ihn nichts »selbstverständlich« ist – im Glück wie im Unglück. Enttäuschungen im Leben sind immer so groß wie die Hoffnungen und

Erwartungen, die man vorher hegte. Und der Kapitän weiß auch: Ein schnelles Schiff zu besitzen macht ihn nicht schon zu einem besseren Navigator, geschweige denn, zu einem mit gutem Richtungssinn.

Unser Körper ist ein wahres Wunderwerk. Über Jahre und Jahrzehnte hinweg verzeiht er scheinbar alles: falsche Ernährung, Bewegungsmangel, Alkohol und Nikotin im Übermaß, Stress und die langjährige Missachtung seiner natürlichen Rhythmen. Das macht eine Änderung von Lebensgewohnheiten auch so schwierig: So viel ist schon liebgewordene Routine geworden, dass man nicht mehr davon lassen möchte. Und so wenig wissen wir um die wahren Bedürfnisse und Rhythmen unseres Körpers.

Um ein erfahrener und wohlwollender »Manager« Ihres Lebens zu werden, müssen Sie wissen, wie Ihr Körper funktioniert, welche Belastungsgrenzen es gibt, unter welchen Bedingungen er seine volle Leistungsfähigkeit an den Tag legt. Dazu gehört großer Mut. Der Mut zu erkennen, dass man fast immer erntet, was man selbst gesät hat, dass uns Krankheiten eben nicht aus heiterem Himmel befallen und dass unser ganzes Leben Rhythmen unterworfen ist – mit Wellenbergen *und* Wellentälern, Höhen *und* Tiefen.

Im Westen leben wir im Zeitalter des »Fitnessterrors«. Allzeit fit, allzeit schön, allzeit auf der Höhe, allzeit bereit. Dieses Ideal ist fast eine Kriegserklärung an die Natur, denn sie diktiert uns auch Wellentäler, und wir täten gut daran, uns mit ihnen anzufreunden. Es gehört Mut dazu, in der heutigen Zeit den Wellentälern kühl und gelassen zu begegnen, sie zu akzeptieren, ohne sich zu wehren oder zu betäuben oder aufzuputschen. Es gibt ihn wirklich, den gesunden Menschenverstand. Wer auf ihn zu hören gelernt hat, weiß: »Es gibt keine Berge ohne Täler.«

> *Der Mensch kann nicht tausend Tage gute Zeit haben,*
> *so wie die Blume nicht hundert Tage blühen kann.*
>
> (Tseng-Kuang)

Es ist eine Urpflicht, auf unseren Körper und auf unsere Umwelt zu achten. Die »Zivilisation« betäubt das Gefühl für diese Pflicht, unter anderem dadurch, dass wir in so vielen Lebensbereichen die Verantwortung für uns selbst abgeben können (»Macht nichts, ich bin ja versichert . . .«).

Wenn es gelingt, nur einem einzigen Leser zu zeigen, wie leicht, wie angenehm es sein kann, sich den Rhythmen der Natur zu »unterwerfen«, aus Freundschaft mit sich selbst, dann ist schon viel erreicht. Erst wer sein eigener bester Freund wird, kann zum Freund seiner Mitmenschen werden. Das alte und bewährte Wissen um die Naturrhythmen verdient es, in Dankbarkeit ausprobiert zu werden, bevor man sich für den Gedanken entscheidet, dass es »so etwas nicht geben kann«.

Wo früher ein gelassenes Abwägen von Möglichkeiten und Alternativen die Lebensweise bestimmte, gilt heute das Prinzip Bequemlichkeit – Bequemlichkeit und scheinbar unbegrenzte Möglichkeiten. Ob unsere Gesundheit in Gefahr ist oder die »Gesundheit« der Natur: An erster Stelle sollte das Gesetz der Vernunft stehen und nicht die Bequemlichkeit. Auf Fortschritt und Technik brauchen und sollten wir nicht verzichten. Doch das Stichwort ist »mit Maß und Ziel«. Wir dürfen Maß und Ziel nicht aus den Augen verlieren, dann ist ein vernünftiges Leben und eine intakte Umwelt gerade mithilfe von Forschung und Technik möglich.

Die Medizin hat gerade in den letzten Jahrzehnten gewaltige Fortschritte gemacht und vielen Menschen helfen können. Wenn es jetzt auch noch gelingt, diese wirklich guten Mediziner zu überzeugen, dass es Gesetze und Rhythmen gibt, die sehr günstig und manchmal auch sehr ungünstig auf unser Leben und unseren Körper einwirken, dann ist die Menschheit wieder ein Stück weitergekommen.

Ursache und Therapie

Tipps und Ratschläge für eine gesunde Lebensführung gibt es Tausende. Abgesehen davon, dass es unmöglich ist, sie alle aufzuzählen: es wäre geradezu langweilig. Dieses Kapitel möchte sich deshalb vorwiegend auf diejenigen beschränken, die mit Ernährungsgewohnheiten und dem Mondrhythmus zusammenhängen. Einige der Hinweise (wie auch einige Regeln in Kap. III) haben nichts mit der Bahn des Mondes zu tun und beruhen auf persönlicher, gelebter Erfahrung oder auf anderen Rhythmen.

In keinem Buch, das Ratschläge zur Gesundheit gibt, darf jedoch eine Hilfestellung zum Aufspüren der tiefer liegenden Ursachen von Krankheit fehlen. Am Anfang jeder Therapie sollte die Frage stehen: »Woher kommt die Krankheit?« Und nicht die Frage: »Wie werde ich sie so schnell wie möglich los?« Wir sollten der Ursache gerade in die Augen sehen können, sonst bleibt jede Therapie bei der Symptombehandlung stehen, die Ursache bleibt unangetastet.

Eine tief gehende Antwort auf die Frage nach der Ursache ist fast schon die ganze Diagnose und die halbe Therapie. Zwei falsche Richtungen kann man dabei einschlagen. Man kann sich mit der Antwort zufrieden geben: »Ich bin erkältet, weil ich mich angesteckt habe.« Oder man kann drei Tage lang grübeln, in der eigenen Seele forschen, Eltern und Vorfahren die Schuld geben. Beides wird Ihnen nicht weiterhelfen.

Verzichten Sie auf die Suche nach demjenigen, der an einer Krankheit »schuld« sein könnte. Es darf niemals darum gehen, Bösewichter zu identifizieren: den Körper, der nicht so »will«, wie wir wollen, die Psyche, die Eltern, die Vergangenheit, die Sachzwänge. Das dient oft nur dazu, die eigene Untätigkeit zu entschuldigen und weiter das »Schicksal« zu verdammen. Wenn Sie obendrein zu den Menschen gehören, die von einer Medizin Wunder erwarten, dann werden Sie von diesem Buch nicht viel haben. Denn wahren Gewinn wirft es nur dann ab, wenn Sie damit arbeiten. Wenn Sie es als Herausforderung betrachten, Wachheit zu trainieren.

Wenn Sie eine ehrliche Antwort auf die Frage nach der Ursache gefunden haben, kann Ihnen auch ein Arzt viel besser helfen. Sie werden mit ihm gemeinsam arbeiten. Und nicht mehr mit der so häufigen Einstellung zum Arzt gehen: »Ich bin krank. Befreien Sie mich von meiner Krankheit.« Ärzte können Ihnen nur helfen, sich selbst zu helfen. Sie können Ihnen helfen, Ihre Selbstheilungskräfte zu wecken. Wenn Sie im tiefsten Inneren gar kein Interesse haben, gesund zu werden – weil Krankheit Aufmerksamkeit einträgt, weil man sich anderer Verantwortungen entziehen kann, weil sie wie ein geeigneter Ausweg aus einer schwierigen Situation erscheint, weil die Erkenntnis der eigenen Verantwortung für die Krankheit zu unbequem ist, usw. –, dann kann Ihnen auch kein Arzt helfen. Und dieses Buch erst recht nicht.

Bevor das Wissen um die Mondrhythmen echten Nutzen für eine gesunde Lebensführung bringen kann, ist eine Einsicht vonnöten: Krankheitsursachen sind oft nicht in unserem Körper zu suchen, sondern auf dem Nährboden falscher und destruktiver Denkgewohnheiten, meist in Zusammenhang mit Konkurrenzdenken, Angst und Gier. Sie sind oft die wahre Ursache hinter den »vielen Sünden gegen die Natur«, von denen schon Hippokrates spricht.

Wer einen kühlen, objektiven Blick in den Spiegel wirft, wird diese Schwächen nicht von vornherein von sich weisen. Dieser kühle Blick auf sich selbst, im allgemeinen Sprachgebrauch auch »Aufrichtigkeit« genannt, ist es, der es Ihnen möglich machen wird, die Tipps auf den folgenden Seiten auf bestmögliche Weise zu nutzen.

Ausdrücklich sei noch einmal darauf hingewiesen, dass dieses Buch niemals den Arzt ersetzen soll und kann. Niemand sollte sich aufgefordert fühlen, allein ohne ärztlichen Rat eine Krankheit zu behandeln.

»Auf meinen Vorträgen berichten mir manchmal Leute von guten und weniger guten Ärzten. Ich glaube, es gibt nur gute

Ärzte, aber sicher gibt es auch welche, die weniger Erfolg mit manchen Behandlungen haben. Der richtige Zeitpunkt für einen Behandlungsbeginn ist oft ausschlaggebend. Im Gespräch mit einigen Ärzten über den Mond und seinen Einfluss bekam ich anfangs natürlich arges Misstrauen zu spüren. Aber jeder, der sich die Mühe machte, in seiner Patientenkartei meine Angaben rückwirkend nachzuprüfen und gute und schlechte Heilungserfolge mit dem jeweiligen Mondstand zu vergleichen, der konnte nur staunen. Inzwischen gibt es Gott sei Dank zahllose Ärzte und sogar ganze Krankenhäuser, die bei den verschiedenen Behandlungen auf den Mondzyklus achten. Gerade bei immer wiederkehrenden oder chronischen Krankheitsbildern ist die Chance groß, günstige Zeitpunkte für die Behandlung auszusuchen.«

Gute Ernährung, gute Verdauung – Grundpfeiler der Gesundheit

Eure Nahrung soll Eure Arznei sein.

(Hippokrates)

Jeder Mensch hat es schon erlebt: Bestimmte kleinere oder größere Beschwerden können mit bestimmten Medikamenten, Salben oder Tees erfolgreich angegangen werden. Die Heilung erfolgt rasch und oft sind die Symptome für immer verschwunden. Ein anderes Mal pflegt und behandelt man vergebens und die Überzeugung beschleicht einen, dass gar nichts helfen will.

Zuallererst muss herausgefunden werden, ob die Behandlung überhaupt sinnvoll war und welche Diagnose gestellt wurde. Blutreinigungstees wirken nicht, wenn krampflösende Mittel angezeigt sind, Schmerzmittel beseitigen nur das Symptom, wenn die Ursache in schlechtem Blut zu suchen ist, etc.

Ein Ungleichgewicht in Ernährung und Verdauung ist oftmals der eigentlich auslösende Faktor. Eine gute Verdauung ist von zentraler Bedeutung für eine gesunde Lebensführung. Zahlreiche kleinere und größere Störungen und Krankheiten nehmen in Ernährungsfehlern ihren Anfang. Gleichzeitig werden nur wenige Themen in der Gesundheitsvorsorge und Krankheitsbehandlung so stiefmütterlich behandelt und teilweise auch tabuisiert wie unsere Verdauungsvorgänge. Sicherlich mehr als 80 Prozent aller Krankheiten finden ihre tiefere Ursache in der jeweiligen Ernährung. Dabei spielt »gesunde Ernährung« in der Ausbildung heutiger Mediziner kaum eine Rolle.

Ärzte behandeln Krankheiten.
Hervorragende Ärzte behandeln noch nicht ausgebrochene Krankheiten.
Die besten Ärzte verhindern Krankheiten.

(Chinesische Weisheit)

Wir müssen daher unsere eigenen besten Ärzte werden. Das Sprichwort »Du bist, was du isst« entbehrt nicht einer gewissen Wahrheit. Alles, was unseren Körper betritt, kann zu Gift oder zu Medizin werden, je nach Inhaltsstoffen und Menge, und wie Sie noch sehen werden, auch weitgehend je nach Ernährungstyp und Zeitpunkt des Aufnehmens.

Warum sind die Buchhandlungen voll mit Kochbüchern und Ernährungsratgebern? Warum erscheinen jährlich Tausende neu? Und warum können immer weniger Menschen für sich kochen, und warum gibt es überhaupt noch einen einzigen übergewichtigen Menschen bei einem solchen Informationsangebot?

Weil wir das Einfache und Wirksame verlernt haben. Weil es einfacher ist, neue Moden und Diäten, neue Glaubensrichtungen und Überzeugungen, neue Allheilmittel zu verkaufen, als sich auf das Brauchbare zu konzentrieren und das Selbstvertrauen und den Mut des Lesers zur eigenen Erfahrung zu stärken. Ein wirklich brauchbarer Ernährungsratgeber ist sehr kurz. Ein wirklich brauchbares Kochbuch kommt mit wenigen Worten und ohne Bilder aus.

Kehren wir also gemeinsam zum Einfachen und Brauchbaren und Gesunden zurück und gehen wir Schritt für Schritt vor:

Auf den Körper hören lernen

In erster Linie ist jede Art von einseitiger Kost, jede Art von »Diät« – außer bei bestimmten Krankheiten – von Übel. Einseitig ist von Nachteil, selbst wenn das Essen noch so scheinbar »gesund« ist. Viele Menschen mit Verdauungsproblemen neigen zu *übertriebenen* Maßnahmen, meistens aus Ungeduld in Erwartung schneller Resultate. Jahrelang geübte Verhaltensweisen und Essgewohnheiten lassen sich jedoch nicht über Nacht ändern. Der Körper reagiert nur langsam auf Umstellungen, so wie ein verwöhnter Boden nur langsam auf natürliche Anbauweisen reagiert. Der Körper braucht Zeit, um sich wieder an das Natürliche und den Rhythmen der Natur Angepasste zu erinnern.

Besonders der Darm muss oft erst wieder die eigenen Signale wahrnehmen lernen. Schon in der Schule werden uns die natürlichen Verdauungsrhythmen abtrainiert. Sie haben zu warten, bis die Unterrichtsstunde oder gar der Vormittag vorüber ist. Meist sind wir aber auch selbst zu träge, um so zeitig aufzustehen, dass für ein geruhsames Frühstück und »dringende Geschäfte« Zeit bleibt.

Wenn sich etwa aus dem Gleichgewicht geratene Verdauungsvorgänge in einer Verstopfung äußern, dann bleiben die Gifte, die normalerweise mit einem regelmäßigen Stuhlgang ausgeschieden werden, einfach zu lange im Körper und werden vom Dickdarm teilweise wieder in den Körper aufgenommen.

Wenn die Verdauung nicht stimmt, ist fast immer eine Umstellung der Lebens- und Essgewohnheiten nötig, daran besteht kein Zweifel.

Eines der wirksamsten Mittel, um wieder zu einer regelmäßigen und gesunden Verdauung zurückzukehren, ist das Beachten der Körpersignale. Fast jeder hat es schon erlebt: Wenn man nur einige Minuten lang das Signal für den Stuhlgang ignoriert, dauert es manchmal Stunden oder gar Tage, bis es wiederkehrt. Was in diesen Stunden geschieht, wissen Sie nun. Jeder hat seinen eigenen Rhythmus – ihn kennenzulernen und zu seinem Recht zu verhelfen, das sollte das Ziel sein. Zu allen Zeiten hat es Ernährungsrichtlinien gegeben, doch war dort nie die Rede von »Diät«, sondern von einer wirklich sinnvollen und ausgewogenen Ernährung, die unter Zugabe verschiedener Kräuter gleichzeitig vorbeugend und heilend wirkt (wobei unter »Diät« hier nicht die lebensnotwendigen Ernährungsvorschriften bei bestimmten Krankheiten zu verstehen sind; sie sind sinnvoll und wichtig). Wie die Beziehung von Ratgebern und Ratnehmern zuweilen beschaffen ist, davon erzählt eine alte Fabel:

> Bis zur Brust
> *Ein fettes Schwein kam eines Tages an einen Fluss.*
> *Sehnsüchtig blickte es zum anderen Ufer, weil es dort einen wunderschönen, frisch angelegten Komposthaufen erblickte, mit verlockend herüberleuchtenden Essensresten, Kartoffelschalen und allerlei anderen Leckerbissen.*
> *Das Schwein jedoch konnte nicht schwimmen. »Wie tief der Fluss wohl ist? Ob ich da einfach hinüberwaten kann?«, sprach es zu sich selbst.*
> *»Aber selbstverständlich!«, sagte ein Maulwurf, der gerade aus seinem Hügelbau herausgekommen war und das Selbstgespräch des Schweins gehört hatte.*
> *»Meinst du wirklich?«, sagte das Schwein freudig.*
> *»Nur zu, das Wasser ist ganz flach.«, erwiderte der Maulwurf.*
> *Er hatte das letzte Wort noch nicht zu Ende gesprochen, da war das Schwein schon hinunter ans Wasser gelaufen und hineingesprungen. Augenblicklich versank es, weil seine Beine vergeblich nach Grund tasteten. Mit allerletzter Kraft strampelte und paddelte es ans Ufer und stellte den Maulwurf wütend zur Rede. »Merkwürdig«, sagte der Maulwurf, »den Enten reicht das Wasser immer nur bis zur Brust.«*

Die folgenden Hinweise werden einige Knoten der Verwirrung lösen und nach und nach zu Ihrem ganz persönlichen, untrüglichen Gespür führen für das, was Ihnen guttut und was nicht. Denn das allein zählt – und nicht Richtlinien, Regeln, Prinzipien.

Welcher Ernährungstyp bin ich?

Um Ihre ganz persönliche, für Sie gesunde Ernährungsweise entdecken zu können, brauchen Sie Erfahrung und Einsicht. Für das Gewinnen der ersten und wichtigsten Einsicht sollten Sie sich Zeit lassen und Geduld üben. Die Einsicht betrifft die wichtige Frage, **welcher Ernährungstyp Sie sind.**

Es gibt zwei Ernährungstypen: den *Alpha-Typ* und den *Omega-Typ.*

Wir haben diese Begriffe gewählt, weil es nach unserem Kenntnisstand keine populären und eingeführten Bezeichnungen gibt.

> *»Bei uns zu Hause gab es keine genauen Bezeichnungen für die beiden Ernährungstypen. Wir wuchsen mit diesem Wissen ebenso selbstverständlich auf wie mit den Mondregeln. Es lag einfach auf der Hand und war auch einsichtig, warum meine Mutter für Geschwister, Großeltern usw. unterschiedlich kochte. Jeder spürte die Notwendigkeit und man fragte nicht nach. Sich ständig so zu ernähren wie der jeweils andere Ernährungstyp wäre uns vorgekommen, als ob wir uns absichtlich schwächen, um uns vor irgendetwas zu drücken. Was die Ernährung betrifft, fragten wir uns also nicht: Was kann ich essen? Sondern vielmehr: Was kann mein Körper umsetzen, um gesund und bei Kräften zu bleiben? Hier verbirgt sich einer der Hauptgründe, warum das Allheilmittel der Nachbarin Ihnen vielleicht nichts nützt oder gar schadet. Oder warum manche Kinder bei gleicher Ernährung Problemkinder werden, während andere gesund und munter heranwachsen. Oder warum manche Mütter nach dem Abstillen an Gewicht zunehmen: Sie hatten sich instinktiv für das Kind richtig ernährt, aber nicht für sich selbst. Sie hätten nach dem Abstillen wieder zu jener Ernährung zurückkehren sollen, die dem eigenen Ernährungstyp entspricht.«*

Um Ihren persönlichen Ernährungstyp aus eigener Kraft entdecken zu können, müssen Sie nach und nach herausfinden, welche Nahrungsmittel Sie vertragen und welche nicht. Es besteht durchaus die Möglichkeit, dass Sie seit Jahrzehnten regelmäßig irgendein Nahrungsmittel oder Getränk zu sich nehmen, obwohl es Ihnen grundlegend schadet! Wenn das der Fall ist, dann ist die Wahrscheinlichkeit ebenso hoch, dass Sie von der Schädlichkeit dieses Nahrungsmittels nicht die geringste Ahnung haben. Die folgende Checkliste kann Ihnen auf die Spur helfen:

Sie vertragen ein bestimmtes Lebensmittel wahrscheinlich nicht,

– wenn sein Genuss Sie regelmäßig ermüdet. Das Gefühl, nach jedem Essen am liebsten ein Schläfchen machen zu wollen, ist ein absolut sicheres Zeichen, dass Sie etwas im Essen nicht vertragen haben und dass es Ihnen langfristig schadet. Müdigkeit nach dem Essen ist nichts Selbstverständliches oder gar Natürliches, sondern im Gegenteil eine Form der Allergie. Vollwertige Lebensmittel, ausgesucht nach Ihrem Typ, machen nicht müde, selbst wenn Sie ein wenig mehr davon essen als der Körper verlangt! Konservierungsmittel, Farbstoffe, Geschmacksverstärker und künstliche Aromastoffe machen immer müde. Die Ausnahme: Die leichte Mattigkeit zwischen 13 und 15 Uhr, unabhängig davon, ob man gegessen hat oder nicht, hängt mit dem Tagesrhythmus der Organe zusammen. Von den südlichen Ländern können wir hier lernen, wo nicht nur wegen der höheren Temperaturen nachmittags eine Siesta eingelegt wird.

– wenn Sie regelmäßig unter saurem Aufstoßen, Sodbrennen, Völlegefühl, Blähungen oder Kopfschmerzen zu leiden haben. Kopfschmerz und Migräne sind eine sehr häufige, allergische Reaktion auf nicht vertragene Nahrungsmittel oder Getränke. Oftmals wird diese Reaktion nicht in Verbindung mit untauglicher Nahrung gebracht, weil sie erst am nächsten Tag eintreten kann.

– wenn sich etwa 15 Minuten bis eine halbe Stunde nach seiner Aufnahme Ihre Laune stark verschlechtert. Diese Reaktion tritt besonders bei Kindern auf, wenn sie Süßigkeiten gegessen haben. Aber auch bei Erwachsenen, etwa nach der Aufnahme von Mehlspeisen mit poliertem Weizenmehl.

– wenn Sie Mund- und/oder Körpergeruch haben oder bekommen. Mundgeruch aufgrund schlechter Zahnpflege ist hier nicht gemeint. Mundgeruch beruht in fast allen Fällen auf schlechter Verdauung und einem belasteten Magen. Körpergeruch ist so gut wie immer ein Zeichen einer Nahrungsmittelunverträglichkeit oder eines gestörten Stoffwechsels. Das gilt auch für den Genuss von Knoblauch. Wenn man sich gesund ernährt, ist die Körperausdünstung nach Knoblauchgenuss kaum merkbar.

– wenn sich bei Ihnen ein Pilz findet, innerlich oder äußerlich. In der Tat: Sogar Fußpilz ist Signal für eine gestörte Verdauung, weil sie auch die Hautfunktionen durcheinanderbringt.

– wenn Sie öfters Fieberblasen (Herpesbläschen) entwickeln. Fieberblasen bedeuten aber auch einen seelischen oder körperlichen Ekel vor etwas (oder jemandem).

– wenn Sie unter unbestimmbaren Rückenschmerzen leiden, besonders im Kreuzbereich. Rückenschmerzen sind eine sehr häufige allergische Reaktion auf polierten Weizen (der Normalfall), weil die überlastete Niere über Nervenbahnen in die Wirbelsäule ausstrahlt.

Betrachten Sie nun in Ruhe die Tabelle ab Seite 62. Sie wird so manches Aha-Erlebnis auslösen, das Sie sicherlich einen Schritt weiterbringt.

Alpha-Typen vertragen besonders gut:

Getreide:
Dinkelmehl, Roggenmehl, Quinoa, Amaranth, Kamut und Produkte aus diesen Getreiden. Bei Glutenunverträglichkeit ist Quinoa ein Tipp, denn auch der so gesunde Dinkel ist nicht glutenfrei. Backen mit Dinkel ist nur zu Beginn gewöhnungsbedürftig.

Obst:
Kernobst wie Äpfel, Birnen, alle Zitrusfrüchte wie Orangen, Mandarinen, Zitronen, Limonen, Grapefruit, Kiwi usw.

Gemüse:
Gurken, Karotten, Zwiebeln, Lauch.

Getränke:
Säfte aus Kern- und Beerenobst, sowie Zitrusfrüchten. Wasser ohne oder mit sehr wenig Kohlensäure. Tee von Grüntee bis Kräutertee. Alle Getränke für den Alpha-Typ sollten nicht sehr kalt sein.

Fette und Öle:
Butterschmalz (Ghee), Speck, und wer es mag Schweineschmalz. Butter, Buttermilch, Ziegenmilch, Schafmilch, Sahne oder Kuhmilch direkt vom Bauernhof (Milch ist kein Getränk, sondern ein Nahrungsmittel). Der Alpha-Typ verträgt tierische Fette besser als pflanzliche Öle.

Fleisch:
Eine Ernährung ohne tierisches Eiweiß wäre natürlich für unsere Welt und für die Gesundheit ideal. Als Alpha-Typ verträgt man jedoch Fleisch in Maßen recht gut. Gebratenes bekommt Ihnen besser als Gekochtes. Scharfe Gewürze und verschiedene Kräuter (Thymian, Rosmarin, Majoran etc.) machen Fleisch verträglicher.

Sonstiges:
Sie vertragen zwei bis drei größere Mahlzeiten täglich besser als mehrere kleine Portionen über den Tag verteilt. Zwischen den Mahlzeiten sollten bei Ihnen mindestens vier Stunden vergehen. Nur so kann Ihr Stoffwechsel optimal arbeiten.
Auch ein Alpha-Typ muss nicht immer auf Nachspeisen verzichten. Zum Süßen, etwa bei Müsli, Gebäck, Kuchen, ist Bio-Rohrzucker, Ahornsirup, Agavendicksaft, in Maßen in Ordnung. Auch Salate dürfen durchaus mit wenig pflanzlichem Öl angemacht werden. Wichtig ist, nicht ständig mit Öl zu braten!

Schädliches für den Alpha-Typ:

Im Prinzip alles, was als besonders verträglich für den Omega-Typ gilt.

Die Dickmacher:

Zwischendurch essen, zu kalte Getränke, nach 18 Uhr essen.
Ständig süße Nachspeisen.

Herkömmliche Süßigkeiten, Weißmehl und Zucker sowie pflanzliche Fette und Öle, Mayonnaise etc. (leider war die Fehlinformation der letzten Jahrzehnte über Öle nicht sehr hilfreich für den Alpha-Typen).
Generell Eiweiß tierischer Herkunft. Jede Form von Chips. Fertigprodukte mit gesättigten Fettsäuren. Oft wird auch Honig nicht vertragen.

Getreide:
Alle Weizenmehlprodukte (die meisten Weizenallergiker sind Alpha-Typen), Hafer, zu viel Reis, zu viele Nüsse.

Obst:
Steinobst (Pfirsiche, Aprikosen, Datteln, Mango usw.), Bananen (Alpha-Typen vertragen Bananen ab und zu, aber keine größeren Mengen und schon gar nicht täglich).

Gemüse:
Tomaten, zu viel Knoblauch.

Getränke:
Alle eiskalten Getränke, Kaffee mit Milch, gezuckerte Säfte.
Wenn Verzicht auf Kaffee allzu schwer fällt, eventuell vorläufig auf Espresso umsteigen.

Sonstiges:
Zu wenig trinken zwischen 15 und 19 Uhr ist besonders für den Alpha-Typ negativ.
Mehr als drei Mahlzeiten täglich.

Omega-Typen vertragen besonders gut:

Getreide:
Bio-Weizenmehlprodukte (Weizenallergiker sind meistens entweder Alpha-Typen oder auf das wertlose Weizen-Auszugsmehl allergisch), Dinkel, Hafer (Amaranth und Quinoa sind fast immer verträglich).

Reis, Nüsse (Nussallergien kommen bei Omega-Typen fast nur von behandelten oder bestrahlten Nüssen. Bei Bio-Nüssen vergeht die Allergie meist nach einiger Zeit).

Weizenprodukte wirken oft deshalb als Allergieauslöser, weil billiger Industrieweizen enthalten ist.

Obst:
Generell Bio-Steinobst (Aprikosen/Marillen, Kirschen, Pfirsiche, Datteln, Zwetschgen, usw.), Bananen.

Gemüse: Tomaten, Knoblauch.

Getränke:
Säfte aus Stein- und Beerenfrüchten. Die meisten Omega-Typen vertragen kalte Getränke (»eiskalt« ist jedoch grundsätzlich ungesund). Wasser ohne oder mit wenig Kohlensäure, Tee, Kräutertees. Süße Getränke in Maßen. Getränke mit viel Zucker machen auch Omega-Typen müde und dick. Künstliche Süßstoffe sind immer schädlicher als Zucker, weil der Körper sie nicht umwandeln kann und deponieren muss.
Kaffee (aber ohne Milch! Die Kombination löst im Stoffwechsel Chaos aus und wirkt leberbelastend).

Fette und Öle:
Alle Bio-Pflanzenfette und -öle. Bio-Margarine. Kaltgepresstes Öl nicht zum Braten verwenden! Mayonnaise in Maßen. Der Omega-Typ verträgt pflanzliche Öle und Fette besser als tierische Fette.

Fleisch:
Mageres Fleisch. Gekochtes Fleisch ist verträglicher als Gebratenes. Niemals zu stark anbraten!

Sonstiges:
Der Omega-Typ braucht »Süßes« und darf auch zwischendurch Kleinigkeiten essen. Niemals sollte er tagsüber fasten und dann abends essen! Besser sind fünf kleine Mahlzeiten als drei große.

Schädliches für den Omega-Typ:

Im Prinzip alles, was als besonders verträglich für den Alpha-Typ gilt.

Die Dickmacher:
Tierische Fette, Butter usw. Milch und Milchprodukte wie Käse, Joghurt usw.

Getreide: Roggen, jede Form von Auszugsmehl.
Obst: Kernobst, Zitrusfrüchte.
Gemüse: Karotten, Zwiebeln, Gurken.
Getränke: Zu viel Schwarz- und Grüntee.
Sonstiges: Zu heiße Getränke, besonders alle »Light«-Produkte.

Alle Menschen vertragen fast immer:

Dinkel und Dinkelprodukte (außer bei Glutenunverträglichkeit), Gerste, Sesam, Feigen, grüne Salate, Feldsalat. Generell Bio-Gemüse und Beerenfrüchte, Bio-Soja-Produkte, Sojamilch. Alle Hülsenfrüchte, Kartoffeln und pflanzliches Eiweiß.

Schädigend für alle Menschen:

Weißer Zucker, polierte Getreide, Weißmehl, zu viel Salz, künstliche Aroma- und Süßstoffe, Farbstoffe, Konservierungsmittel, bestrahlte Lebensmittel. Generell Obst und Gemüse aus Industrielandwirtschaft, Fast Food, zu viel tierisches Eiweiß.

Problematisch für alle Menschen:

* Wenn das Produkt Eier enthält.
* Gehärtetes Fett.
* »Light«-Produkte – sie täuschen wenig Zucker vor, der Körper kann sie nicht verstoffwechseln.
* Mikrowellengerichte – ihre Schädlichkeit wird leider immer noch diskutiert. Soviel ist sicher: Energie ist keine mehr enthalten.

Ernährungsempfehlung und Nahrungsmittel –
Unverträglichkeiten von Alpha-Typ und Omega-Typ

Wenn Sie die Tabelle auf Ihre eigene Erfahrung und Situation übertragen, ist es manchmal möglich, den eigenen Ernährungstyp sofort herauszufinden. Letzte Klarheit verschafft meist ein Sieben-Tages-Experiment: Ernähren Sie sich bei zunehmendem Mond einige Tage lang nur in die Omega-Richtung und anschließend ebenfalls bei zunehmendem Mond einige Tage lang wie ein Alpha-Typ. Meist wird dieses Experiment schon nach zwei, drei Tagen ein deutliches Ergebnis bringen. Natürlich kommt es vor, dass man dann immer noch im Zweifel ist, aber dafür haben wir mit einem Fragebogen vorgesorgt, den Sie bei uns bestellen oder herunterladen können (www.paungger-poppe.com) und den wir für Sie gegen geringe Kosten auswerten.

Vielleicht können einige Beispiele aus dem Alltag die Zusammenhänge noch deutlicher machen: Angenommen, Sie wissen, dass Sie tierische Fette und Roggenmehl gut vertragen (Alpha-Typ) und schon immer gut vertragen haben. Aber Sie sind eingefleischter Kaffeetrinker, seit Sie denken können. Die Wahrscheinlichkeit ist sehr groß, dass Ihnen Kaffee schadet. Probieren Sie es einmal einen Monat lang mit grünem Tee.
Oder Sie lieben und vertragen pflanzliche Öle in Ihrer Alltagsernährung (Omega-Typ) und trinken gleichzeitig viel Zitrussäfte. Probieren Sie, auf Wasser umzusteigen (ohne Kohlensäure, am besten Leitungswasser), und verzichten Sie einige Zeit lang auf dunkle Mehle in Ihrer Ernährung. Achten Sie auf vollwertiges Weizenmehl.

Beobachten Sie, experimentieren Sie. Haben Sie seit jeher tierisches Fett gut vertragen, lassen Sie es sich von niemandem ausreden, auch nicht von den Ärzten. Und gehen Sie davon aus, dass Roggenbrot »Ihr Brot« ist. Kein Mehl schadet Ihnen dann mehr als Weizenmehl. Dieser gravierende Unterschied zwischen Alpha-Typ und Omega-Typ ist der Grund, warum heutige Brotsorten oftmals von niemandem gut vertragen werden – speziell Mischbrote.

Haben Sie hingegen schon immer pflanzliche Öle gut vertragen, dann ist Weizenmehl »Ihr Mehl«. Die viel geschmähten weißen Semmeln und knusprigen Baguettes brauchen Sie ab sofort nicht mehr heimlich essen, sondern können mit Genuss essen und mit viel Marmelade oder sonst wie süß belegt. Wählen Sie aber immer Vollkorn-Weizenmehl in Bio-Qualität.

Lassen Sie sich von unseren Erfahrungen inspirieren und stellen Sie die Ernährung auf Ihren Ernährungstyp um. Münzen Sie die Aha-Erlebnisse um in die Abenteuerlust zu Experimenten und Erfahrungen. Denn wir kommen schon zur Welt mit dieser Typ-Ausrichtung. Babys sind vom ersten Tag an entweder Alpha- oder Omega-orientiert (alle Kinder vertragen Muttermilch, die sich entsprechend ihren Bedürfnissen perfekt anpasst). Beobachten Sie, was nach der Umstellung auf Ihren Ernährungstyp geschieht, und genießen Sie die Veränderung.

Die Wissenschaft mahnt uns: Esst weniger Eiweiß, weniger Fett, weniger Salz! Sie hätte damit recht, wenn sie diese Empfehlungen dem Typ anpassen würde. Dem Alpha-Typ schadet nämlich Butter nicht, während es den Omega-Typen langsam und schleichend schwächt, bis sein Immunsystem keine Reserven mehr hat gegen Störungen und Krankheiten aller Art.

Eine ernste Krankheit bei dogmatisch »veganer« Lebensweise (ohne jedes Produkt tierischer Herkunft in der Ernährung) kann also ihre Ursache in der Weigerung finden, Butter oder Butterschmalz zu verwenden. Die chronische Störung eines Speckliebhabers beruht vielleicht auf der Tatsache, dass er als Omega-Typ nur pflanzliches Fett gut verträgt, während das tierische Fett den Kreislauf belastet und zu Übergewicht führt. Auf Fett ganz zu verzichten ist nicht die Lösung, denn viele lebenswichtige Vitamine sind fettlöslich. Es würde zu Mangelerscheinungen führen und der Körper speichert dann jedes versteckte Fett sofort (Dickmacher!).

Behalten Sie immer im Auge: Niemand auf der Welt kann besser entscheiden als Sie, was gut für Sie ist und was nicht. Haben Sie den Mut, diese

Entdeckungsreise aus eigener Kraft zu machen. Ihr Körper wird Sie belohnen. Im Laufe der vielen Jahre der Vorträge und der Zusammenarbeit mit interessierten Lesern haben wir immer wieder die Erfahrung gemacht, dass es oft nur ein wenig Überwindung für den Start kostet. Der Erfolg Ihres Mutes wird Ihnen recht geben. Was kann es Schöneres geben als unbeschwert das Richtige zu essen und dabei auch noch auf das Idealgewicht zu kommen? Ohne zu hungern, ohne Kalorientabellen, ohne Waage und ohne zusätzlich Geld auszugeben!

Der Einfluss des Mondstandes auf die Ernährung

Wenden wir uns nun dem *richtigen Zeitpunkt* in der Ernährung zu, ebenfalls ein bedeutsamer Einflussfaktor für das Kennenlernen der gesunden Ernährung für Sie persönlich.
Und so wirken die beiden wichtigsten Mondphasen in Bezug auf gesunde Lebensführung und Ernährung:

Der zunehmende Mond

führt zu, plant, nimmt auf, baut auf, absorbiert, atmet ein, speichert Energie, sammelt Kraft, lädt ein zur Schonung und Erholung

Der abnehmende Mond

spült aus, schwitzt und atmet aus, trocknet, lädt ein zu Aktivität und Energieverausgabung

Wenn Sie diese unterschiedlichen Wirkungen wahrnehmen, haben Sie einen weiteren großen Schritt getan, um die Mondrhythmen harmonisch in Ihren Alltag zu integrieren. Glauben Sie es also nicht einfach: Beobachten

Sie selbst, schauen Sie, forschen Sie – Sie können diese Einflüsse beobachten und selbst erkennen.

Ob uns eine Mahlzeit gut bekommt oder nicht, dafür ist also häufig auch der Mondstand »zuständig«. Bei zunehmendem Mond und stets gleichen Essgewohnheiten und -mengen haben wir viel häufiger ein Völlegefühl und nehmen leichter zu als bei abnehmendem Mond. Andersherum kann man bei abnehmendem Mond oft etwas mehr essen als sonst, ohne gleich Gewicht anzusetzen.

Einen wesentlichen Einfluss auf Ernährung und Verdauung hat aber nicht nur die *Mondphase,* sondern auch der *Mondstand* im Tierkreis – ein von den Ernährungswissenschaftlern noch völlig ignorierter und aus unserem Bewusstsein fast verschwundener Faktor. Empfohlen wird zwar eine ausgewogene Ernährung, doch immer mit dem Hintergedanken, dass alle Nährstoffe – Eiweiß, Kohlenhydrate, Fett, Mineralien und Vitamine – möglichst gleichzeitig auf den Teller gehören. Das wirkt sich fast immer negativ aus und ist mitverantwortlich für zahllose Gesundheitsprobleme und Ernährungsfehler.

Erinnern Sie sich, beobachten Sie: Nicht nur Kinder haben merkwürdige »Fressphasen«. Ein paar Tage lang können sie von dicken Broten nicht genug kriegen. Dann wieder von Obst oder Gemüse. Doch diese »Lust« dauert meist nur ein paar Tage. Sollten wir also an manchen Tagen nur Salat mögen und ein anderes Mal nur Brote, um etwas übertrieben zu sprechen, dann hat das absolut nichts mit einseitiger Ernährung zu tun. Im Laufe mehrerer Tage bekommt der Körper doch alles, was er braucht.

Jede Einseitigkeit bei der Ernährung ist von Übel, sicherlich. Doch das bedeutet nicht, dass eine Mahlzeit alles enthalten muss, was »gesund« ist. Einseitigkeit einerseits und eine »einfach« zubereitete Mahlzeit andererseits – das sind grundverschiedene Dinge. Früher wusste man das und hielt wie selbstverständlich eine Art »Trennkost« ein. Nur selten kamen Kartoffeln, Gemüse, Beilagen, Fleisch, Käse und Rohkost gleichzeitig auf den Tisch.

An der folgenden Tabelle können Sie den Grund dafür erkennen. Sie beschreibt die Wechselwirkung zwischen Mondstand im Tierkreis und der »Nahrungsqualität« eines Tages.

Der Einfluss des Mondstandes auf die Ernährung

Wärmetage	Element: Feuer	Pflanzenteil: Frucht

Widder
Löwe } Nahrungsqualität: Eiweiß
Schütze

Diese Tage besitzen beste **Eiweißqualitäten.** Das hat besondere Auswirkungen auf den physischen Leib und die Sinnesorgane.

Kältetage	Element: Erde	Pflanzenteil: Wurzel

Stier
Jungfrau } Nahrungsqualität: Salz
Steinbock

Hier herrschen beste **Salzqualitäten** vor, die für die Bluternährung günstig sind.

Lichttage	Element: Luft	Pflanzenteil: Blüte

Zwillinge
Waage } Nahrungsqualität: Fett
Wassermann

Sie haben die besten **Fett- und Ölqualitäten** und versorgen das Drüsensystem.

Wassertage	Element: Wasser	Pflanzenteil: Blatt

Krebs
Skorpion } Nahrungsqualität: Kohlenhydrate
Fische

Diese Tage besitzen gute **Kohlenhydratqualitäten** und beeinflussen das Nervensystem.

Was bedeutet »Nahrungsqualität« – etwa, wenn beim Mond in den Zwillingen »gute Fett/Ölqualitäten« vorherrschen? Diese Frage ist nicht leicht zu beantworten. Ein weites Feld tut sich hier auf für die Forschung und für den Wissenschaftszweig der Chronobiologie. Olivenbauern und Bäcker würden sich vielleicht an einer eigenen Antwort versuchen: An den Lufttagen Zwillinge, Waage und Wassermann lässt sich aus Oliven weit mehr Öl gewinnen als an allen anderen Tagen. An den »Kohlenhydrattagen« Krebs, Skorpion und Fische können Bäcker die Beobachtung machen, dass ihre Regale oft früher leer sind als sonst.

Der Lauf des Mondes durch die Tierkreiszeichen kann wie das Kreisen eines Uhrzeigers betrachtet werden, der im zwei- bis dreitägigen Abstand wechselnde Impulse auf unsere Nahrung und auf die Fähigkeit des Körpers, diese Nahrung zu verwerten, anzeigt. Das in einer Olive enthaltene Öl verhält sich an einem »Öltag« auf besondere Weise anders als an den übrigen Tagen, und die Fähigkeit unseres Körpers, dieses Öl optimal zu verwerten, verändert sich ebenfalls. Mit anderen Worten: Das harmonische Zusammenspiel zwischen Nahrungspflanze und Körper ist auch abhängig von dem Zeitpunkt der Mahlzeit.

Erwarten Sie jedoch von diesen markanten Einflüssen kein handliches System, keine Rezeptur oder »Diät«, nach der Sie sich unfehlbar richten können, geschweige denn ein Buch »Nach dem Mond kochen«. Erst Ihre eigene persönliche Beobachtung wird Ihnen die volle Tragweite und den Nutzen

71

dieser Informationen erschließen. Mancher etwa verdaut Brot besonders gut an Wassertagen (Krebs, Skorpion, Fische), ein anderer bekommt schon nach zwei Scheiben einen »dicken Bauch«. Doch Geduld: Schon nach wenigen Wochen oder Monaten werden Sie anhand dieser Tabelle und mit einem der beiliegenden Kalender bewaffnet genau feststellen können, was Ihnen an welchen Tagen besonders gut oder schlecht bekommt.

● Wenn z. B. Ihr Drüsensystem etwas gestört ist, dann achten Sie einmal genau darauf, was Ihnen an **Lufttagen** (Zwillinge, Wassermann, Waage) besonders schmeckt. Sie machen vielleicht die Entdeckung, dass Ihnen genau das »Falsche« besonders mundet und eine leichte Korrektur Ihres Speiseplans erfordert. Es ist sicherlich sehr viel leichter, an wenigen Tagen des Monats auf bestimmte Lebensmittel zu verzichten als lebenslang ein hartes Diätregiment einzuhalten. So können Sie auch mit den übrigen Tagen verfahren.

● Verzehren Sie etwa an **Wassertagen** (Krebs, Skorpion, Fische) besonders gern viel Brot oder sonstige Mehlspeisen und haben Probleme mit Ihrem Gewicht, dann versuchen Sie es an diesen Tagen mit leicht verdaulichem Brot und gehen Speisen mit hohem Kohlenhydratanteil (»Mehlspeisen«) aus dem Weg.

● Die **Erdtage** (Stier, Jungfrau, Steinbock) beeinflussen die Salzqualität besonders stark. Auf Speck, Schinken, Salzheringe, Schmelzkäse und dergleichen in großen Mengen sollte man an diesen Tagen besser verzichten. Wenn Ihnen der Arzt salzarme Speisen verordnet hat, sind diese Tage besonders heikel. Manche Menschen nehmen gerade an diesen Tagen Salz besonders stark auf und müssen jetzt doppelt aufpassen. Leider haben sie oft gerade an diesen »schädlichen« Tagen besonders viel Lust auf Salz. Nach dem Motto »einmal ist keinmal« kann jetzt die gute Wirkung eines ganzen Monats Salzenthaltsamkeit zunichte gemacht werden. Doch allmählich wird Ihnen die Beobachtung den Weg weisen und Sie besser auf diese Tage vorbereiten.

● An **Wärmetagen** (Widder, Löwe, Schütze) beobachten Sie, ob Ihr Speiseplan auffällig viel oder wenig Eiweiß oder Früchte enthält und wie das auf Sie wirkt. Wärmetage sind gleichzeitig »Fruchttage«, weil der Pflanzenteil Frucht besonders begünstigt wird.

Es ist natürlich schwer, Beobachtungen zu machen und Konsequenzen zu ziehen, wenn Ihr Essen schon für Tage vorgeplant ist oder ein Kantinenessen auf Sie wartet. Aber selbst dann ist es möglich, festzustellen, ob es gut geschmeckt hat oder ob die Speise schwer im Magen liegt und ein Völlegefühl als unangenehme Begleiterscheinung zurückbleibt – wertvolle Erkenntnisse für die Zeiten, wo Sie Ihren Speiseplan selbst bestimmen können. Jede noch so kleine Kursänderung zum Positiven zählt.

Wichtige Wahrnehmungen sind unterschiedliche Reaktionen auf gleiche Speisen. Bekommt Ihnen Fettes heute, eine Woche später aber nicht, danach wieder schmeckt es ganz besonders? Schauen Sie doch dann auf den Mondkalender, machen Sie sich eine kurze Notiz und ziehen Sie im Laufe der Zeit Ihre eigenen Schlüsse.

Sollte sich der Rhythmus so einspielen, dass Sie an Fruchttagen (Widder, Löwe, Schütze) nur Lust auf eiweißhaltige Speisen oder Obst haben oder sich besonders an Wurzeltagen (Stier, Jungfrau, Steinbock) mit salzhaltigen Speisen versorgen, dann ist das kein schlechter Rhythmus, vorausgesetzt, es bekommt Ihnen gut. »Gute Bekömmlichkeit« und »guter Geschmack« sind oft zwei verschiedene Dinge. Ganz besonders wichtig kann dieses aufmerksame Beobachten für Allergiker werden: Nicht an allen Tagen schadet ein allergieauslösendes Nahrungsmittel gleich stark. Schnell ließe sich anhand des Mondkalenders herausfinden, welchen Einfluss der jeweilige Tag auf das Allergen und seine Wirkung hat.

Generell kann man sagen: Wenn Sie die vier Nahrungsqualitäten im Monatslauf berücksichtigen, indem Sie an diesen Tagen in Ihrer Kost »einseitig« die jeweilige Qualität einbauen und stärker berücksichtigen, dann kann nicht viel schiefgehen. Zumindest werden Sie rasch feststellen, ob Sie zu den Personen gehören, bei denen dieser Rhythmus zutrifft; viele Menschen vertragen allerdings gerade die jeweils vorherrschende Qualität nicht und müssen dann im Gegenteil besonders auf eine Verringerung des jeweiligen Nahrungsmittels achten. Auch hier wäre es von großem Vorteil, den Körpersignalen wieder zum Recht zu verhelfen und bestimmte Speisen gezielter auf den Tisch zu stellen (z. B. bei Bluthochdruck wenig Salz an Wurzeltagen, bei zu hohem Cholesterinspiegel wenig Fett an Blütentagen). Kombinieren Sie die Erfahrungen mit dem richtigen Zeitpunkt im Mondkalender mit Ihrem eigenen Ernährungstyp und Sie haben einen großen Schritt getan, um Gesundbleiben und -werden zum leichten Ziel zu machen.

Ein Beispiel: Bei Erkältungen bleibt meist der Appetit aus. Wunderbar! Essen Sie nichts. Zumindest nichts Belastendes oder die gewohnten Mengen. Jedes Tier handelt bei Krankheit und Verletzung instinktiv richtig: Es hört zu essen auf und ruht. Beobachten Sie, schauen Sie, nehmen Sie wahr – und machen Sie sich Notizen. Erfahrung zählt – nicht allein dieses Buch. Es soll Ihnen nur Hilfestellung leisten.

Allgemeine Ratschläge zur gesunden Ernährung

»Aus Erfahrung kenne ich noch viele weitere Regeln zur gesunden Ernährung, die teilweise nicht unmittelbar mit dem Mondstand zu tun haben. Ich möchte sie Ihnen nicht vorenthalten, weil sie bei diesem Thema nicht fehlen dürfen und meines Wissens noch weithin unbekannt sind.«

• *Das Fasten* – ein kürzerer oder längerer Zeitraum ohne jede feste Nahrung – ist in den letzten Jahren in »Mode« gekommen. Grundsätzlich ist dagegen wenig einzuwenden, besonders wenn es als Kur gedacht ist, um dem Körper Gelegenheit zur Entgiftung und Regeneration zu geben. Als Mittel zur Gewichtsabnahme ist es auf Dauer fast nie erfolgreich. Nachteilige Essgewohnheiten lassen sich nur selten durch Fasten ablegen. Welchen Regeln das erfolgreiche Aufgeben »schlechter« Gewohnheiten folgt, davon wird später noch die Rede sein.

Fasten im Sinne einer merklichen Reduzierung der konsumierten Mengen hat aber oft auch schon eine sehr positive Wirkung. Nicht ohne Grund folgt auf den Fasching die *Fastenzeit,* ein mondabhängiger Zeitraum. In dieser Zeit beim Essen maßzuhalten ist eine sehr gute Sache, weil der Körper in dieser Zeit besonders gut entgiftet und sich regeneriert. Er wird es mit gesteigerter Abwehrkraft und größerem Wohlbefinden lohnen.

Weniger bekannt ist die *Adventsfastenzeit* (1. Advent bis 24. Dezember), eine sehr günstige Zeit, um enthaltsamer zu leben. Das ist heutzutage selbstverständlich kaum zu verwirklichen, doch vielleicht kann Ihnen diese Information von Nutzen sein. Eins ist jedenfalls sicher: Gebäck vor Weihnachten gegessen macht viel dicker als in der Weihnachtszeit genaschte Plätzchen.

Ein *Fastentag an Neumond* beugt einigen Krankheiten vor. An diesem Tag entgiftet sich der Körper besonders wirkungsvoll. Die Nahrungsaufnahme kann diesen Prozess bremsen oder unterbinden.

Generell ist es auch von Vorteil, an den Tagen *vor Vollmond* und *an Vollmond* weniger zu essen. Viele Menschen essen ohnehin ganz unbewusst bei abnehmendem Mond mehr als bei zunehmendem, und werden dadurch nicht dicker.

- Eine sehr wichtige Regel betrifft die *Kombination von Speisen.* Sie sollten stets darauf achten, dass unter- und oberirdisch wachsende Speisen ein gutes, ausgewogenes Verhältnis eingehen. Jedes Ungleichgewicht hat Folgen, die sich auf die ganze Person auswirken, auf Körper *und* Psyche. Die Wirkung ist nicht einfach zu beschreiben. Man kann nicht direkt sagen, dass es einen Menschen träger oder schwerfälliger macht, das wäre eine zu grobe Vereinfachung. Ebenso wenig lässt sich der Charakterunterschied von Völkern ohne Weiteres auf unterschiedliche Ernährungsgewohnheiten zurückführen. Beiden Behauptungen jedoch ist ein gewisser Wahrheitsgehalt nicht abzusprechen. Machen Sie Ihre eigenen Beobachtungen, dann werden Sie tiefer in diese Materie vordringen und Ihre eigenen Schlüsse ziehen. Beobachten Sie beispielsweise Körperbau und allgemeine Beweglichkeit von Sportlern aus Ländern, die sich viel von unterirdisch wachsenden Pflanzenteilen ernähren, und vergleichen Sie sie mit den Athleten anderer Länder, in denen vorwiegend oberirdisch wachsende Gemüse und Früchte Landesspezialität sind.

Empfehlenswert ist, auf Kartoffeln immer Petersilie, Schnittlauch oder andere Kräuter zu geben. Sie bilden zwar mengenmäßig kein Gegengewicht zu den Kartoffeln, tragen jedoch Kräfte in sich, die die »unterirdische« Betonung aufwiegen können.

Generell trifft zu, dass zweierlei Gemüse auf einmal nicht für jeden verträglich sind. Die einzelnen Speisen sollte man nicht miteinander, sondern nacheinander essen. Gemüse, die auch im Garten keine harmonische Pflanzengemeinschaft eingehen, gehören nicht miteinander auf den Teller, wenn man einen empfindlichen Magen hat. Werfen Sie einfach einen Blick auf die Tabelle günstiger und ungünstiger Pflanzengemeinschaften im III. Kapitel. Sie kann als gute Richtschnur für die gesunde Kombination von Gemüsebeilagen dienen.

Vor zwei häufigen Nahrungsmittelkombinationen sollten Sie gewarnt sein: *Vollkornprodukte und Koffein gleichzeitig* aufgenommen sind für den Körper schädlich. Die Wirkung betrifft Körper *und* Psyche. Die Kopfschmerz- und Migräneanfälligkeit ist höher, eine gewisse Aggressivität und Ungeduld kann sich langfristig breitmachen.

Auch die so beliebte Kombination von *Käse und Weintrauben* hat oft ähnliche Wirkungen. In beiden Fällen merken viele Menschen überhaupt nichts, doch für manche sind die Folgen schlimm, noch dazu, da das Erkennen der Ursache schwerfällt, weil der Zusammenhang unbekannt ist.

• *Die Reihenfolge der Speisen.* Vielleicht überrascht Sie diese Regel, denn vielfach haben sich bei uns andere Sitten eingebürgert: *Rohes sollte immer vor dem Gekochten gegessen werden.* Ihr Magen wird es Ihnen danken, wenn Sie auf diese Reihenfolge achten.

• *Dinkel und Grünkern:* Dinkel ist eine anspruchslose, winterharte Weizenart, die früher in ganz Europa verbreitet war, bis in die jüngste Zeit nur noch vereinzelt angebaut wurde und heute ganz allmählich wieder an Bedeutung gewinnt. Noch grün geerntet und geräuchert wird der Dinkel als »Grünkern« bezeichnet. Der Markt bietet Dinkel in Form von verschiedengradig ausgemahlenem Mehl, Schrot und Kornflocken an, sowie als Fertiggericht (Dinkelpuffer, Grünkernfladen etc.). Lassen Sie sich empfehlen, in der Küche, wo es nur möglich ist, statt anderer Mehle Dinkelmehl zu verwenden. Es ist für Alpha- und Omega-Typ gleichermaßen gut verträglich (außer bei genereller Glutenunverträglichkeit).

Hildegard von Bingen (1098–1179), die große Naturkundlerin und Mystikerin des Mittelalters, hatte es »das Getreide für den Menschen« genannt. Dinkel enthält so gut wie alle Nährstoffe, die der Mensch braucht, in einem harmonisch ausgewogenen Mengenverhältnis – und dies nicht nur in der Kornhülle, sondern fein verteilt im ganzen Korn. Das bedeutet, dass er seinen überragenden Nährwert selbst bei hohen Ausmahlungsgraden behält. Kleinkinder ausschließlich mit Dinkelmehl und Wasser ernährt zeigten keinerlei Mangelerscheinungen im Gegensatz zur Milchnahrung. Als Diätergänzung für Kranke ist Dinkel in höchstem Maße geeignet.

Dinkel ist – im Gegensatz zu den meisten gezüchteten Getreidearten – genetisch gesund, sein Gesundheitswert und seine innere Kraft sind ungleich viel höher. Das geerntete Korn kann als Saatgut verwendet werden, während das bei den üblichen Getreidearten nicht mehr möglich ist. Dinkel ist gegen Radioaktivität und Umweltgifte resistent, weil das Korn von mehreren Schichten (Spelzen) fest umschlossen ist. Er war nach dem Atomunglück von Tschernobyl die einzige Erntefrucht, die gegen die Strahlung immun blieb.

- *Verzichten Sie abends auf fette Speisen.* Kreislauf, Leber und Galle haben nachts ihre Hoch- und Tiefphasen, wie Sie der Organrhythmustabelle in diesem Kapitel entnehmen können. Fettreiche Abendmahlzeiten belasten diese Organe zusätzlich und hindern sie an optimaler Funktion. Das berühmte »warme Glas Milch« am Abend wirkt nicht beruhigend und schlafbringend, es wirkt betäubend und schwächend.

- *Eine alte Regel lautet: Mittwochs und freitags kein Fleisch.* Sie hat nichts von ihrer Gültigkeit verloren. Wobei wir nicht verschweigen wollen: Generell auf tierisches Eiweiß in jeder Form zu verzichten wäre am gesündesten.

> *»Bei uns auf dem Hof gab es meist nur sonntags Fleisch, weil man sich dann den ermüdenden und schwächenden Einfluss leisten konnte. Milch wurde ganz selten zum Trinken verwendet, sondern nur zur Butterherstellung und manchmal für Kuchen und dergleichen.«*

- *Kochtöpfe und -geschirr* bestehen heute aus unterschiedlichen Materialien – Stahl, Eisen, Teflon, Kupfer etc. Die Empfehlung ist, Emaille zu verwenden, es ist immer noch das beste Material. Machen Sie einmal einen Vergleich: Bereiten Sie in gleicher Menge und gleicher Zusammensetzung ein Gericht einmal in einem Stahl- oder Kupfertopf, daneben in einem Emailletopf zu. Und dann schmecken Sie, riechen Sie, vergleichen Sie. Natürlich sollen Sie Ihre alten Töpfe nicht gleich fortwerfen. Wenn Sie weiterhin etwa Stahl verwenden wollen oder müssen, achten Sie zumindest ab jetzt darauf, die Töpfe nicht zu stark zu erhitzen. Damit können Sie einige der negativen Wirkungen auf die Speisen verringern.

• Lebensmittel sollten nicht nach einem willkürlichen Wochenplan gekauft werden, sondern ein wenig auch nach Lust und Bedürfnis des Augenblicks. Ein Essensplan, mithilfe des Tierkreiszeichenkalenders erstellt, macht die Arbeit zur Freude.[1]

Ist doch ein Kraut gewachsen? – Eine kleine Kräuterkunde

Heilkräuter sind Kraftwerke in Miniformat. Es gibt kaum ein körperliches Gebrechen, kaum eine Krankheit, die nicht durch die Blätter, Blüten, Früchte oder Wurzeln eines in der Natur vorkommenden Krauts gelindert oder geheilt werden können – immer vorausgesetzt, der Kranke begegnet dem Heilmittel und seiner Krankheit mit der richtigen Einstellung. Meditieren Sie einmal ein wenig über folgenden Zusammenhang:

Die Natur lässt in der Umgebung eines freistehenden Hauses stets Heilkräuter in einer ganz bestimmten Vielfalt wachsen – vorausgesetzt, der Boden ist noch naturbelassen, wird nicht künstlich gedüngt oder gespritzt. Welche Kräuter das sind, richtet sich danach, wer in diesem Haus wohnt und welche Pflanzen seine Bewohner für ihr Wohlergeben, zur Vorbeugung und für die Linderung und Heilung eventuell bestehender Krankheiten brauchen. Wenn einer der Bewohner eine körperliche

[1] Zum Thema Ernährung und Körperpflege im Mondrhythmus siehe auch unser Buch »Alles erlaubt!«, Inhaltsangabe auf S. 254

79

Schwachstelle besitzt oder eine bestimmte Krankheit bekommt, taucht gleichzeitig, manchmal auch schon einige Zeit vorher, das entsprechende Heilkraut in der Nähe auf – wie aus heiterem Himmel. Wenn die Bewohner ausziehen und eine andere Familie einzieht, ändert sich auch Art und Zusammensetzung der Kräutervielfalt in der unmittelbaren Umgebung und passt sich den gesundheitlichen Erfordernissen der neuen Bewohner an.

Dass die Natur dem Menschen »feindlich gesinnt« sei, diese blind übernommene Überzeugung diktiert große Bereiche unseres Handelns, ja sogar unserer wissenschaftlichen Theorien. Kaum ein falsches Dogma richtet mehr Schaden an als dieses.

Wir haben es an anderer Stelle schon geschrieben: »Füllt die Erde und macht sie untertan und herrscht über des Meeres Fische, die Vögel des Himmels und über alles Getier, das sich auf Erden regt« – so lautete die Aufforderung vor langer Zeit. Über so viele Jahrhunderte hinweg haben viele von uns dieses Gebot missverstanden und die Natur als Sklaven betrachtet, den es auszubeuten gilt. Jeder gutwillige Diener kann jedoch zum kaltblütigen Rebellen werden, wenn man ihn zum Sklaven herabwürdigt. Behalten Sie dies im Auge, dann muss Ihnen niemand mehr vorschreiben oder raten, welches der nächste Schritt, welches der richtige Weg und das lohnende Ziel ist.

Wer also in seiner Küche weise mit Kräutern umgeht, tut nicht nur viel, um den Geschmack der Speisen zu verbessern, sondern sorgt also auch dafür, dass vielen Krankheiten vorgebeugt wird. Vielleicht ist es an der Zeit, zum Prinzip der alten Chinesen zurückzukehren: Die Menschen sorgten für den Lebensunterhalt ihrer Ärzte – in Geld und Naturalien – nur solange sie gesund waren. Wurde ein »Schäfchen« in der Gemeinde eines Arztes krank, war er von dieser gemeinschaftlichen Pflicht entbunden. Ärzte verdienten damals an der *Gesundheit* der von ihnen betreuten Menschen, nicht an der Krankheit.

Eine große Vielfalt von heilkräftigen Wirkstoffen ist in Kräutern enthalten, oft versammelt in einer einzigen Pflanze:

Schleimstoffe (Pektine, Lichenin) gegen Entzündungen aller Art und zur Wundheilung, z. B. enthalten in Beinwell, Huflattich, Schlüsselblume, Kornblume, Gänseblümchen, Taubnessel, Ringelblume.

Ätherische Öle mit einer Vielfalt von Wirkungen (desinfizierend, durchblutungsfördernd, sekretionsfördernd oder -hemmend, wassertreibend), enthalten in Thymian, Knoblauch, Enzian, Salbei, Kamille, Lorbeer, Melisse, Fenchel, Basilikum.

Seifenstoffe (Saponine) mit großem Wirkungsspektrum, u. a. enthalten in Leberblümchen, Schlüsselblume, Birke, Ehrenpreis, Stiefmütterchen, Königskerze.

Kieselsäure zur Behandlung von Entzündungen der Haut und Schleimhäute und zur Kräftigung des Bindegewebes, enthalten z. B. in Schachtelhalm, Heidekraut, Brennnessel.

Bitterstoffe (Alkaloide, Glykoside) zur Regelung der Magen- und Darmfunktion, zur Spannungs- und Krampflösung, enthalten in Wermut, Enzian, Beifuß, Löwenzahn, Salbei, Ringelblume.

Gerbstoffe gegen Entzündungen der Magen- und Darmschleimhaut, gegen Vergiftungen und Hautausschläge, enthalten u. a. in Brombeere, Frauenmantel, Edelkastanie, Ehrenpreis.

Salizylsäure mit bakterientötender und schmerzlindernder Wirkung, enthalten in Weide, Veilchen, Ringelblume.

Blutstillende Wirkstoffe, enthalten in Hirtentäschchen, Schafgarbe, Mistel, Löwenzahn.

81

Abführende Wirkstoffe, enthalten in Sennesblättern, Faulbaumrinde, Kreuzdorn, Erdrauch.

Die Liste ist bei weitem nicht vollständig und auch heute noch werden immer neue Wirkstoffe entdeckt. Gleichzeitig wächst das Staunen über unsere Vorfahren, die mit sicherem Instinkt die bei verschiedenen Krankheiten jeweils wirksame Heilpflanze entdeckt haben. Kürzlich hat ein »Wissenschaftler« behauptet, es sei selbstverständlich notwendig, mit genetischer Manipulation an Pflanzen den Fortschritt der Medizin voranzutreiben, weil es natürlich nicht stimme, dass »Gott gegen jedes Gebrechen ein Kräutlein hat wachsen lassen«. Das sagt er im Bewusstsein, dass erst maximal zehn Prozent aller »Kräutlein« auf ihre mögliche Heilwirkung untersucht sind. Unser gesunder Menschenverstand ist heute gefragter denn je.

Nach zahlreichen Wandlungen der Anschauungen in der Medizin setzt sich ganz allmählich wieder die Erkenntnis durch, dass das Ganze stets mehr ist als die Summe seiner Teile: dass beispielsweise die reinen Wirkstoffe eines Heilkrauts, in hoher Dosierung angewandt, langfristig immer noch kraftloser sind als die Pflanze oder der Pflanzenteil als Ganzes.

Viel zu der Neuorientierung beigetragen hat die Atomphysik mit ihrer Erkenntnis, dass die starre Grenzlinie zwischen »toter Materie« und Leben nur eine Illusion des Denkens ist, dass jedes Ding gleichzeitig mit dem ganzen Universum in engster Verbindung steht. »Wir müssen feststellen, dass das, was wir studieren, alle Eigenschaften besitzt, die man üblicherweise Gott zuschreibt«, sagte der Atomphysiker und Nobelpreisträger Werner Heisenberg.

Dass ein Heilkraut nur in seiner Ganzheit wirkt, ist uraltes Volkswissen und kann auch durch die Bemühungen der pharmazeutischen Industrie und der »zuständigen Stellen« in der Schulmedizin nicht in Vergessenheit gedrängt werden. So wie vor hundert Jahren die offizielle Medizin anders dachte als heute, wird sie auch in hundert Jahren auf viele der heutigen Methoden mitleidig zurückschauen.

Inder, Ägypter, Juden, Griechen, Römer und vor allem die Araber brachten die Kräuterheilkunde auf einen hohen Stand. Dass das Christentum im Bestreben, »heidnische« Gebräuche auszumerzen, anfangs ein wenig zu viel des Schlechten tat und auf große Teile dieser Kenntnisse verzichtete, wurde später durch die Arbeit der heilkundigen Mönchsorden wieder aufgewogen, die an der offiziellen Lehrmeinung vorbei das alte Wissen pflegten.

Besonders den Benediktinern, aber auch weltlichen Machtträgern wie Karl dem Großen ist die Neubelebung der Kräuterheilkunde im Mittelalter zu verdanken. Albertus Magnus und Paracelsus halfen mit, dass wieder die Klassiker Hippokrates, Galen, Dioskur gelesen und gelehrt wurden. Paracelsus' unermüdlicher Kampf gegen die materialistische Anschauung von Mensch und Krankheit ist wohlüberliefert und erinnert in vielem an den Zwist, der heute noch zwischen Naturheilkunde und Schulmedizin herrscht. Langfristig wird sich jedoch die Wahrheit durchsetzen. Bis das geschehen ist, muss man sich selbst mehr vertrauen als jeder »Autorität«.

Das Licht der Natur lügt nicht,
aber die Theoretiker haben es umgedreht wider die Natur.
Ist der Mensch verkehrt, so verkehrt er auch das Licht der Natur.
Suchet somit zuerst das Reich der Wahrheit,
so werdet ihr mehr tun, als auf Erden je geschehen ist.
Zweifelt niemals an Gott, unserem höchsten Arzt.
So wir Ihn und den Nächsten lieben, so wird er uns alles zugestehen,
dessen wir bedürfen. Wenn wir aber müßig sind und der Liebe vergessen,
so wird uns auch das genommen, was wir zu haben glauben.

(Paracelsus)

Vielleicht werden Sie auf den nächsten Seiten etwas vermissen: eine ausführliche Liste von Heilkräutern und deren Anwendungsspektrum, beziehungsweise eine genaue Aufzählung verbreiteter Krankheiten und die jeweils angezeigten Heilkräuter. Darauf wurde aus verschiedenen Gründen verzichtet. Kräuter eignen sich beispielsweise nur selten für Patentrezepte. Die allermeisten Kräuter helfen in ihren Teilen oder als Ganzes bei mehreren verschiedenen Störungen, umgekehrt gibt es bei einer bestimmten Krankheit eine Vielfalt von Kräutern, die als linderndes und heilendes Mittel infrage kommen. Es gibt hervorragende Kräuterbücher (beispielsweise von Pfarrer Künzle), denen nur wenig hinzuzufügen wäre. Was noch fehlt, die Anwendung der »Kunst des richtigen Zeitpunkts«, erfahren Sie in diesem Kapitel.

Wenn Sie in einem Kräuterbuch lesen, werden Sie zuerst feststellen, dass viele unserer Küchenkräuter – von Petersilie und Schnittlauch über Rosmarin, Salbei und Liebstöckel bis zum Waldmeister und Beifuß – Pflanzen mit großer vorbeugender und heilender Wirkungen bei vielen Krankheiten sind. Zu Unrecht sind sie auf das Niveau reiner »Geschmacksverstärker« gesunken, vielleicht sogar noch tiefer, weil die Chemie das Handwerk der »Geschmacksverbesserung« intensiver betreibt als die Natur.

Vielleicht noch überraschender ist jedoch die Tatsache, dass viele als »Unkraut« bezeichnete Pflanzen, von der Brennnessel bis zum Löwenzahn, ebenso heilkräftige Wirkung haben – Pflanzen, deren Anblick viele Hobbygärtner in den Schuppen treibt, um die chemische Keule zu zücken und sie mit Stumpf und Stiel auszurotten. Was für eine Verkehrung der Welt! Nichts geht beispielsweise über eine Blutreinigungskur im Frühjahr mit zur rechten Zeit gepflückten Brennnesseln. Und welche Kräfte jungen Blättern oder den geöffneten Blüten des Löwenzahns innewohnen, weiß jeder, dessen Beschwerden dadurch gelindert oder geheilt wurden.

Kräuter zur rechten Zeit

Eine Vielzahl von Kräutern kann uns dabei helfen, ein harmonisches und gesundes Leben im Alltag zu führen. Die Kenntnis des richtigen Zeitpunkts von Ernte und Lagern ist von großem Wert, wenn es um die größtmögliche Heilkraft und Haltbarkeit der Pflanzen geht.

Bei allen Heilkräutern ist es wichtig, sich mit den enthaltenen Wirkstoffen näher zu befassen. Die Ganzheit der Pflanze beziehungsweise eines Pflanzenteils sollte erhalten bleiben, denn wie auch bei der gesunden Ernährung sind die Ballaststoffe eines Heilkrauts von hohem Wert.

Beachtung finden sollte jedoch, welche Aufgabe die Pflanze erfüllen soll, ob sie etwa entzündungshemmend oder abführend oder auf bestimmte Organe kräftigend wirken soll. Jede Pflanze besitzt andere Eigenschaften, andere Inhaltsstoffe. Und obendrein hilft nicht jede Pflanze jedem gleich gut. Der eine verträgt ein Heilkraut bei gleichem Beschwerdebild überhaupt nicht, dem anderen kann es auch nach langem Leiden schnelle Heilung bringen. Jeder Mensch reagiert individuell, darauf muss Rücksicht genommen werden. Wer andererseits etwa mit einem Kräutertee gute Erfahrungen gemacht hat, braucht sich nicht mehr viele Gedanken um die Inhaltsstoffe zu machen. Ist die Frage nach dem Kraut beantwortet, werden die Regeln für das Sammeln interessant.

Regeln für das Sammeln von Kräutern

Oberstes Prinzip beim Sammeln von Kräutern in der Natur und beim Ernten im Garten sollte sein: Nur so viel sammeln, wie gerade unbedingt gebraucht oder voraussichtlich als Wintervorrat benötigt wird! Das sollte die Achtung vor der Natur und die Rücksicht auf den Nächsten gebieten. Besonders die seltenen, unter Naturschutz stehenden Kräuter müssen tabu bleiben.

Beschränken Sie sich auf Kräuter, die Sie gut kennen und sicher identifizieren können. Besonders beim Ausgraben von Wurzeln ist größte Achtsamkeit nötig, weil die Pflanze sonst ausgerottet wird, zumindest am Fundort. Immer sollten noch einige Pflanzen stehen bleiben und nur jener Pflanzenteil gepflückt werden, der zur Behandlung nötig ist.

Der richtige Zeitpunkt

Die Heilkraft der Kräuter ist nicht gleichmäßig über die ganze Pflanze verteilt. Manche Sammelzeiten sind sehr ungünstig, weil sich der Wirkstoff gerade im blühenden Kraut befindet, Sie aber für die Anwendung die Wurzel brauchen. Es kann auch passieren, dass Sie gerade Blüten oder Blätter ernten, während der Heilsaft in der Wurzel neue Kräfte sammelt. Oft findet man in der Gebrauchsanweisung von Naturprodukten den Hinweis, dass unterschiedliche Färbung und Trübung normale Erscheinungen seien. Man erkennt daran, dass die Ernten nicht immer gleich ausfallen, besonders wenn es sich um Zuchtkräuter aus Plantagen handelt, wo nur selten auf den rechten Zeitpunkt geachtet werden kann.

Bei der Wahl des richtigen Sammelzeitpunkts sollten an erster Stelle immer *Ihr persönliches Gefühl* und die *Beobachtung des Wetters* stehen. Zum Pflücken von Blüten sind Blütentage zwar generell gut geeignet, wenn jedoch gerade die Sonne nicht scheint und kalte Witterung herrscht, dann hilft der gute Zeitpunkt auch nicht viel. Immer sollte man wach sein für das, was »heute« angebracht und machbar ist und was nicht. Die Ratschläge zum rechten Erntezeitpunkt von Kräutern sind sehr wertvoll, doch wenn keine guten, trockenen Wetterbedingungen herrschen, ist das Kräutersammeln sinnlos.

Die beste Jahreszeit:
Als grobe Richtlinie für die beste Jahreszeit des Sammelns gilt: Im Frühling, wenn die Pflanze noch jung ist, besitzt sie die größte Heilkraft. Die

Inhaltsstoffe lösen sich bei der jungen Pflanze leicht, bei älteren Pflanzen oft gar nicht mehr (etwa Kieselsäure). Sie bleibt unwirksam.

Die beste Tageszeit:
Wurzeln morgens und abends.
Blätter am Vormittag, wenn der Tau getrocknet ist.
Blüten bei Sonnenschein. Sie müssen sich voll entfaltet haben und nicht kurz vor dem Verblühen stehen, sonst ist ihre Heilkraft viel geringer. *Samen und Früchte* können ganztags gesammelt werden, weil sie nicht so empfindlich sind wie andere Pflanzenteile, jedoch sollte man die größte Mittagshitze meiden.

Der Mondstand im Tierkreis:
Der Mondstand im Tierkreis spielt beim Sammeln und Anwenden von Heilkräutern eine große Rolle. Als Regel gilt hier:

> **Ein Heilkraut, gesammelt zur Heilung oder Kräftigung jener Körperregion, die von dem Tierkreiszeichen des Erntetags regiert wird, hilft besonders gut.**

An *Jungfrautagen* gesammelte Kräuter helfen beispielsweise besonders gegen Verdauungsbeschwerden. Aus an Fischetagen gesammelten Heilkräutern ließe sich eine hervorragende Fußsalbe herstellen. Die Tabelle auf Seite 88 wird Ihnen das Durchschauen der Zusammenhänge erleichtern:

Bedenken Sie jedoch stets, dass beim Sammeln *trockenes Wetter* herrschen muss. Deshalb ist diese Regel auch nur eingeschränkt von Nutzen, weil das Wetter bei solch genauem Berücksichtigen des Zeitpunkts nicht immer mitspielt und man oft wochenlang auf die richtigen Bedingungen warten müsste. Andererseits gibt es viele langwierige, chronische Krankheiten, die häufig mit Kräutern, die beim richtigen Tierkreiszeichen gesammelt werden, erfolgreich behandelt werden können. Dann lohnt sich auch ein längeres Warten.

Im Zeichen	Kräuter sammeln gegen
Widder	Kopfschmerzen, Augenleiden
Stier	Halsschmerzen, Ohrenleiden
Zwillinge	Verspannungen des Schultergürtels, zur Inhalation bei Lungenleiden
Krebs	Bronchitis, Magen-, Leber- und Gallebeschwerden
Löwe	Herz- und Kreislaufbeschwerden
Jungfrau	Störungen der Verdauungsorgane und der Bauchspeicheldrüse, Nervenleiden
Waage	Hüftbeschwerden, Nieren- und Blasenkrankheiten
Skorpion	Krankheiten der Geschlechts- und ableitenden Organe Gute Sammeltage für alle Kräuter!
Schütze	Venenleiden
Steinbock	Knochen- und Gelenksbeschwerden, Hautkrankheiten
Wassermann	Venenleiden
Fische	Fußbeschwerden

Die einzelnen Pflanzenteile:

Auf den rechten Zeitpunkt beim Sammeln unterschiedlicher Pflanzenteile zu achten ist einfacher als die genaue Einhaltung des richtigen Tierkreiszeichens und erzielt auch gute Resultate:

● *Wurzeln:* Der richtige Zeitpunkt zum Ausgraben von Wurzeln ist das zeitige Frühjahr, wenn das volle Wachstum der Pflanze noch nicht eingetreten ist, oder der Herbst, wenn sie schon wieder eingezogen hat; der Saft ist dann wieder abgestiegen.

Wurzeln sollten immer bei *Vollmond oder abnehmendem Mond* ausgegraben werden, sie haben dann mehr Kraft. Sie dürfen nicht dem Sonnenlicht ausgesetzt werden, deshalb sind die Nachtstunden – vor Sonnenaufgang oder am späten Abend – am besten geeignet.

Auch die Zeit des *absteigenden Mondes* (siehe Kap. I) und die *Wurzeltage* Stier, Steinbock, Jungfrau sind als Sammelzeit geeignet, Stier jedoch nicht ganz so gut wie die beiden anderen.

• *Blätter:* Sie können fast das ganze Jahr über gesammelt werden, vorausgesetzt, es handelt sich um junge Pflanzen. Stehen sie schon lange im Saft, blühen sie schon oder wurden sie zwischendurch nicht abgemäht, sind sie für Heilzwecke eher ungeeignet.

Es ist nicht nötig, dass beim Pflücken die Sonne scheint, doch der Morgentau sollte schon verdunstet sein, also am besten am Vormittag.

Blätter sollten bei *zunehmendem Mond,* zwischen Neumond und Vollmond gesammelt werden, als Alternative bei *aufsteigendem Mond* (Schütze bis Zwillinge) oder an *Blatttagen* (Krebs, Skorpion, Fische). An *Skorpion* gesammelte Kräuter besitzen stets eine besondere Heilkraft. Sie eignen sich zudem hervorragend zum Trocknen, Haltbarmachen und Lagern. Bei Krebs und Fische gesammelte Blätter sollten besser sofort verwendet werden. Die besondere *Ausnahme* ist die Brennnessel. Sie ist ein hervorragendes Blutreinigungsmittel. Sie sollte ausschließlich bei *abnehmendem* Mond gesammelt, ein Brennnesseltee auch nur bei *abnehmendem Mond* getrunken werden. Genaueres darüber am Schluss des Kapitels.

• *Blüten:* Meist sind Frühjahr und Sommer der günstigste Sammelzeitpunkt, wenn die Pflanze in voller Blüte steht, besonders dabei die Mittagszeit. Die Sonne sollte scheinen, zumindest sollte es sehr warm sein, damit die Blüte geöffnet ist und die Heilstoffe in die Blüten gewandert sind. Verblühte Pflanzen eignen sich nicht sonderlich gut.
Das Sammeln von Blüten sollte bei *zunehmendem Mond oder Vollmond* erfolgen, alternativ bei *aufsteigendem* Mond (Schütze bis Zwillinge),

wenn das Wetter ein Ernten bei zunehmendem Mond verhinderte. Auch *Blütentage* sind geeignet (Zwillinge, Waage, Wassermann) oder einfach bei Vollmond sammeln, unabhängig vom Tierkreiszeichen.

Wird für den Wintervorrat gesammelt, eignet sich auch der *abnehmende* und *aufsteigende Mond,* weil die Blüten dann sicherer trocknen.

● *Früchte und Samen:* Sie sollten beim Sammeln reif sein, also weder grün noch matschig weich. Fast immer ist das erst im Sommer oder im Herbst der Fall. Trockenes Wetter ist wichtiger als die Tageszeit, nur sollte man der größten Mittagshitze aus dem Weg gehen.

Bei zunehmendem Mond geerntete Früchte und Samen sind nur für die sofortige Anwendung geeignet. Zum Lagern und Haltbarmachen ist hier der *aufsteigende* Mond besser (Schütze bis Zwillinge). Gute Erntetage sind die *Fruchttage* (Widder, Löwe, Schütze). Am ungünstigsten zum Sammeln von Früchten sind Steinbock, Fische, Krebs und Jungfrau.

Die »geheimnisvolle« Kraft des Vollmonds

Viele Leser werden sich jetzt vielleicht an Schauermärchen von Kräuterhexen erinnert fühlen, die bei Vollmond seltsame Manipulationen vornehmen und von ihren nächtlichen Sammelausflügen auf einem Besen reitend wieder zu ihrer schwarzen Katze heimfliegen.
Wahr ist, dass der Vollmondtag für fast alle Kräuter und ihre Teile ein hervorragender Sammelzeitpunkt ist. Gerade Wurzeln sind, bei Vollmond oder abnehmendem Mond gesammelt, heilkräftiger als zu anderen Zeiten. Wurzeln – besonders jene, die zur *Heilung ernsthafter Krankheiten* dienen sollen – dürfen zudem keinesfalls dem Sonnenlicht ausgesetzt werden. Zur Vollmondzeit herrschen nachts im Wald und an den Sammelstellen halbwegs ausreichende Lichtverhältnisse, um ein Kraut zu identifizieren, während man bei Neumond nicht die Hand vor Augen sieht. Früher gab es

keine Taschenlampen, und es wäre niemand auf die Idee gekommen, mit einer Fackel in den Wald zu gehen, erst recht nicht heilkundige Menschen.

Dass in Hexengeschichten auch immer wieder Katzen eine Rolle spielen, liegt daran, dass man früher Katzen beobachtete und aus ihrem Verhalten wertvolle Schlüsse zog. Katzen ziehen zum Schlafen und Ruhen »schlechte Plätze« vor – Orte im Haus mit negativer Energie (etwa auf Wasseradern oder Erdstrahlen). Wo eine Katze sich wohlfühlt, hat man früher niemals einen Arbeitsplatz eingerichtet, geschweige denn ein Bett aufgestellt. Über dieses so bedeutsame Thema später mehr.

Sie sehen, dass so manche Mär aus alter Zeit in ganz konkreten und einsichtigen Sachverhalten wurzelt.

Aufbewahrung von Heilkräutern

Beim Haltbarmachen, Trocknen, Lagern und Aufbewahren sollte besondere Sorgfalt an erster Stelle stehen. Es wäre ein großer Schaden, wenn durch einen Fehler größere Mengen dieser wertvollen Geschenke der Natur verloren gehen würden.

Zum Trocknen gehören die Pflanzen an einen schattigen Ort und sollten öfters gewendet werden. Natürliches, luftdurchlässiges Material ist als Unterlage geeignet (ideal wäre ein Holzrost, aber auch Papier erfüllt die Aufgabe). Niemals jedoch sollte man Kräuter auf irgendwelchen Folien trocknen! Länger als ein Jahr sollte nichts aufbewahrt werden, was aber kein Problem ist, weil man ja die Pflanzen alljährlich frisch bekommen kann. Vergessen Sie nicht, dass man nie zu viel sammeln sollte. Maß, Verstand und Gefühl sollten den Ausschlag für die Menge geben.

Der richtige Zeitpunkt des *Lagerns und Abfüllens* in Gläser oder Kartons ist immer der *abnehmende Mond,* unabhängig vom Erntetermin. Nie bei

91

zunehmendem Mond Gefäße füllen, weil sonst die Gefahr von Fäulnis besteht.

Dunkle Gläser und Papiertüten sind als Lagergefäße am besten geeignet. Die Pflanzen bleiben schön trocken, das Aroma hält sich lange, die Inhaltsstoffe bleiben erhalten. Helligkeit würde sich ungünstig auswirken.

Pflanzen besitzen unterschiedliche Trockenzeiten. Sie sollten darauf achten, dass bei zunehmendem Mond geerntete Kräuter beim Trockenvorgang unbedingt etwas abnehmenden Mond erhalten.

Nicht bei allen Kräutern ist es erforderlich, einzelne Pflanzenteile zu trocknen. Bei vielen Heil- und Küchenkräutern (etwa Majoran, Thymian, Liebstöckel und Petersilie) genügt es, wenn die ganze Pflanze wie ein Blumenstrauß kopfunter zusammengebunden an einen luftigen Ort gehängt wird, bis sie getrocknet ist. Anschließend kann sie auf übliche Weise abgefüllt werden. Die Methode ist platzsparend, bietet einen schönen Anblick und das Aroma der trocknenden Pflanzen sorgt für ein angenehmes Raumklima. Schnelltrocknende Kräuter sind dazu am besten geeignet, weil das Zusammenbinden keine Fäulnisgefahr heraufbeschwört.

Sie werden nach alledem vielleicht einwenden, dass nicht jeder zum Kräutersammeln in die freie Natur spazieren kann oder einen Kräutergarten sein eigen nennt. Auch die Pflanzen aus der Apotheke oder aus dem Kräuterladen besitzen ihren Wert und helfen oft recht gut, das sollte betont werden. Nur bei chronischen, nichtheilenden Krankheiten ist der richtige Sammelzeitpunkt von ganz besonderer Bedeutung und sollte unbedingt Beachtung finden.

Zubereitung und Anwendung

Oft haben Heilkräuter, roh oder gekocht gegessen, als Gemüse (Salbei, Holunderblüten), Salat (Brunnenkresse, junger Löwenzahn) oder Spinat (Brennnesseln, Bärlauch), die beste Wirkung. Es gibt aber noch viele weitere, ebenso wirksame Zubereitungs- und Anwendungsarten, von denen hier einige besprochen sind:

● *Tee und Aufguss:* Eine der häufigsten Anwendungsarten. Sie ist vor allem für junge Kräuter geeignet, die ätherische Öle enthalten. Bei längerem Kochen würden sie sich verflüchtigen.

Als Maßeinheit nimmt man mit drei Fingern von den getrockneten oder frischen Kräutern, übergießt sie in einer Tasse mit kochendem Wasser, lässt sie drei bis zehn Minuten lang zugedeckt ziehen und seiht dann ab. Als Faustregel gilt, dass der Tee fertig ist, wenn die Kräuter zu Boden gesunken sind. Manche sehr ölhaltige Kräuter (u.a. Thymian) sinken jedoch auch nach Stunden noch nicht, zehn bis fünfzehn Minuten sind dann ausreichend. Der Tee sollte alsbald getrunken werden, damit er nicht unnötig Heilstoffe verliert. Brennnesseln für einen Entschlackungstee bilden die Ausnahme: Bitte nicht länger als eine Minute ziehen lassen!

● *Abkochung (Absud):* Geeignet für Pflanzen mit schwer löslichen Heilstoffen (Bitterstoffe, Gerbsäure), besonders für Hölzer, Wurzeln oder Stängel. Die Kochzeit ist Gefühlssache, aber in der Regel nicht länger als eine Viertelstunde. Manche Hölzer und Wurzeln müssen bis zu einer halben Stunde gekocht werden. Verzichten Sie, wenn möglich, auf Kochgeschirr aus Stahl, Eisen, Kupfer oder Messing.

> *»Die Meinungen gehen auseinander, ob die Pflanzen erst dem kochenden Wasser beigegeben oder in kaltem Wasser aufgekocht werden sollen. Ich habe zu Hause die letztere Methode gelernt und konnte keinen Vorteil bei der anderen Methode entdecken.«*

● *Kaltauszug:* Manche Kräuter vertragen weder Überbrühen noch Kochen. Solche Kräuter gibt man in kaltes Wasser und lässt sie über Nacht stehen. Zusätzlich kann man noch am nächsten Tag die abgeseihten Kräuter mit frischem Wasser kurz aufkochen (nicht die gewonnene Flüssigkeit des Kaltauszugs!). So gewinnt man auch noch die restlichen Heilstoffe.

● *Extrakte* sind dickflüssige Kräuterauszüge. Diese beispielsweise mit kalt gepresstem Olivenöl übergossen, ergeben milde Einreibeflüssigkeiten.

● *Rohsäfte:* Manche Kräuter eignen sich gut zum Auspressen. Die gewonnenen Rohsäfte sind jedoch nicht haltbar und sollten gleich verwendet werden (je nach Kraut als Getränk oder etwa als Umschlag).

● *Tinkturen:* Sind dünnflüssige Auszüge, meist mit verdünntem Weingeist gewonnen. Eine Handvoll Kräuter wird in Flaschen gegeben und beispielsweise mit Obstler aufgefüllt, bis die Kräuter bedeckt sind. Nach etwa zwei Wochen, an einem warmen Ort gelagert, ist die Tinktur gebrauchsfertig.

● *Salben und Pflastermischungen:* Pflanzen oder Pflanzenauszüge können auch mit weichen Fettstoffen zu Salben und Pflastermischungen verrieben oder verkocht werden. Wer die Möglichkeit hat, Schweinefett von einem an Vollmond geschlachteten Schwein zu bekommen, sollte das nützen. Das Fett sollte bei niedrigen Temperaturen ausgelassen werden; den *Jungfrautagen* sollte man aus dem Weg gehen, weil es dann leicht schimmelt und nicht so haltbar ist. Zu Hause gibt man dem erhitzten Schweinefett die frischen Kräuter bei *(Ringelblumen* sind besonders gut geeignet) und lässt das Ganze kurze Zeit braten (Faustregel: etwa so lange wie ein Schnitzel). Zwei Handvoll Kräuter auf ein Marmeladenglas Fett sollten genügen. Das heiße Fett mitsamt den Kräutern anschließend etwa 24 Stunden lang kühl stellen. Am nächsten Tag sanft erwärmen, bis die Mischung flüssig wird, in saubere Gläser abseihen und dunkel aufbewahren. Diese Salbe ist ein hervorragendes Mittel für verschiedene Leiden, etwa als Brusteinreibung bei Husten und Bronchitis.

Wichtig ist, dass diese Arbeit mit Geduld und Liebe gemacht wird, niemals unter Zeitdruck. Nur so entwickelt sich das gute Gefühl bei der Fertigstellung und für die Mengenverhältnisse von Kräutern und Fett. Arbeiten Sie stets mit emaillierten Töpfen und Holzlöffeln zum Umrühren.

> **Der rechte Zeitpunkt für die Salbenherstellung sind alle Tage zwischen Schütze und Zwillinge – also der aufsteigende Mond. Sind Sie aus Zeitgründen zu einem anderen Termin gezwungen, sollten Sie zumindest Krebs und Jungfrau meiden.**

> *»Manchmal sage ich in meinen Vorträgen aus Spaß, dass Sie an Jungfrautagen ohnehin keine Zeit haben, weil es die besten Tage sind für viele Gartenarbeiten, etwa fürs Umtopfen und Setzen von Blumen und Bäumen.«*

Ebenfalls eine gute Zeit zur Salbenherstellung ist der Vollmond. Die Pflanzen haben einen Höchstanteil an Heilstoffen und nach dem 24stündigen Stehen fällt das Einfüllen in Gläser in den abnehmenden Mond, was lange Haltbarkeit verspricht.

• *Kräuterkissen:* Eine hervorragende Sache sind Kräuterkissen. Bitte verwenden Sie dazu keine geschützten Pflanzen. Die Kräuter sollten bei zunehmendem Mond gepflückt und bei abnehmendem Mond in Kissen aus dichtem, natürlichem Material (z. B. Leinen) gefüllt und fest zugenäht werden. An Blütentagen gesammelt wird Sie der Duft lange Zeit erfreuen.

Die Wahl der Kräuter hängt davon ab, was das Kissen bewirken soll. Meistens soll es beruhigen und ein angenehmes Aroma abgeben. Ihr Apotheker kann Ihnen Rat geben und die Kräuter zusammenstellen. Auch gekaufte Kräuter sollten jedoch bei abnehmendem Mond verarbeitet werden.

Ein weiterer Anwendungsbereich sind Rheuma und Allergien. Kräuterkissen können hier große Linderung bringen.

»Früher, als es noch genügend Farnkraut gab, legte man ein ganzes Bett damit aus. Der Farn wurde zwischen zwei Bettlaken eingenäht und besonders Rheumakranken als Bettunterlage gegeben. Ebenso füllte man Kissen mit Bärlapp, wenn der Patient unter nächtlichen Krämpfen litt. Farn ist heute aus guten Gründen geschützt, man kann ihn jedoch kaufen. Verständlicherweise wird dabei nicht auf den Vollmond als bester Sammeltag geachtet, Heilstoffe sind aber dennoch enthalten.«

Die Kissen dürfen nie bei feuchtem Wetter gelüftet werden. Lüften und lockern Sie die aromatisch duftenden Kräuterkissen nur bei trockener Witterung.

Drei Anwendungsbeispiele

● *Ein Rezept für die Blutreinigung:* Sehr viele Krankheiten nehmen ihren Ausgang bei »schlechtem Blut«, oft erkennbar an ungesund aussehender, unreiner Haut und im Labor an erhöhten Cholesterin- und Harnwerten etc. Eine Blutreinigungskur mit Brennnesseln bis zum Abklingen der Störung kann hier sehr viel Gutes tun. Auch jedem gesunden Menschen wird eine Frühjahrskur die Frühjahrsmüdigkeit aus den Gliedern treiben. Die Kur regt Blase und Nieren an, fördert die Tätigkeit aller Verdauungsorgane und gibt dem Körper eine Vielzahl von Mineralstoffen und Vitaminen.

Trinken Sie bei abnehmendem Mond (wenn möglich nachmittags zwischen 15 und 19 Uhr) so viel Brennnesseltee wie möglich (ca. zwei Liter; rechnen Sie für diese Teemenge zwei gehäufte Esslöffel Kräuter und lassen Sie sie *nur eine Minute lang ziehen!*). Dann warten Sie 14 Tage und wiederholen Sie beim nächsten abnehmenden Mond die Kur, bis sich das Leiden gebessert hat oder verschwunden ist. Als Kur für gesunde Menschen sind zweimal 14 Tage bei abnehmendem Mond vollkommen ausreichend.

Die Brennnesseln sammeln Sie am besten ebenfalls bei abnehmendem Mond. Verwenden Sie nur junge Blätter; natürlich sind im Frühjahr frische Brennnesseln den getrockneten vorzuziehen.

Sollte der Mond gerade in einem Erdzeichen stehen (Jungfrau, Stier, Steinbock), sammeln Sie etwas mehr als für die tägliche Anwendung nötig und trocknen Sie die Blätter für den Winter. Eine richtige Blutreinigungskur brauchen Sie jedoch im Winter nicht durchführen, ein Brennnesseltee ab und zu nach einem schweren Essen ist dagegen eine gute Sache, etwa in der kalorienreichen Weihnachtszeit. Erdtage eignen sich generell besonders gut, um etwas für Ihr Blut zu tun.

• *Die Behandlung von Warzen:* Warzen, Muttermale und Blutschwämme sollten ausschließlich bei abnehmendem Mond entfernt oder behandelt werden, unabhängig vom Mittel, das dabei zur Anwendung kommt. Sollte die Prozedur bei Neumond noch nicht erfolgreich abgeschlossen sein, unbedingt aufhören und erst ab dem nächsten Vollmond weitermachen (was dann oft nicht mehr nötig ist). Behandlungen oder operative Eingriffe bei zunehmendem Mond (besonders an Krebstagen) können sich sehr ungünstig auswirken.

Schöllkraut ist ein bewährtes Warzenmittel. Beginnen Sie mit der Behandlung am Vollmondtag und streichen sie die Warze jeden Tag mit frischem Schöllkrautsaft ein. Er ist orangefarben und tritt aus dem abgebrochenen Stiel aus. Seien Sie vorsichtig damit, er ist giftig und darf nicht eingenommen werden. Führen Sie die Behandlung bis Neumond fort, auch wenn die Warze vorher schon verschwunden ist.

Mit *Knoblauch* und bei abnehmendem Mond lassen sich die besonders schmerzhaften Warzen an den Fußsohlen gut entfernen. Schneiden Sie dazu in ein Pflaster ein Loch, so groß wie die Warze selbst, und kleben Sie es auf die Warze, sodass diese freibleibt. Halbieren Sie eine frische Knoblauchzehe und fixieren Sie sie nachts mit einem weiteren Pflaster auf der Warze. Morgens, wenn möglich erst nach dem Duschen, entfernen, abends mit einer frischen Knoblauchzehe wiederholen und bei Neumond aufhören. Nach und nach färbt sich die Warze tiefschwarz und kann schließlich ganz einfach herausgehoben werden.

● *Abstillen:* Abstillen kann einfach und ohne Medikamente – außer gleich nach der Geburt – erfolgen. Man legt einfach das Baby in den Tagen und Wochen vor Vollmond immer weniger an und trinkt selbst nicht mehr so viel. Bei Vollmond legt man das Kind ein letztes Mal an und trinkt an diesem Tag wenig. Ein Salbeitee fördert den Stillstand der Milchproduktion zusätzlich.

Einige wichtige Gesundheitsregeln

> *Die größte Weisheit verrät sich in der einfachen*
> *und natürlichen Einrichtung der Dinge,*
> *und man erkennt sie nicht,*
> *eben weil alles so einfach und natürlich ist.*
>
> (Johann Peter Hebel)

In diesem Kapitel sollen Sie einige weitere Gesundheitsregeln erfahren, die nicht alle mit dem Rhythmus des Mondes zusammenhängen. Sie beruhen jedoch ebenso wie alle anderen Regeln auf gelebter Erfahrung und langjähriger Beobachtung. Wenn Sie nach Beweisen suchen, müssen Sie geduldig und gelassen ausprobieren. Das ist der einzige Beweis, der angeboten werden kann und der Gültigkeit besitzt. Ärzte und Statistiker allerdings könnten ohne viel Mühe die Richtigkeit der Regeln überprüfen, wenn sie anhand von Patientenkarteien unterschiedliche Heilungsverläufe mit den Mondrhythmen vergleichen. Die Reaktion »davon habe ich noch nie gehört, also kann es nicht wahr sein« dürfte nicht sehr hilfreich sein. Verständlich ist sie jedoch, denn noch vor ein paar hundert Jahren wurde man geteert und gefedert für die Behauptung, dass Seide von Raupen stammt Jeder »wusste«, dass Seide von Engeln gemacht wird.

Hier noch einmal die Grundeigenschaften der beiden Mondphasen:

 **Der zunehmende Mond
führt zu, plant, nimmt auf, baut auf, absorbiert, atmet ein,
speichert Energie, sammelt Kraft, lädt ein zur Schonung
und Erholung**

 **Der abnehmende Mond
spült aus, schwitzt und atmet aus, trocknet, lädt ein zu
Aktivität und Energieverausgabung**

Es ist sicherlich schwer, in der heutigen Zeit den Alltag einem solchen Rhythmus anzupassen. In mehrfacher Hinsicht. Fast alle Abläufe, Rituale und Gewohnheiten in Privat- und Berufsleben nehmen keine Rücksicht mehr auf naturgegebene Impulse. So entsteht »Stress« in seinen vielfältigen Formen, der einen so häufig zwingt, natürliche Signale, natürliches Gespür und gesunden Menschenverstand zu verlernen und zu ignorieren.

Viel wäre schon gewonnen, wenn man erkennt, dass gesundheitsschädlicher Stress in den allermeisten Fällen selbst gemacht ist – dass er die Folge ist von zu viel oder zu wenig Wollen zum falschen Zeitpunkt. Oft entsteht er, wenn man innerlich oder äußerlich einer *selbst auferlegten* Aufgabe nicht gewachsen ist oder innerlich Widerstand leistet.

Unser Körper reagiert, wenn wir ihn zwingen, seine natürlichen Rhythmen – Mondrhythmus, Biorhythmus etc. – *dauernd* zu ignorieren. Zuerst nicht, wenn wir jung sind und die negativen Auswirkungen wie Wassertropfen oder mit einem Aspirin abschütteln. Doch nach und nach summieren sich die vielen kleinen Impulse, bis sie in eine Krankheit münden, deren Ursache nur sehr schwer zurückzuverfolgen ist – als Spitze des Eisbergs. »Was lange währt, wird endlich Krankheit.«

Deshalb soll auch immer wieder darauf hingewiesen sein, dass dieses Buch kein Allheilmittel ist, keine schnell wirksamen Rezepte enthält. Langsam sind die Wirkungen der Verletzung von Rhythmen, langsam wird das Leben in Harmonie mit den Rhythmen seine positiven Wirkungen zeigen. Wenn man sich in Ruhe zurücklehnt und zehn Minuten täglich darüber nachdenkt, welche Tätigkeiten sich im Alltag mit den Mondrhythmen in Übereinstimmung bringen lassen, wird man ganz gewiss Lösungen finden. Nicht im Sinne einer Leistung, die zu erbringen ist, sondern als Ergebnis einer Beobachtung, die das »richtige« Handeln ganz von selbst erschließt. Nach und nach, organisch, keinesfalls von heute auf morgen.

Zumindest eines können Sie tun: Alle anstrengenden Alltagsarbeiten und Hobbys (die ja heute auch oft in harte Arbeit ausarten), die einer *freien Terminwahl* unterworfen sind, etwas mehr auf die Phasé des abnehmenden Mondes verlegen. Nicht sofort. Langsam, nach und nach. Unter Beobachtung der Wirkungen dieses Tuns.

Nichts wirkt überzeugender als die eigene persönliche Wahrnehmung. Fast alle Hausarbeiten beispielsweise – die ja mit Reinigen, Ausschwemmen, Entziehen zu tun haben – sind viel besser in den beiden Wochen des abnehmenden Mondes aufgehoben (siehe Kap. V). Wenn Sie spüren, wie natürlich und angenehm es ist, bei abnehmendem Mond den eigenen Kräften mehr die Zügel schießen zu lassen und bei zunehmendem Mond mehr zu bremsen, zu atmen, Kraft zu sammeln, vorzubereiten und zu planen, dann werden Sie sich fragen, wie Sie so lange auf die Anwendung dieses Wissens verzichten konnten, warum Sie es nicht schon früher gemerkt haben.

Thema Operationen

Über das heikle Thema Operationen – chirurgische Eingriffe in den Körper – soll hier noch etwas ausführlicher gesprochen werden. Es ist zu wichtig, als dass es übergangen werden darf.

100

Für chirurgische Eingriffe jeder Art – außer für Notoperationen – gilt: Je näher am Vollmond, desto ungünstiger. Wenn man die Wahl hat, sollte man bei abnehmendem Mond operieren.

Alles, was die Körperregion, die von dem Zeichen regiert wird, das der Mond gerade durchschreitet, besonders belastet oder strapaziert, wirkt schädlicher als an anderen Tagen. Chirurgische Eingriffe an diesen Tagen sollte man daher, wenn irgend möglich, vermeiden.

Jeder Chirurg wird diese Entdeckung machen oder hat sogar schon entsprechende Erfahrungen gesammelt: Komplikationen und Infektionen sind an solchen Tagen weit häufiger. Die Heilungs- und Genesungsphase dauert länger. Gegen Vollmond zu kommt es häufiger zu stärkeren, schwer stillbaren Blutungen.

Hippokrates (460–370 v. Chr.) hat in seinen Tagebüchern wörtlich formuliert: »Berühre nicht mit Eisen jenen Teil des Körpers, der von dem Zeichen regiert wird, das der Mond gerade durchquert.« Gemeint hat er damit: Man soll keine chirurgischen Eingriffe an einem Körperteil vornehmen, der von dem gerade herrschenden Tierkreiszeichen regiert wird. Welche Körperteile von den einzelnen Tierkreiszeichen beeinflusst werden, können Sie in den Tabellen im Kap. I und am Schluss dieses Kapitels noch einmal nachlesen. Als Beispiel: An Fischetagen sollte man keine Fußoperationen vornehmen, an Löwetagen keine Herzoperationen etc.

Sie werden vielleicht fragen: Wie steht es aber um den negativen Einfluss, wenn der Löwe bei einer Herzoperation im günstigen abnehmenden Mond steht? In diesem Fall gilt grundsätzlich: Der günstige Einfluss des abnehmenden Mondes ist stärker als der negative Einfluss des Löwen. Um beim Beispiel zu bleiben, hier eine Reihenfolge der günstigen und ungünstigen Einflüsse auf eine Herzoperation.

101

Am ungünstigsten:	Vollmond im Löwen
Sehr ungünstig:	zunehmender Mond im Löwen
Ungünstig:	zunehmender Mond in anderen Zeichen
Mittel:	abnehmender Mond im Löwen
Günstig:	abnehmender Mond in anderen Zeichen

Zwei zentrale Fragen ergeben sich, wenn man Erfahrungen mit der Gültigkeit dieser Rhythmen gesammelt hat oder diesen Hinweisen schlicht vertraut:

● *Wie integriert ein Chirurg in freier Praxis oder im Krankenhaus, als Leiter oder als Angestellter diese Regeln in den Betrieb einer Klinik unserer Zeit?*

Nun, wo eine Einsicht ist, da kann ein Wille entstehen. Und wo ein Wille ist, da ist ein Weg. Heute gibt es zahlreiche vorbildlich geführte Praxen und Krankenhäuser, wo unsere Bücher und Kalender sogar im Wartezimmer ausliegen.

● *Wie bringt man als Patient den Arzt dazu, den eigenen Terminvorschlag anzunehmen?*

Man kann ja nur in seltenen Fällen zu ihm gehen und die Begründung auf diese Regeln stützen. Und oft diktiert der »Sachzwang«, der Krankenhaus- und Praxis-»Betrieb« den Termin einer Operation. Diesem wichtigen Punkt ist der Schluss des Kapitels über die Gesundheit gewidmet. Vielleicht erweisen sich die darin enthaltenen Gedanken und Anregungen als hilfreich, nicht nur, um Ihren »Willen durchzusetzen«, sondern auch um dabei mitzuwirken, dass dieses Wissen wieder die Berücksichtigung findet, die es verdient.

Gesundheitsfaktor »guter Platz«

In jedem Haus, in jeder Wohnung gibt es gute und schlechte Plätze, unabhängig davon, was sich auf diesem Platz befindet – sei es Mauer, Tisch, Stuhl, Bett oder Küchenzeile.

Die Fähigkeit, solche Plätze voneinander zu unterscheiden, ist bei jedem Menschen unterschiedlich ausgeprägt. In der Regel ist die Sensitivität jedoch im Babyalter und in der Jugend größer als bei Erwachsenen. Auch die individuelle Reaktion ist unterschiedlich: Manche Menschen verbringen Jahre in einem Bett, das auf einem »schlechten« Platz steht, ohne krank zu werden, manche werden schon nach einigen Minuten Sitzen auf einem schlechten Platz unruhig und nervös.

Noch ist nicht erforscht, was *genau* die Qualität eines Platzes bestimmt. Sicher sind jedoch Strahlungen verschiedener Art beteiligt – unterirdische Wasseradern, Erdstrahlungen und dergleichen. Andererseits zeigt die orthodoxe Wissenschaft auch wenig Neigung, auf dem Wege des Erfahrungswissens die – bei gutem Willen – mühelos beweisbaren Phänomene eingehend zu untersuchen. Solange jeder ernsthafte Wissenschaftler fast augenblicklich seinen »guten Ruf« verliert, wenn er sich diesem Thema zuwendet, wird das auch noch einige Zeit so bleiben. Andererseits ist die genaue Erforschung mit heute üblichen Methoden sehr schwer. Einer der wichtigsten Gründe dafür ist, dass erfahrene Rutengänger und Pendler sich für solche Untersuchungen kaum zur Verfügung stellen würden. Sie wissen, dass die Anwesenheit von nur einem einzigen Menschen, der an dieser Kunst und ihrem Wert zweifelt, oft schon das Untersuchungsergebnis verfälscht. Mit der Konsequenz, dass sich eigentlich nur Rutengänger der Wissenschaft anbieten, die ihre Fähigkeiten ein wenig überschätzen, um es vorsichtig auszudrücken.

Früher war das Phänomen des guten Platzes wohlbekannt: Im alten China wurde kein Haus gebaut, ohne dass der Grund vorher nicht genauestens untersucht worden wäre. Die Chinesen waren auch die ersten, die ihre Erfahrungen mit der Anwendung dieses Wissens schriftlich niederlegten. Unsere Vorfahren bedienten sich einer Reihe von »Werkzeugen« zur Identifikation von guten und schlechten Plätzen: Ruten, Pendel etc. und die genaue Beobachtung der Tier- und Pflanzenwelt. Sie fanden heraus, dass viele Tiere ausgesprochene Detektoren für die Qualität eines Platzes sind:

Katzen, Ameisen und Bienen etwa sind »Strahlensucher« – sie bevorzugen für den Menschen schlechte Plätze. Ameisen und Bienen errichten ihre Nester stets über der Kreuzung von zwei Wasseradern. Dass Störche und Schwalben verbreitet als Glücksbringer gelten, hängt vielleicht damit zusammen, dass sie nur dort nisten, wo die Umgebung weithin strahlungsfrei ist. Vögel wie auch Hunde, Pferde und Kühe gehören zu den »Strahlenflüchtern« – wo sie sich niederlassen, ist auch für uns Menschen ein guter Platz.

Viele Eltern haben es schon beobachtet: Manche Babys drehen und wälzen sich im Bett, schreien viel, liegen oft morgens in einer Ecke des Bettchens; viele Kinder halten es nachts in ihrem Bett nicht aus, schlüpfen bei Eltern oder Geschwistern unter. Schulkinder, die ein Jahr lang ständig auf dem gleichen schlechten Platz sitzen, bleiben oft grundlos in ihren Leistungen zurück, nachdem bislang alles gut gegangen ist. Manchmal richtet man mit viel Geld und Geschmack ein Kinderzimmer mit Schreibtisch ein, und dann kommt das Kind zum Hausaufgabenmachen doch in die Küche. Meist ist das ein erstes Zeichen dafür, dass das Kind einen ungünstigen Platz am Schreibtisch hat.

Auch in der Erwachsenenwelt lässt sich manches beobachten, was mit guten und schlechten Plätzen zu tun hat:

>*Früher wusste man von bestimmten Höfen, dass es dort keine Magd länger als ein paar Monate aushält, oder dass die Bäuerin oder der Bauer jung stirbt, fast als ob ein Fluch auf*

dem Haus lastet. Meist hing das mit schlechten Schlaf- und Arbeitsplätzen zusammen.«

Vielleicht ist Ihnen schon einmal aufgefallen, dass manche Hausfrau beim Kochen schräg oder in größerem Abstand vor dem Küchentisch steht, dass es Stühle im Wohnzimmer gibt, die grundlos leer bleiben, dass Sie an bestimmten Plätzen regelmäßig schnell müde oder unruhig werden. Mancher ansonsten fähige und bei seinen Schülern beliebte Lehrer bekommt plötzlich eine »schlechte« Klasse, mit der er nicht zurechtkommt, bei der er »keinen Fuß auf den Boden bekommt«, weil sein Stuhl auf einem schlechten Platz steht. Manchmal behilft er sich unbewusst, indem er auf und ab geht oder ständig auf dem Pult sitzt, statt dahinter.

Leider ist unser Gefühl einem bestimmten Platz gegenüber kein sicheres Zeichen für seine Qualität: Manche Menschen haben sich so sehr an negative Energien gewöhnt – etwa weil ihr Bett schon seit Jahren auf einem schlechten Platz steht –, dass sie von »schlechten« Plätzen geradezu magnetisch angezogen werden.

Die Einsicht, dass es »gute« und »schlechte« Plätze gibt, und ihre Identifikation ist jedoch von größter Bedeutung, wenn es um unsere Gesundheit geht. Jahrelanges Sitzen oder Schlafen auf einem schlechten Platz kann verantwortlich oder mitverantwortlich sein für langwierige, chronische Krankheiten, für chronische Kopfschmerzen, Müdigkeit und dergleichen. Und dies so sehr, dass man eine vielleicht etwas drastische Feststellung treffen muss: *Es ist fast selbstmörderisch, nach einer Operation nach langwieriger Krankheit nach Hause zu kommen und wieder das gleiche Bett an gleicher Stelle zu beziehen.* Jeder Mensch, der unter chronischen Störungen seines Wohlbefindens leidet, sollte seinen Schlaf- und Arbeitsplatz von Menschen untersuchen lassen, die in dieser Kunst bewandert sind.
Selbstverständlich werden Sie jetzt fragen, was man *selbst* tun kann, um die Qualität eines Platzes festzustellen. Leider gibt es kein Patentrezept. Wenn Sie Verdacht geschöpft und Grund zu der Vermutung haben, Sie

selbst oder ein Mitglied Ihrer Familie könnten an schlechten Plätzen schlafen oder arbeiten, probieren Sie es mit einer Umstellung der Möbel. Meistens genügen schon ein bis zwei Meter Abstand zum alten Platz.[2]

Wie gibt man eine schlechte Gewohnheit auf?

Dieses Kapitel ließe sich in einem Satz abhandeln:

> **Für die Aufgabe schlechter Gewohnheiten ist als Starttermin der Neumondtag gut geeignet, am besten der Märzneumond, wenn die Sonne von Fische zu Widder wechselt (aber nicht so viel besser, dass Sie für Ihren guten Vorsatz noch monatelang zuwarten sollen).**

Das Thema »guter Vorsatz« verdient eine ausführlichere Besprechung. Der Neumondtag ist zwar der günstigste Zeitpunkt, aber vor das Aufgeben einer »schlechten Gewohnheit« ist eine merkwürdige Hürde gesetzt.

Zwei Fragen sollten Sie sich stellen, bevor Sie den Entschluss fassen: »Ich gebe das Rauchen (Trinken) auf«, »Ich werde nicht mehr nachtragend sein«, »Ich werde mich mehr um meine Kinder kümmern«, »Ich werde nicht mehr so viel essen«, »Ab heute treibe ich mehr Sport«, und so weiter und so fort.

- *Ist der Fehler, den ich abstellen möchte, wirklich ein Fehler?*
- *Aus welchem Grund möchte ich ihn beseitigen?*

Zur ersten Frage eine kleine Fabel: Ein Affe holte einen Fisch aus dem Wasser und legte ihn auf einen Ast. »Was hast du vor?« fragte ein Artgenosse,

---

[2] Ein ehrliches Buch zu diesem Thema hat die Österreicherin Käthe Bachler verfasst: *Erfahrungen einer Rutengängerin* (Veritas Verlag Linz).

der sehr verwundert war, denn Fische stehen eigentlich nicht auf dem Speisezettel der Affen. »Ich rette ihn vor dem Ertrinken«, war die Antwort.

Sind Sie sicher, dass es wirklich ein Fehler ist, den Sie beseitigen wollen, ist es wirklich eine »schlechte« Gewohnheit? Vielleicht gehorchen Sie mit dem Wunsch, sich zu ändern, nur einer gesellschaftlichen Konvention, die nichts mit Ihrer eigentlichen Natur zu tun hat. Vielleicht sind Sie ein kraftvoller, temperamentvoller Mensch, der sich ständig dazu zwingt, seine eigentliche Natur nicht wahrzuhaben, aus falschverstandener Rücksicht?

Wir alle haben einen merkwürdigen »Affen« in uns, der nur allzu oft den inneren Fisch aus dem Wasser ziehen will, um ihn zu retten. Oft sind schlechte Gewohnheiten nur deshalb »schlecht«, weil wir dazu dressiert wurden, sie als schlecht zu bezeichnen. Oder es sind fehlgeleitete Kräfte, die nur der Umorientierung bedürfen, um wertvoll und nützlich für uns selbst und damit für unsere Mitmenschen zu werden.

Vielleicht klingt es etwas provozierend: Wenn Sie auf die zweite Frage nach dem Grund für die Aufgabe einer schlechten Gewohnheit eine *rationale* Antwort finden, dann lassen Sie von Ihrem Vorhaben. Das einzige, was wirklich zählt, ist Ihr *innerer Entschluss,* Ihre klare innere Absicht. *Ohne* jedes Wenn und Aber und Weil. Wenn Sie sich entscheiden, weil »es gesund ist, weil ich Mami / Chef / Partner / allen Menschen / mir selbst etwas beweisen möchte, weil ich dann besser aussehe, weil mein Partner auch gerade aufhört, weil es mich zu einem besseren Menschen macht«, dann haben Sie schon den Grundstein für den Misserfolg Ihrer Absicht gelegt. Selbst wenn es Ihnen unter Aufbietung von Kraft, Selbstdisziplin und Härte gegen sich selbst gelingen sollte, von der schlechten Gewohnheit abzulassen, wird sie entweder wieder zurückkehren oder an einer anderen Stelle – und jetzt vielleicht sogar viel schädlicher – wieder auftauchen.

Über die Reue

Reue bedeutet Umkehr oder auch die völlige Aufgabe einer Sache,
die bis dahin starke Anziehungskraft ausgeübt hat.
Vergnügen an Reue ist in den meisten Fällen
genauso schlimm wie der ursprüngliche Fehler.
Kein dauerhafter Fortschritt kann von demjenigen erwartet werden,
der auf seine Besserung stolz ist. Die Reue der Unwissenden besteht darin,
starke Reaktionen auf die Aufgabe einer Sache oder bei der Bitte
um Vergebung für etwas zu empfinden.
Es gibt eine höhere Form, die Reue der Weisen,
die zu höherem Wissen führt und zur Liebe.

(Pahlawan-i-Saif)

Häufig sind – so hart es klingt – Eitelkeit, Angst, Stolz und Gier die tieferen Gründe für die Aufgabe schlechter Gewohnheiten. Was habe ich also erreicht, wenn ich den Fehler beseitige? Ganz einfach: Ich habe meine Eitelkeit, Angst, Stolz oder Gier gestärkt, habe ihnen mehr Kraft verliehen als vorher. Und welche Folgen das hat, braucht man Ihnen nicht zu erzählen. Schauen Sie sich um.

Wenn Sie also eine schlechte Gewohnheit aufgeben wollen, sehen Sie ihr ruhig und gelassen ins Auge. Betrachten Sie sie von allen Seiten. Und entscheiden Sie dann, sie aufzugeben (oder auch nicht). Warum? Weil es Ihr Wille ist Punkt, basta. Und dann wählen Sie für die Ausführung Ihres Entschlusses einen Neumondtag. Er kann Ihnen helfen.

Der Rhythmus der Organe im Tageslauf

Jedes Organ im Körper durchläuft im Lauf von 24 Stunden eine Hochphase, in der es zwei Stunden lang besonders gut und effizient arbeitet, und dann, wie aus der folgenden Tabelle ersichtlich wird, gleich darauf zwei Stunden lang eine »schöpferische Pause« einlegt.

Jeder Bergsteiger weiß es: Wenn er um drei Uhr morgens aufsteht, hat er einen viel besseren Start für seine Tour als um fünf Uhr. Seine Lungen arbeiten um drei Uhr zwei Stunden lang besonders gut. Der gute Start lässt ihn den Kräfteabfall nach fünf Uhr früh viel besser überbrücken – er hat sich »eingelaufen«. Beginnt er dagegen um fünf Uhr morgens, wird er mit Startschwierigkeiten zu kämpfen haben.

Eltern wissen es: Wenn es ihnen gelingt, die Kinder vor sieben Uhr zu Bett zu bringen, schlafen sie oft problemlos ein. Wird die sieben-Uhr-Grenze weit überschritten, ist es doppelt schwer, sie in den Schlaf zu wiegen. Von 19 bis 21 Uhr arbeitet der Kreislauf am besten. Oft denkt der Körper in dieser Zeit nicht an Schlaf.

Fast alle haben schon die Erfahrung gemacht: Gegen ein Uhr mittags kommt es oft zu einem Leistungsabfall, besonders nach dem Mittagessen. Der Dünndarm, der bei vielen Verdauungsprozessen die Hauptlast trägt, will zu seinem Recht kommen, arbeitet besonders gut und wünscht sich vom »restlichen« Körper eine Pause, weil er vom vegetativen (unbewusst funktionierenden) Nervensystem gesteuert wird und jede Art von Stress besonders schlecht verträgt. Sie sehen: Die »Siesta« der südlichen Länder findet ihren Widerhall im Tagesrhythmus der Organe.

Der Rhythmus der Organe im Tageslauf

Organ	Hochphase	Tiefphase
Leber	1 – 3 h	3 – 5 h
Lunge	3 – 5 h	5 – 7 h
Dickdarm	5 – 7 h	7 – 9 h
Magen	7 – 9 h	9 – 11 h
Milz und Bauchspeicheldrüse	9 – 11 h	11 – 13 h
Herz	11 – 13 h	13 – 15 h
Dünndarm	13 – 15 h	15 – 17 h
Harnblase	15 – 17 h	17 – 19 h
Nieren	17 – 19 h	19 – 21 h
Kreislauf	19 – 21 h	21 – 23 h
Allgemeine Energiesammlung	21 – 23 h	23 – 1 h
Gallenblase	23 – 1 h	1 – 3 h

Dieses Wissen können Sie folgendermaßen nutzen: Wenn man die Hochphasen der Organe kennt, kann man das Zuführen von Heilmitteln oder das Ausschwemmen von Giften beziehungsweise jede dem Wohlbefinden und der Gesundheit dienende Maßnahme auch tagsüber, unabhängig vom Mondstand, zum richtigen Zeitpunkt vornehmen. Beispielsweise Blutreinigungstees zwischen 15 und 19 Uhr, kleine Nickerchen zwischen 13 und 15 Uhr (Büroschlaf!), Frühstück nicht mehr nach 9 Uhr morgens, weniger rauchen und trinken zwischen 1 Uhr nachts und 5 Uhr morgens und so fort. Beobachten Sie selbst, schauen Sie, nehmen Sie wahr, machen Sie sich Notizen: Erfahrung ist besser als Information. Information ist nur ein Werkzeug. Auch die Hand, die sich des Werkzeugs bedient, bedarf der Übung. Und das Herz, das die Hand führt.

Besuch beim Zahnarzt

Auch die Arbeit von Zahnärzten wird vom Mondstand beeinflusst. Sollte ein Zahnarzt Interesse haben, diesen Einfluss nachzuprüfen, genügt ein einfacher Test. Zuerst sollte er aus seiner Patientenkartei alle Fälle herausfischen, bei denen eine Plombe, Zahnkrone oder Brücke aus unerklärlichen Gründen zu früh wieder herausfiel, etwa in einem Zeitraum von drei Jahren nach dem Einsetzen. Anhand von Kalendern könnte er dann eine Strichliste anfertigen: Links trägt er alle Fälle ein, bei denen das Einsetzen bei *zunehmendem* Mond erfolgte, rechts bei *abnehmendem* Mond. Das Ergebnis wird für sich selbst sprechen.

Für alle Besuche beim Zahnarzt sollte man Termine bei abnehmendem Mond wählen und gleichzeitig den Tierkreiszeichen Widder und Stier aus dem Weg gehen (gilt auch für Implantate!). Die Ausnahme bildet nur das Abnehmen von Abdrücken für Prothesen. Das ist nach Erfahrungen von Zahnärzten erfolgreicher bei zunehmendem Mond.
Auch beim Zahnziehen sollte man auf den abnehmenden Mond achten, besonders, wenn es um Weisheitszähne geht, die manchmal fast einer Operation bedürfen. Wenn möglich, sollte man ein Luftzeichen meiden (Zwillinge, Wassermann, Waage).

Natürlich ist es nicht immer einfach, auf den richtigen Termin zu achten, geschweige denn einen Praxisbetrieb dem Mondrhythmus anzupassen. Vielleicht finden Sie jedoch den einen oder anderen Hinweis zu diesem Thema am Schluss dieses Kapitels hilfreich.[3]

---

[3] Ein aufschlussreiches Buch zum Thema hat der ehemalige Präsident des Bayrischen Zahnärzteverbandes geschrieben, Dr. med. dent. Siegfried Bücherl: *Mond und Zähne* (erhältlich im Mondversand: www.mondversand.de).

Impfungen

Wussten Sie, dass bei öffentlich angekündigten Grippewellen mit wahren Impforgien etwa doppelt so viele Menschen erkranken wie bei Epidemien, die aus irgendeinem Grund verschwiegen werden und bei denen deshalb auch keine Impfhysterie verbreitet wird? Es wird auch noch einige Zeit dauern, bis bekannt wird, wie viele unserer heutigen Zivilisationskrankheiten Spätfolgen von Impfungen sind. Es existieren keinerlei wissenschaftliche Studien darüber, welche Wirkung das Überschwemmen eines Babykörpers mit Giftstoffen hat, wenn das Kind erst einmal das Pensionsalter erreicht hat.

Was es sonst noch zum Thema Impfen zu wissen gibt, hat unter anderem Fernand Delarue in seinem Buch *Impfungen, der unglaubliche Irrtum* zusammengefasst.

Wenn man dennoch sich oder sein Kind impfen lassen will oder muss, dann gibt es auch dafür eine Mondregel:

> **Erfahrungen mit den Folgeerscheinungen von Impfungen haben gezeigt, dass man Impftermine nicht auf die drei Tage vor Vollmond und besonders nicht auf den Vollmondtag selbst legen sollte. Die Gefahr von starken Impfreaktionen ist dann größer als sonst. Am besten bei abnehmendem Mond impfen lassen. Wichtig ist darüber hinaus, geimpfte Kinder einige Tage lang so zu behandeln, als ob sie krank wären: keine größeren sportlichen oder sonstigen Belastungen, kein Barfußlaufen auf kalter Erde und so weiter.**

Die Impfentscheidung kann Ihnen niemand abnehmen, aber wir haben sehr gute Rückmeldungen, wenn auf den Mondstand geachtet wird.

Die Wechselwirkung zwischen Mondstand im Tierkreis und Körper und Gesundheit

Der zwei- bis dreitägige Aufenthalt des Mondes in einem der zwölf Tierkreiszeichen weckt jeweils unterschiedliche Kräfte, die überall in der belebten Welt spürbar sind und auch unseren Körper merklich beeinflussen. Prinzip, Ansatzpunkt und Wirkung dieser Kräfte sind nicht allzu schwer zu beschreiben, doch obendrein besitzen sie eine Art »Färbung«, die nicht leicht in Worte zu fassen ist – etwas, das auf unsere geistig-seelische Gestimmtheit abfärbt, wie ein musikalischer Akkord, der von ferne klingt, und zu hören ist, wenn man hören will. Auf den folgenden Seiten erhalten Sie, nach Tierkreiszeichen geordnet, eine Zusammenfassung der jeweiligen Impulse und ihrer Bedeutung für die Gesundheit.

Körperliche Einflusssphäre der einzelnen Tierkreiszeichen

Zeichen	wirkt auf	System
Widder	Kopf, Gehirn, Augen	Sinnesorgane
Stier	Kehlkopf, Sprachorgane, Zähne, Kiefer Nacken, Mandeln, Ohren	Blutkreislauf
Zwillinge	Schulter, Arme, Hände, Lunge	Drüsensystem
Krebs	Brust, Lunge, Magen, Leber, Galle	Nervensystem
Löwe	Herz, Rücken, Zwerchfell, Blutkreislauf, Schlagader	Sinnesorgane
Jungfrau	Verdauungsorgane, Nerven, Milz, Bauchspeicheldrüse	Blutkreislauf
Waage	Hüfte, Nieren, Blase	Drüsensystem
Skorpion	Geschlechtsorgane, Harnleiter	Nervensystem
Schütze	Oberschenkel, Venen	Sinnesorgane
Steinbock	Knie, Knochen, Gelenke, Haut	Blutkreislauf
Wassermann	Unterschenkel, Venen	Drüsensystem
Fische	Füße, Zehen	Nervensystem

Die Grundregeln lauten:

● Alles, was Sie für das Wohlergehen jener Körperregion tun, die von dem Zeichen regiert wird, das der Mond gerade durchschreitet, wirkt doppelt wohltuend. Mit Ausnahme von chirurgischen Eingriffen.

● Alles, was die Körperregion, die von dem Zeichen regiert wird, das der Mond gerade durchschreitet, besonders belastet oder strapaziert, wirkt doppelt schädlich. Chirurgische Eingriffe an diesen Tagen sind, wenn möglich, zu vermeiden, ausgenommen natürlich Notoperationen.

● Nimmt der Mond gerade zu, wenn er das Zeichen durchläuft, sind alle Maßnahmen zur Zuführung aufbauender Stoffe und zur Kräftigung der von dem Zeichen regierten Organbereiche erfolgreicher als bei abnehmendem Mond. Nimmt er gerade ab, sind alle Maßnahmen zum Ausschwemmen und Entgiften des jeweiligen Organs erfolgreicher als bei zunehmendem Mond.

Nicht die jeweilige Form der Anwendung – Medikamentengaben, Massagen, Gymnastik, Wassertherapie etc. – zählt dabei, sondern die letztliche Absicht, die mit ihr verfolgt wird.

Widder

Im zunehmenden Mond
Oktober bis April

Im abnehmenden Mond
April bis Oktober

Färbung: Widder strebt und will, zuweilen ungeduldig, mit dem »Kopf durch die Wand«. Unsichtbare Ketten rasseln jetzt, werden weniger bereitwillig geduldet. Dinge nehmen ihren Anfang, der direkte Weg scheint der beste.

114

Mit dem Tierkreiszeichen Widder nehmen die Einflüsse auf den Körper in der Kopfregion ihren Anfang. Wer besonders anfällig für Migräne ist, wird oft die zwei oder drei Widdertage im Mondmonat zu spüren bekommen.

»Ich habe oft beobachten können, dass viele Menschen, besonders Frauen, an diesen Tagen von heftigen Kopfschmerzen geplagt werden. Häufig tragen sie durch ihr Verhalten vor den Widdertagen zur Auslösung der Kopfschmerzen bei. Sie haben ein Talent, wichtige Dinge, Haushaltsarbeiten und Termine kurz vor den Widdertagen vor sich herzuschieben, bis ausgerechnet am Widdertag selbst alles auf sie einstürzt. Beobachten Sie sich selbst und versuchen Sie, die Widdertage von Stress und Druck so gut es geht freizuhalten.«

Eine weitere gute Maßnahme zur Migränevorbeugung ist es, an Widdertagen viel klares Wasser zu trinken und auf Kaffee, Schokolade und Zucker zu verzichten. Dieser Ratschlag hilft, wie so oft, nur denjenigen Menschen, die schon gelernt haben, auf die eigenen Körpersignale zu hören. Wer diese Sprache beherrscht, kann sich von allem, was seinem Körper hilft oder schadet, ein klares Bild machen.

Tausende von Medikamenten, Tees und Salben gibt es, Tausende von guten und gut gemeinten Ratschlägen, die bei ein und derselben Störung unseres Wohlbefindens helfen könnten. Daran ist nichts auszusetzen, doch wenn ich in mich »hineinhorche«, dann reicht ein einziges dieser Mittel völlig aus. Und zwar dasjenige, das mir hilft. Kein Medikament ist nur »schlecht« oder nur »gut«. Auf den einzelnen Menschen kommt es an, was letztlich hilft. Dazu brauche ich aber unbedingt ein »Gefühl« für mich selbst, die Meinung von Fachleuten genügt oft nicht. Dieses Gefühl erwirbt man leider nur allzu oft erst durch Krankheit und Leid. »Wer keine Zeit für seine Gesundheit hat, wird Zeit für seine Krankheit haben müssen.« Gerade chronisch kranke Menschen täten gut daran, aus ihren Krankheiten zu lernen, statt sich nur in die »Hände der Medizin« zu begeben und sich »behandeln« zu lassen. Die Einsicht, dass der ganze Körper behandelt werden muss und dass eine andere Lebensweise nötig ist, ist besser als die Bekämpfung von Symptomen.

Mit dieser Einstellung kann man an Widdertagen Kopfschmerzen vorbeugen und erreicht damit viel mehr als ein uneinsichtiger Mensch, der fünf Liter Wasser gegen Kopfschmerzen trinkt und abwartet, ob es hilft. Es wird ihm nichts nützen. Bei unseren Freunden hat dieses »Rezept« schon oft geholfen, doch es ist letztlich nur ein Vorschlag. Ihn zu verallgemeinern ist nicht möglich.

Das Tierkreiszeichen Widder wirkt auch auf Augen und Gehirn. Grundsätzlich ist Widder kein guter oder schlechter Tag für den Kopfbereich. Es kommt darauf an, was getan wird. Augenumschläge für entzündete oder erschöpfte Augen werden an Widdertagen ihre Wirkung nicht verfehlen.

Heilkräuter, die für ihre gute Wirkung bei Augenbeschwerden bekannt sind, entfalten an diesem Tag gesammelt größere Kraft (Augentrost u. a.). Auf Vorrat sollte man bei abnehmendem Mond pflücken und auch bei abnehmendem Mond trocknen und lagern. Ein altes, gut wirksames Mittel bei erschöpften Augen ist das Benetzen der geschlossenen Augenlider mit dem eigenen Speichel, morgens nüchtern vor dem Frühstück und nur bei abnehmendem Mond.

Augenverletzungen (die man sich ja nicht aussuchen kann) und Überanstrengung schaden jetzt mehr als an Waage, um nur ein Beispiel zu nennen. Wenn es Ihnen möglich ist, tun Sie heute Ihren Augen etwas Gutes.

Besonders kritische Widdertage sind im März, April, September und Oktober. Alle Personen, die häufig an Kopfschmerzen leiden oder im Kopfbereich empfindlich sind, sollten diese Tage so ruhig wie möglich gestalten. Auch Operationen am Kopf sollten vermieden werden. Ganz besonders schlecht sind die Widdertage im Oktober, weil sie unmittelbar an Vollmond sind.

Im zunehmenden Mond
November bis Mai

Im abnehmenden Mond
Stier   Mai bis November

Färbung: »Realismus« herrscht, materielle Sicherheit wird zum Gut. Beharrlichkeit fällt leichter, Gedanken und Reaktionen werden langsamer. Hartnäckigkeit. »Das weiße Pferd der Araber ist schnell wie der Wind, doch das Kamel trabt durch die Wüste Tag und Nacht.«

Mit dem Eintritt des Mondes in das Tierkreiszeichen Stier wird der Körperbereich Hals stärker beeinflusst. Wieder lässt sich das so verstehen: Gute Einflüsse wirken besonders gut, ungünstige besonders schlecht.

Wochenlang fährt etwa ein junger Mann bei schönem, warmem Wetter sein Cabrio spazieren und genießt den Fahrtwind. Eines Tages, aus buchstäblich »heiterem« Himmel, bekommt er abends einen steifen Hals, muss sich tagelang mit Nackenwickeln behelfen und fühlt sich wie ein alter Mann.

Oder Sie bekommen plötzlich Halsschmerzen und merken gleichzeitig, dass auch Schulfreunde, Nachbarn oder Kollegen mit krächzender Stimme reden und mit Halstüchern herumlaufen, obwohl Halsentzündungen und Erkältungen nicht immer ansteckend sind. Vielfach hat hier der Stier »angeschoben«. Was natürlich – wie bei allen anderen Zeichen auch – nicht heißen soll, dass man jetzt Halsweh bekommen »muss«. Aber eine größere Gefahr von Halsentzündungen ist gegeben.

Die Informationen für die an den verschiedenen Tierkreiszeichen waltenden Kräfte können Ihnen wertvolle Hinweise für vorbeugende Maßnahmen geben. Wer schon einmal an Stiertagen einen Tee gegen Heiserkeit oder Mandelentzündung getrunken hat, weiß, wie gut ein einfacher Tee wirken kann. Auch andere Medikamente gegen Halsentzündung wirken an diesen Tagen besonders gut.

Der Stier wirkt auch auf Sprachorgane, Kiefer, Zähne, Mandeln, Schilddrüse, Nacken, Stimme und Ohren. Für Ungeübte kann das Halten einer Rede an Stiertagen zur Qual werden und in heiserem Gekrächze enden.

Besonders an kalten Stiertagen sollte man die Ohren nicht ungeschützt halten. Sie sind jetzt empfindlicher gegen Zugluft und Lärm. An Stiertagen ab und zu einen Tropfen Johanniskrautöl ins Ohr beugt manchem Ohrenleiden vor, besonders wenn die Johanniskrautblüten für das Öl bei Stier gesammelt wurden.

Im zunehmenden Mond
Dezember bis Juni

Im abnehmenden Mond
Juni bis Dezember

Zwillinge

Färbung: Der Geist wird rege und vielseitig, bewegt sich in Sprüngen. Ein Windhauch kann ihn vom Kurs abbringen. Kräfte verzweigen sich und dringen in jeden Winkel.

Rheumatische Zipperlein im Schulterbereich sprechen jetzt besonders gut auf Salben an, eventuell mit Kräutern hergestellt, die bei Zwillinge oder Stier gesammelt wurden. Leichte Kleidung bei kühlem Wetter dagegen kann Ihren Körper veranlassen, unangenehm auf sich aufmerksam zu machen.

Zwillingetage sind immer Anlass, dem Schultergürtel etwas Gutes zukommen zu lassen. Gezielte Gymnastik kann Wunder wirken – ein Fest für

Ihre Schultern. Vom Muskelkater bleiben Sie allerdings deshalb nicht unbedingt verschont. Er wäre ohnehin kein schlechtes Zeichen, weil der
Körper damit kundtut, dass er mit Entgiften beschäftigt ist.

Die Lungen werden an Zwillingetagen schon etwas beeinflusst, auch
wenn sie stärker vom Zeichen Krebs berührt werden. Gezielte Atemübun-
gen sind aber jetzt schon sehr nützlich.

Rheumakranke haben manchmal an Zwillingetagen Beschwerden, doch
das liegt oft daran, dass an Zwillinge das Wetter gern umschlägt. Damit ist
nicht nur der deutlich merkbare Umschlag von Sonnenschein zu Regen
oder umgekehrt gemeint. Klimawechsel vollziehen sich in vielfältiger Weise. Davon können gerade die Bayern ein Lied singen: Sie wissen, was ein
starker Föhn für ihr Wohlbefinden bedeuten kann. Warme, kreislaufbelas-
tende Fallwinde mit klangvollen Namen (Schirokko, Chamsin, Chinook)
gibt es jedoch in aller Welt.

Im zunehmenden Mond
Januar bis Juli

Im abnehmenden Mond
Juli bis Januar

Krebs

Färbung: Gefühle gewinnen Tiefe, aber auch Gewicht. Das Innen wird
farbiger als das Außen, der Boden schwankt. Opfer fallen leichter. Dich-
tes, in die Breite gehendes Wachstum.

Die Kraft, die während der Krebstage waltet, versetzt das Gesamtbefinden
oft in eine leichte Unruhe. Stärker als bei den anderen Tierkreiszeichen
ist jetzt der Einfluss auf die Brust vorherrschend. Ebenso »regiert« das Zeichen Krebs die Leber, und oft genügt schon eine durchgemachte Nacht,

um sich am nächsten Tag völlig zerschlagen zu fühlen, weil die Leber zu viel zu tun bekam. Sollten Sie empfindlich an Leber und Galle, Lunge oder Brust sein, dann nützen Sie die Krebstage, um diesen Organen etwas Gutes zu tun. Auch der Magen spielt an Krebs gelegentlich verrückt (Aufstoßen, Sodbrennen). Eine leichte Kost wäre deshalb jetzt empfehlenswert.

Vom Monat Juli bis zum darauffolgenden Januar liegen die Krebstage stets im abnehmenden Mond, dann wieder ein halbes Jahr lang im zunehmenden Mond. Erinnern Sie sich: Bei abnehmendem Mond wird ausgespült. Bei zunehmendem Mond wird möglichst Gutes zugeführt.

Für Magen und Leber bedeutet das, dass Ausheilen und Ausführen giftiger Stoffe von Sommer bis Winter eine bessere Erfolgschance hat als von Winter bis Sommer.

Wer unter Rheuma leidet, sollte an Krebs (Wasserzeichen) sein Bett nicht draußen am Fensterbrett oder am Balkon lüften. Die Feuchtigkeit bleibt in den Federn und ein ziehendes Gefühl begleitet einen durch die Nacht.

Im zunehmenden Mond
Februar bis August

Im abnehmenden Mond
August bis Februar

Löwe

Färbung: Muskeln schwellen, Entschlossenheit regiert, man »fasst sich ein Herz«. Grenzen verlieren etwas an Kontur, scheinen leichter überwindbar. Freude am Risiko, austrocknendes Feuer.

Der Löwe-Impuls lässt den Blutkreislauf »singen«. Er ist jetzt aktiver als an anderen Tagen. Der Rücken schmerzt jetzt manchmal stärker und das

Herz spielt nicht selten ein wenig verrückt. Schlaflose Nächte können einem an Löwe durchaus zu schaffen machen, doch bis Jungfrau ist meist wieder alles vorbei.

Alles, was Herz und Kreislauf überanstrengen könnte, sollte an Löwe vermieden werden. Gemeint sind natürlich keinesfalls die normalen körperlichen Betätigungen gesunder Menschen. Herzkranke Menschen spüren manchmal schon beim Tierkreiszeichen Krebs, dass sich der Löwe im Anmarsch befindet. Anstrengenden Reisen und Vorhaben sollten gerade sie jetzt aus dem Weg gehen. So mancher ungeübte Bergwanderer schnauft sich an Löwe zum Gipfel, obwohl er mit Kreislauf oder Herz Probleme hat. Er sollte gerade in den Löwetagen auf anstrengende Touren verzichten.

Zwar ist das Zeichen Jungfrau für die Verdauungsorgane »zuständig«, doch wer an Maßnahmen zu ihrer Gesundung und Kräftigung denkt, sollte damit jetzt schon beginnen. Löwe ist zudem ein sehr guter Tag für das Sammeln von Kräutern mit heilender Wirkung auf Herz und Kreislauf.

Jungfrau

Im zunehmenden Mond
März bis September

Im abnehmenden Mond
September bis März

Färbung: Der logisch begründbare Zweck heiligt die Mittel. Kleine, zögernde, methodische Schritte, fast pedantisch. Erst prüfen, dann handeln. Es wird getrennt und aufgespalten mit der Absicht, zu erschließen.

Die besondere Kraft der Jungfrautage macht sich an den Verdauungsorganen bemerkbar. Empfindliche Menschen bekommen jetzt häufig Probleme mit ihrer Verdauung. In diesen Tagen sollte man auf schwere oder fette Speisen verzichten.

An Jungfrau gesammelte Heilkräuter wirken nicht nur auf den Magen wohltuend, sondern auch auf Blut, Nerven und Bauchspeicheldrüse. Besonders ein Blutreinigungstee, etwa mit Brennnesseln, an Jungfrau gesammelt, verfehlt nicht seine gute Wirkung. Der Wintervorrat sollte erst im September angelegt werden (junge Pflanzen, die nach dem Abmähen nochmals gewachsen sind), wenn der Mond im Zeichen Jungfrau gerade abnimmt. Einer vergrößerten Bauchspeicheldrüse tut dieser Tee besonders gut.

Im zunehmenden Mond
April bis Oktober

Im abnehmenden Mond
Oktober bis April

Waage

Färbung: Das Kunstvolle regiert, aber auch die Unentschlossenheit. Taktvolles Feingefühl, ohne Biss. Pendeln bis zum Gleichgewicht.

Hüftbereich, Blase und Niere können an Waagetagen besonders zu spüren sein. Zu Blasen- und Nierenentzündungen kommt es an diesen Tagen leichter. Achten Sie besonders auf gute Durchwärmung der Blasen- und Nierengegend. Sitzen auf Steinen oder im feuchten Gras sind jetzt Gift.

Eine gute Maßnahme ist es, nachmittags zwischen 15 und 17 Uhr viel zu trinken, um Blasen und Nieren gut durchzuspülen. Gezielte Gymnastik für den Hüftbereich tut jetzt ebenfalls besonders gut.

> *»Oft werde ich gefragt, wann man vom Mondstand her gesehen eine Hüftoperation vornehmen lassen sollte. Der richtige Zeitpunkt dafür ist der abnehmende Mond. In den Monaten zwischen April bis Oktober kommt im abnehmenden Mond z. B. nie*

das Tierkreiszeichen Waage vor, d. h. beide Voraussetzungen sind günstig. Außerdem sollte nie das Tierkreiszeichen im Kalender stehen, welches den entsprechenden Körperteil gerade regiert. Sollten Sie nur zwischen Oktober bis April Zeit haben, dann vermeiden Sie im abnehmenden Mond das Tierkreiszeichen Waage.«

Im zunehmenden Mond
Mai bis November

Im abnehmenden Mond
November bis Mai

Skorpion

Färbung: »Kostbar sind die Gelegenheiten, und die Zeit ist ein scharfes Schwert.« Annehmen fällt schwer. Kraft geht in die Tiefe, bohrt und forscht. Dunkles lockt.

Kein Tierkreiszeichen wirkt so stark auf die Geschlechtsorgane wie der Skorpion. Vorbeugende Sitzbäder mit Schafgarbe können jetzt so manchem Frauenleiden abhelfen.

Werdende Mütter sollten sich an Skorpion vor jeder Anstrengung schützen, weil es an diesen Tagen leichter zu Fehlgeburten kommt, besonders bei zunehmendem Mond.

Auch der Harnleiter ist an Skorpion besonders empfindlich und für positiven Einfluss dankbar. Kalte Füße und eine schlecht durchwärmte Becken- und Nierengegend können in diesen Tagen leicht zu Entzündungen von Blase und Niere führen. Wer unter Rheuma leidet, sollte an Skorpion (Wasserzeichen) sein Bett nicht draußen am Fensterbrett oder am Balkon lüften. Die Feuchtigkeit bleibt in den Federn.

Alle Heilkräuter, die an Skorpion gesammelt werden, sind in ihrer Wirkung besonders begünstigt. Holen Sie sich sämtliche Heilkräuter für ein Kissen noch bis Mai/Juni nach Hause. Dann werden Sie sich lange Jahre daran erfreuen. Nur das Abfüllen von Heilkissen sollte nicht an Skorpion erfolgen, weil ein Wasserzeichen wegen der Feuchtigkeit nicht gut geeignet ist. Auch das *Aussäen* von Heilkräutern ist an Skorpiontagen gut.

Im zunehmenden Mond
Juni bis Dezember

Im abnehmenden Mond
Dezember bis Juni

Schütze

Färbung: Zukunft scheint wichtiger als Gegenwart und Vergangenheit, das Große wichtiger als das Kleine, das Zusammenführen wichtiger als das Trennen. Großzügigkeit regiert, aber auch Pathos. Schritte werden länger.

Schütze wirkt auf Hüfte, Becken, Darm- und Kreuzbein und Oberschenkelknochen. Ischiasnerv, Venen und Oberschenkel melden sich besonders an Schützetagen. Oft schmerzt auch noch das Kreuz bis zu den Oberschenkeln, weil auch an Schütze das Wetter gern umschlägt, ähnlich wie an Zwillinge. Massagen tun besonders gut und lockern verkrampfte Muskeln. Andererseits wird ein untrainierter Körper schon einfache Bergtouren von ein paar Stunden in den Oberschenkeln spüren.

Also an Schütze nicht übertreiben und untrainiert keine langen Wanderungen unternehmen. Wenn Eltern ihre Kinder ausgerechnet an Schütze zum ersten Mal auf große Wanderfahrt mitnehmen, vielleicht sogar dazu zwingen, kann das den Kindern die Freude am Wandern für lange Zeit verderben.

Steinbock

Im zunehmenden Mond
Juli bis Januar

Im abnehmenden Mond
Januar bis Juli

Färbung: Die Luft wird durchsichtig, das Denken klar und ernst, geradlinig, wenig beweglich. »Wer immer strebend sich bemüht...«

Unnötig starke Belastungen der Knochen ganz allgemein und der Knie im Besonderen können in den Steinbocktagen Folgen haben. Ähnlich wie an Schütze gilt: Nach längerer Pause oder als Anfänger keine Bergtouren oder Skifahrten starten. Chirurgen und Orthopäden in Skigebieten wissen genau, wenn der Mond den Steinbock durchläuft: Sie dürfen ihren Erfahrungsschatz mit Knieoperationen erweitern. Fußballer mit Meniskusbeschwerden sollten keinesfalls übertreiben.

Bei jeder Bewegung sind die Knie jetzt stark gefordert. Knieumschläge als Vorbeugung oder Heilung tun in diesen zwei oder drei Tagen besonders gute Dienste. Auch allen anderen Knochen und Gelenken kann man jetzt etwas Gutes tun. Zusätzlich ist dieser Tag für jede Form der Hautpflege gut geeignet (siehe auch Kapitel V).

Wassermann

Im zunehmenden Mond
August bis Februar

Im abnehmenden Mond
Februar bis August

Färbung: Der Geist schlägt Kapriolen, intuitive Gedanken erhalten Gehör. Fesseln werden nicht geduldet, auch eingebildete nicht.

125

Wassermann wirkt auf Unterschenkel und Sprunggelenk. Venenentzündungen an Wassermann sind keine Seltenheit. Jetzt ist Zeit, eine gute Venensalbe auf die Unterschenkel aufzutragen und die Beine hoch zu lagern.

Wer zu Krampfadern neigt, sollte an diesen Tagen langes Stehen vermeiden, einfache Stadtbummel können an Wassermann Alpträume verursachen. Meistens haben die Taxifahrer an Wassermann mehr zu tun. Operationen an Krampfadern sollten nicht an Wassermann vorgenommen werden.

Im zunehmenden Mond
September bis März

Im abnehmenden Mond
März bis September

Fische

Färbung: Gemeinnutz geht vor Eigennutz. Grenzen verschwimmen, der Blick hinter die Kulissen fällt leichter. Phantasie färbt die Welt. Standpunkte werden gemieden, viele »Füße geküsst«.

Der Widder begann mit der Kraftwirkung auf den Kopf, die Fische enden mit den Füßen. Wenn Sie dem Kreislauf der Impulse nachspüren und allmählich bei sich selbst wahrnehmen, müssen Sie nicht mehr ständig auf der Hut sein. Ein Monatslauf reicht aus, um dem Körper gezielt – von oben nach unten – zu geben, was er braucht und um auf die jeweiligen Schwachstellen besonders zu achten.

Fische ist der beste Termin für Fußbäder und das Behandeln von Hühneraugen (jedoch nicht herausoperieren). Warzen an den Füßen lassen sich bei Fische mit gutem Erfolg behandeln. Dabei sollten Sie jedoch unbedingt auf den abnehmenden Mond achten. Bei zunehmendem Mond kann es Ihnen passieren, dass sich nach der Behandlung statt drei plötzlich fünf Warzen zeigen.

Eine Besonderheit der Fischetage: Alles, was man an diesen Tagen zu sich nimmt – von Alkohol und Nikotin über Kaffee und Medikamente – wirkt sehr viel intensiver als an anderen Tagen. Vermutlich liegt der Zusammenhang darin, dass ja alle inneren Organe über die Meridian-bahnen in den Fußsohlen enden und daher an Fischetagen besonders empfindsam reagieren.

Vom rechten Umgang mit Ärzten

Viel Pionierarbeit wird noch zu leisten sein, bis sich die Medizin auf breiter Front das Wissen um die langwelligen Rhythmen der Natur wieder zunutze machen kann. Diese Arbeit wird nicht so sehr im Forschen und Entdecken liegen, denn das Wissen existiert zum großen Teil schon. Vielmehr wird es darum gehen, Widerstände zu überwinden – die eigenen wie die aus der Umwelt. Das erfordert Mut und Geduld.

Natürlich ist es allein schon organisatorisch unmöglich, etwa Operationstermine nur noch auf den günstigsten Zeitpunkt zu legen. Doch in vielen Fällen – etwa bei schweren Operationen, bei unerklärlichen Misserfolgen, zur Vermeidung starker Narben etc. – kann man mühelos den günstigsten Termin einhalten. Hilfreich für Ärzte ist sicherlich auch ein Nachprüfen des Datums schon durchgeführter Behandlungen und Operationen anhand der eigenen Patientenkartei – eine der besten Methoden, die Gültigkeit der Regeln bestätigt zu finden.

Zahlreiche Pioniere gibt es schon, Ärzte und Heilpraktiker, deren Erfahrungen sie immun gegen jede Art von Widerstand gemacht haben. Die nicht mehr überrascht sind, wenn man sie etwa darum bittet, eine Blutuntersuchung zu einem bestimmten Termin machen zu lassen, oder Termine zu verschieben.

Was tun, wenn Sie nun selbst aufgrund eigener Erfahrung nach und nach Vertrauen zu diesen Regeln gewonnen haben, Ihr Arzt aber von den Rhythmen noch nichts weiß und einen zeitlich ungünstigen Eingriff vornehmen möchte oder sonst welche Maßnahmen, die ungünstig liegen? Wieder kommt es auf Ihr Gefühl an.

Wenn Sie spüren, dass Ihr Arzt ein offenes Ohr für die Gründe einer Terminverschiebung hat, dann könnten Sie ihm einfach den Satz des Hippokrates vorlesen – »Berühre nicht mit Eisen jenen Teil des Körpers, der von dem Zeichen regiert wird, das der Mond gerade durchquert« – oder auf den Abschnitt im Buch verweisen, der in Ihrem Fall zutrifft. Solche Ärzte sind in der Mehrzahl, das Risiko ist also durchaus vertretbar. Sollte er dennoch eine Verschiebung ablehnen, ist das noch lange kein Grund, sich einen anderen Arzt zu suchen. Bitten Sie ihn um eine genaue Begründung seiner Ablehnung und entscheiden Sie erst dann selbst. »Schwierigkeiten« bei der Termingestaltung sollten Sie allerdings als Grund nicht sofort akzeptieren. Sie sind oft nur ein Vorwand, um sich mit den Rhythmen der Natur nicht eingehender befassen zu müssen.

Wenn Sie allerdings ganz sicher sind, dass Ihr Arzt kaum Verständnis für die wahren Gründe Ihres Wunsches nach einer Terminverlegung aufbringen wird – auch das gibt es leider –, dann sind wohlerfundene, plausible Ausreden gar keine so schlechte Idee. Ein schlechtes Gewissen ist dabei überflüssig, schließlich geht es um ein sehr wertvolles Gut, nämlich Ihre Gesundheit. Halten Sie sich vor Augen: Ein Arzt kann Ihnen immer nur helfen, sich selbst zu helfen. Tief in Ihrem Inneren wissen Sie selbst am besten, was für Sie gut ist und was nicht. Sie kennen oft sogar die Ursache Ihrer Beschwerden genau, weil wir meistens ernten, was wir selbst gesät haben. Viele von uns haben sich nur dazu verführen lassen, wegzuschauen, oder sind einfach zu bequem und legen alle Verantwortung für die eigene Krankheit in die Hände des Arztes. Mit einer solchen Einstellung ist jeder Arzt überfordert. Er wird Ihnen dann nicht wirklich, bestenfalls kurzfristig helfen können.[4]

---

[4] Unser Buch »Aus eigener Kraft« befasst sich mit dem Thema Gesundsein und -bleiben in Harmonie mit Natur- und Mondrhythmen«.

III

Die Mondrhythmen in Garten und Natur

Ein Mensch kommt zart und nachgiebig zur Welt.
Bei seinem Tod ist er hart und starr.
Grüne Pflanzen sind weich und voller Lebenssaft.
Bei ihrem Tod sind sie verdorrt und trocken.
Daher ist das Starre und Unbeugsame der Schüler des Todes.
Das Weiche und Nachgiebige ist der Schüler des Lebens.
So gewinnt eine Armee ohne Flexibilität niemals eine Schlacht.
Ein Baum, der unbiegsam ist, wird leicht gebrochen.
Das Harte und Starke wird vergehen.
Das Weiche und Schwache wird fortdauern.

(Lao Tse)

 iele Gründe sprechen dafür, im Garten, in der Land- und Forstwirtschaft wieder zur Beachtung von Mondalter und Mondstand im Tierkreis zurückzukehren. Zu den wesentlichsten
zählt, dass wir mithilfe der Mondrhythmen von der *übertriebe-*
nen Anwendung chemischer Pestizide, Insektizide und Düngemittel abrücken und wieder zu einem natürlichen und dynamischen
Gleichgewicht in der Natur zurückfinden können. Gartenbau und Landwirtschaft der Zukunft werden keine andere Wahl haben, weil man die
Natur nicht unbegrenzt ausbeuten kann. Warum also nicht jetzt damit
beginnen?

»Vor kurzem flog ich von Hamburg nach München, bei
schönstem Wetter, mit Fensterplatz. Ich konnte meinen Blick
nicht vom Erdboden wenden zehn Kilometer unter mir. Nicht
ein Fleckchen, so schien es mir, das nicht genutzt, kultiviert,

bebaut, von Straßen durchfurcht war Und wenn ich ein größeres, zusammenhängendes Waldstück sah, dann bohrte sich ganz gewiss ein Kieswerk oder ein anderes Gebäude genau in seine Mitte. Mein Gedanke war: Wie schön wäre es, wenn wir wieder lernen könnten, mit der Natur so umzugehen, dass dieser Anblick nur noch gute Gefühle weckt.«

Vermutlich wird ein ungespritzter und in Harmonie mit den Rhythmen der Natur gezogener Apfel heute noch keinen Preis bei einer Landwirtschaftsausstellung gewinnen. Doch die »Optik« ist in fast jeder Hinsicht eine Frage des modischen Geschmacks und damit eine vorübergehende Zeiterscheinung. Ein altes Sprichwort sagt: »Viele Menschen leiden Hunger, weil ihnen die Farbe des Tellers nicht gefällt, auf dem das Essen kommt.« Ein wilder Apfel ist vielleicht nicht »schön«, aber er enthält hundertmal mehr Leben und Kraft als jeder unter einer Wachsschicht vergrabene, »zwangsgereifte« Plantagenapfel.

In unserer Zeit ist »gesund« oftmals gleichbedeutend mit »steril, keimfrei«. Wie soll unser Immunsystem die Abwehrkraft entwickeln, wenn ihm alle Arbeit abgenommen wird, wenn ihm die notwendige Abhärtung versagt wird? Das gilt genauso für die Pflanzen (Gemüse, Getreide, Früchte) und ihre Lebenskraft, die wir für uns nutzen wollen.

So viele Verdauungsstörungen unserer Tage und in ihrem Gefolge viele andere Krankheiten sind auf diese »gesunde« Nahrung und auf innerlich tote Lebensmittel zurückzuführen. Keimfreie Nahrung ist sterile, unfruchtbare Nahrung. Bei manchen Krankheiten ist sie sicher angebracht, aber einem gesunden Menschen ebnet sie den Weg zur Krankheit.

Mit völlig unabsehbaren Folgen für den gesamten Kreislauf der Natur werden heute Millionen für Forschung in Zucht und Gentechnik ausgegeben, um Pflanzen so zu verändern, dass sie auf Befehl tun, was sie bei der Wahl des richtigen Pflanz-, Pflege- und Erntezeitpunkts ohnehin tun würden.

132

Die Situation erinnert an die »guten Absichten« der Ernährungswissenschaft der Jahrhundertwende: Sie hatte beobachtet, dass bestimmte Stoffe in der Nahrung den Körper betreten und unverändert wieder ausgeschieden werden. »Also sind sie überflüssig«, lautete das Urteil, nannte die Stoffe »Ballaststoffe« – totes Gewicht – und begann, Lebensmittel von ihnen zu befreien und »Fertignahrung« herzustellen. Die Folgen sind bekannt.

Der Briefpapagei

Ein Mann kreuzte einst eine Brieftaube mit einem Papagei, damit ihre Nachkommenschaft die Botschaft sprechen konnte, statt ein Stück Papier tragen zu müssen.
Aber der Vogel, der das Ergebnis dieses Experiments war, brauchte Stunden für einen Flug, der normalerweise Minuten gedauert hätte. »Was hat dich aufgehalten?«, fragte der Mann. »Nun, es war so ein schöner Tag«, sagte der Vogel, »da bin ich einfach zu Fuß gegangen.«

Wissenschaft und Technik haben uns die Überzeugung gewinnen lassen, dass so gut wie alle Probleme mit ihrer Hilfe zu lösen sind, auch jene, die wir ohne sie gar nicht hätten. So groß waren die Erfolge: Erträge stiegen, Schädlinge verschwanden, unbegrenzte Möglichkeiten schienen sich aufzutun. Erst nach und nach musste man erkennen, dass Ausbeutung nicht der Weisheit letzter Schluss ist. Dieses Buch soll auch dazu beitragen, der Weisheit und Vernunft im eigenen Garten, in Landwirtschaft und Natur wieder zum Recht zu verhelfen.

Es geht nicht darum, über Chemie und Nahrungsmittelindustrie, über Gifte und Chemikalien zu schimpfen, denn diese Industrien erfüllen in unserem Leben viele gute Zwecke. Wo allerdings der Einzelne der Chemie vertraut und ihre Produkte anwendet, bleibt ihm ganz allein überlassen.

Der Satz: »Was kann der Einzelne schon ausrichten?« ist nur eine Entschuldigung für Untätigkeit oder Resignation. Ein einziger Mensch mit gutem Willen und guten Gedanken kann ein ganzes Stadtviertel mit Inspiration, Lebensmut und Kraft versorgen, selbst wenn er öffentlich nicht in Erscheinung tritt (oft sogar genau deshalb).

Wenn Sie zu den Menschen gehören, die wenigstens das eigene Obst, Gemüse und Getreide nicht vergiften wollen, dann finden Sie auf den folgenden Seiten viele Anregungen, die Ihnen den Verzicht auf diese Stoffe leicht machen. Dass Garten- und Landbau ohne Verwendung von Giften und ohne den Unsinn »gentechnischer« Manipulationen bei höheren, gleichen oder nur wenig geringeren Erträgen und viel höherer Qualität der Erntefrüchte möglich ist, wissen heute viele Menschen – auch die, die es angeht.

So viele Beweise gibt es: Früchte, die nur die Kraft der Sonne in sich tragen, die sie färbte, Getreide, das schmecken lässt, was Einklang zwischen Himmel und Erde bedeutet, Gemüse, das diese Harmonie in unseren Körper trägt, Erde, die uns bereitwillig jahrhundertelang diese Geschenke machte, ohne Dünger und Gifte.

Vielleicht kommen Ihnen eigene Erfahrungen zu Hilfe. Fast jeder, der mit Garten und Natur zu tun hat, hat schon Dinge erlebt, die bei genauem Hinsehen eigentlich nicht erklärlich sind: Zu verschiedenen Zeiten wird unter völlig gleichen Bedingungen gesät, gepflanzt, gewässert, umgesetzt, gedüngt, geerntet und gelagert – mit ganz unterschiedlichen Resultaten. Einmal »kopft« der Salat schön, einmal schießt er, bildet Blüten und Samen und wird unbrauchbar. Einmal erntet man die schönsten Rüben, während der Nachbar bei gleichem Saatgut, gleichen Wetterbedingungen und gleichem Boden mit seinem Ergebnis nicht zufrieden ist. Dann wieder wird die eigene Ernte von Schädlingen attackiert, während der Nachbar unbehelligt bleibt. Oder ein kleiner Streifen am Rande eines Getreidefelds gedeiht viel besser als die übrige Fläche. Manchmal gedeiht der oberirdische Teil von Kartoffeln prächtig, die Früchte selbst bleiben zurück, ein anderes Mal wirkt das Kartoffelkraut kümmerlich, dafür werden die sprichwörtlich »dicksten Kartoffeln« geerntet. Manchmal hält die Kirschmarmelade jahrelang, dann wieder verdirbt der Schimmel schon nach kurzer Zeit die schönsten Früchte, obwohl alles unter den gleichen Bedingungen eingemacht wurde.

Wetter, Saatgut oder Bodenqualität müssen dann oft herhalten, um das Unerklärliche doch noch fassbar zu machen. In vielen Fällen mag das auch stimmen, doch noch viel öfters wurde nur nicht auf den richtigen Zeitpunkt der jeweiligen Arbeit geachtet.

Vielleicht ist Ihnen schon einmal aufgefallen, dass in einem Salat- oder Kohlbeet stets *alle* Pflanzen schießen oder *alle* Pflanzen »kopfen«? Nie findet man in einem Beet beide Zustände gleichzeitig. Es liegt fast nie am Saatgut, so viel ist sicher.

Einfach aufhören zu spritzen und zu düngen und sich nur noch nach den Mondrhythmen zu richten wird sicherlich nicht den gewünschten Erfolg bringen. Dazu sind unsere Böden viel zu verwöhnt, die Umstellung erfordert Geduld. Schreiten Sie jedoch ruhig zu Taten: Das Wissen, das vor Ihnen die Menschen seit Tausenden von Jahren erprobten und nutzten, wird Sie belohnen. Nichts davon ist »neu«, nur hat uns der technische Fortschritt zu der Annahme verführt, wir könnten es uns leisten, dieses wertvolle Gut in den Hintergrund zu drängen oder gar ganz in Vergessenheit sinken zu lassen. Nur Mut: Es kostet nichts und die Arbeit mit dem Obst, Gemüse und Getreide haben Sie ohnehin. Achten Sie beim Säen, Setzen und Ernten auf die Tierkreiszeichen und auf den Mondstand, dann wird Sie der Erfolg in jeder Hinsicht mit der Zeit angenehm überraschen.

Sie brauchen auch nicht zu verzweifeln, wenn Ihnen Terminkalender oder Wetterbedingungen einen Strich durch die Rechnung machen und das Beachten der »richtigen« Zeiten verhindern: Sie werden feststellen, dass es für jede Arbeit in Garten und Feld mehrere Alternativen gibt – Zeiten, die dafür auch gut oder fast gleich gut geeignet sind. Achten Sie jedoch in jedem Fall darauf, den ungünstigen Zeiten aus dem Weg zu gehen.

Natürlich kann hier nicht jede Pflanze und ihre Eigenheiten besprochen werden, das würde das Ziel verfehlen. Die Prinzipien lassen sich aber leicht auf andere Garten- und Feldarbeiten anwenden.

»Meine Vorstellung, warum ich das Wissen aufschreibe, ist ganz einfach. Sie sollten, wenn Sie Freude daran haben, ein Wissen erhalten, das Sie ein Leben lang begleiten kann, ohne immer wieder in Leitfäden und Ratgebern nachschlagen zu müssen – ein Wissen, das Ihnen in Fleisch und Blut übergeht. Wenn Sie auch nicht wie ich mit diesem Wissen aufgewachsen sind, so haben Sie jetzt Gelegenheit, Erfahrungen zu sammeln, und das hilft mehr als tausend Beispiele in einem Buch. Nach mehreren Versuchen merken Sie schnell, wie einfach alles ist.

Vielleicht hilft Ihnen meine persönliche Einstellung dazu weiter, warum ein Umdenken vorteilhaft ist. Auch ich genoss die erste Zeit in der Großstadt München in vollen Zügen und schnell war die Verantwortung dem Natürlichen gegenüber vergessen, weil es sowieso »alles« zu kaufen gibt. Die Preise kamen mir so niedrig vor im Vergleich zum Gehalt. Nur zu leicht gewinnt man den Eindruck, dass sich keine körperliche Arbeit mehr lohnt, weil das Obst und Gemüse »billig« ist. Wenn ich aber nach längerer Zeit heimkam und den Salat von zu Hause aß, dann merkte ich ganz genau den köstlichen Unterschied. Aber das war für mich damals noch nicht Grund genug, wieder zum Natürlichen zurückzukehren. Ich musste schon erst krank werden.

Selbst dann versuchte ich erst noch alles andere, bevor mir ganz bewusst wurde: So kann und will ich nicht leben. Ich lernte wieder, für meinen Körper selbst die Verantwortung zu übernehmen und begriff, dass ich ein gutes Gemüse nur essen kann, wenn ich die Möglichkeit habe, an gesundes Gemüse heranzukommen. Der Weg war ganz einfach: Ich nahm im Supermarkt ein Gemüse in die Hand, fragte, ob es das auch in Bio-Qualität gebe. Wenn man verneinte, sagte ich danke, legte direkt an der Kasse das Gemüse zur Seite und verließ den Laden ohne Einkauf. So machten es auch eine Reihe meiner Freundinnen. Nach drei Monaten war unser Supermarkt der erste, bei dem es Bio-Gemüse zu kaufen gab.

Der Kreislauf hat sich wieder geschlossen und die Jahre des unvernünftigen Denkens nahm ich als Lernprozess an. Es bedarf also alles einer Erfahrung und Aufklärung. Deshalb ist es auch für einen Stadtbewohner keine Schwierigkeit, nach einer gewissen Beobachtung festzustellen, dass ein kurzfristiger Erfolg kein Erfolg ist. Wir müssen unbedingt wieder lernen, Verantwortung zu übernehmen und uns nicht aus Bequemlichkeit blenden zu lassen.«

Die folgende Tabelle fasst noch einmal die wichtigsten Impulseigenschaften der Tierkreiszeichen bei allen Arbeiten in Garten, Landwirtschaft und Natur zusammen – die Wirkung auf die unterschiedlichen Pflanzenteile, die Tagesqualität (siehe Kap. V) und die auf- oder absteigende Kraft, die dem Zeichen innewohnt.

Die Impulseigenschaften der Sternzeichen

Zeichen	Symbol	Pflanzen-teil	Element	Tagesqualität	Abst./Aufst.
Widder		Frucht	Feuer	Wärmetag	∪
Stier		Wurzel	Erde	Kältetag	∪
Zwillinge		Blüte	Luft	Luft/Lichttag	∩
Krebs		Blatt	Wasser	Wassertag	∩
Löwe		Frucht	Feuer	Wärmetag	∩
Jungfrau		Wurzel	Erde	Kältetag	∩
Waage		Blüte	Luft	Luft/Lichttag	∩
Skorpion		Blatt	Wasser	Wassertag	∩
Schütze		Frucht	Feuer	Wärmetag	∪
Steinbock		Wurzel	Erde	Kältetag	∪
Wassermann		Blüte	Luft	Luft/Lichttag	∪
Fische		Blatt	Wasser	Wassertag	∪

∪ = Aufsteigender Mond
∩ = Absteigender Mond

Jedes Tierkreiszeichen wirkt mit seinen Impulsen auf einen anderen Teil einer Pflanze – auf Wurzeln, Blätter, Früchte oder Blüten. Mithilfe der Tabelle und des beiliegenden Jahreskalenders können Sie die Hinweise der folgenden Kapitel richtig deuten und die Arbeit im Garten den Rhythmen anpassen. Mit der Berücksichtigung der günstigsten Zeiten für die jeweilige Arbeit in Garten und Feld gehen Sie vielen negativen Einflüssen aus dem Weg und das gute Gelingen wird zur Quelle der Freude.[5]

Säen, Setzen und Pflanzen

Meist beginnt die Hauptarbeit in Garten und Feld im Frühling mit dem Umgraben und anschließend mit dem Säen, Setzen und Pflanzen. Der richtige Zeitpunkt dieser Arbeiten ist von großer Bedeutung für Wachstum und Reifeprozess der Pflanzen und ihre Widerstandskraft gegen Unkraut und Schädlinge.

In Kapitel II war die Rede davon, wie sehr die unterschiedlichen Impulse von zunehmendem und abnehmendem Mond, Voll- und Neumond und Mondstand im Tierkreis unseren Körper und die Gesundheit beeinflussen. Im Pflanzenreich spielen darüber hinaus noch die unterschiedlichen Kräfte von *absteigendem* und *aufsteigendem* Mond eine Rolle und können in mancher Weise genutzt werden – oft als Alternative, wenn die günstigste Zeit für eine bestimmte Arbeit in Garten und Feld »ins Wasser« fallen muss.

Auf- und absteigender Mond sind Bezeichnungen, die sich ausschließlich auf den Stand des Mondes im Tierkreis beziehen, sie sind unabhängig von den Mondphasen. Eine wichtige Zeit für viele Pflanz- und Setzarbeiten ist die etwa dreizehntägige *Zeit des absteigenden Mondes.*

Absteigender Mond: *Zwillinge, Krebs, Löwe, Jungfrau, Waage, Skorpion (Schütze).*

Aufsteigender Mond: *Schütze, Steinbock, Wassermann, Fische, Widder, Stier (Zwillinge).*

---

[5]   Zum Thema Mondrhythmen in Garten, Feld und Wald siehe auch unser Buch »Der lebendige Garten«, Inhaltsangabe auf S. 254.

Zwillinge und *Schütze* bilden Knotenpunkte, bei denen die auf- und absteigenden Kräfte jeweils die Richtung wechseln – ähnlich wie sich bei Voll-und Neumond die Kräfte neu orientieren. Zwillinge und Schütze lassen sich daher manchmal nicht so genau auf ab- oder aufsteigend festlegen.

Wenn also auf den folgenden Seiten öfters vom absteigenden Mond die Rede ist, vergessen Sie nicht, dass er nichts mit dem abnehmenden Mond zu tun hat. Wenn Sie sich jedoch die Kalender im Anhang genau anschauen, werden Sie feststellen, dass sich die beiden Rhythmen überschneiden und gegenseitig beeinflussen können.

Die Wahl der Mondphase

Unser Körper ist bei abnehmendem Mond auf Hergeben, Energieausgabe, Aktivität gepolt, bei zunehmendem Mond auf Einatmen, Planen, Schonen, Kräfte sammeln. Mit der Erde verhält es sich genau umgekehrt:

> **Bei abnehmendem Mond ziehen die Säfte mehr zur Wurzel, die Erde ist aufnahmefähig, sie atmet ein, bei zunehmendem Mond dagegen steigen die Säfte mehr, das oberirdische Wachstum, das Ausatmen herrscht vor.**

Dieser »gegenläufige« Rhythmus bildet das Fundament vieler Regeln in der Garten- und Feldarbeit. Bevor wir jedoch zu den Regeln für das Säen, Setzen und Pflanzen kommen, ist es sicherlich nützlich, einen kurzen Hinweis zum *Umgraben* eines neu angelegten Gartenbeets im Frühling zu geben, eine Arbeit, die ja immer der Pflanzarbeit vorausgeht.

> **Graben Sie im Frühling jedes Beet dreimal um. Zum ersten Mal bei Löwe im zunehmenden Mond, dann bei Steinbock im abnehmenden Mond, und schließlich ein drittes Mal – wieder am besten im abnehmenden Mond.**

Das Tierkreiszeichen Löwe kommt im Frühling passenderweise stets im zunehmenden, Steinbock immer im abnehmenden Mond vor. Warum diese Regel so gut funktioniert, wird später noch ausführlich erklärt, jetzt nur so viel: Jäten und Umgraben bei zunehmendem Mond im Löwen bringt jeden Unkrautsamen, der sich im Boden verbirgt, auf Trab, alles schießt und keimt. Dieselbe Arbeit bei abnehmendem Mond im Steinbock sorgt dafür, dass das Unkraut verschwindet und fast nichts wiederkommt, weil keine Samen mehr im Boden sind. Wenn Sie sich an diese Regel für das Umgraben halten, haben Sie beste Voraussetzungen geschaffen, um auch aus den folgenden Hinweisen Gewinn zu ziehen.

Die Grundregel beim *Säen, Setzen und Pflanzen* lautet:

> **Oberirdisch wachsende und gedeihende Pflanzen und Gemüse sollten bei zunehmendem (alternativ bei absteigendem) Mond gesetzt oder gesät werden.**

> **Gemüse, das unter der Erde wächst, gedeiht gut, wenn auf den abnehmenden Mond als Sä- oder Pflanztag geachtet wird. Wenn das zeitlich nicht möglich ist, kann man auch alternativ einen Termin im absteigenden Mond wählen.**

Mithilfe der beiliegenden Kalender ist es keine Schwierigkeit, diese Mondphasen auszusuchen und gleichzeitig auf die Tierkreiszeichen zu achten.

Die Wahl des Tierkreiszeichens

Was die Wahl des richtigen Tierkreiszeichens betrifft, kommt es darauf an, welchen Wunsch Sie an eine Pflanze richten, welcher Pflanzenteil die besten Entwicklungschancen erhalten soll.

- Tomaten zum Beispiel sind *Früchte,* nicht Blätter, Wurzeln oder Blüten. Also wählen Sie für das Setzen und Säen von Tomaten einen Fruchttag – Widder, Löwe, Schütze.

- *Blattgemüse* (Spinat, Lauch etc.) wird am besten gesetzt und gesät, wenn ein Blatttag im Kalender steht – Krebs, Skorpion, Fische. Beim Setzen und Säen von Kopfsalat sollte jedoch zusätzlich immer abnehmender Mond herrschen.

- Das gleiche Prinzip gilt auch für *Wurzelgemüse,* beispielsweise Sellerie, Karotten, Zwiebeln und Rettich. Auf schöne Blüten oder ein saftiges, aufschießendes Blattwerk werden Sie hierbei kaum Wert legen. Sie wählen also einen Wurzeltag – Jungfrau, Stier, Steinbock.

Eine Ausnahme bilden *Kartoffeln:* Der abnehmende Mond ist zwar der richtige Zeitpunkt zum Setzen, aber nicht zu nahe an Neumond, sondern kurz nach Vollmond.

- Für *Blumen* und die meisten Heilkräuter ist ein Blütentag gut – Zwillinge, Waage, Wassermann.

Wenn Sie diese Prinzipien grundsätzlich erfasst haben, ist es nicht mehr schwer, sich einen *Jahresgartenplan* zu machen. Zeitliche und wetterbedingte Gründe machen es natürlich nicht immer möglich, den richtigen Tag zu treffen. Doch darauf zu achten, dass nicht gerade alle Einflüsse negativ wirken, ist einfach – es bleibt genügend Spielraum, wie Sie noch sehen werden.

Andererseits wird Fanatismus und übergenaues Befolgen der Hinweise, die hier gegeben werden, keine guten Ergebnisse bringen. »Zuviel des Guten« ist nur ein anderes Wort für »schlecht«. Wer die Natur zum Lehrmeister hat, weiß, dass es Hundertprozentigkeit und Perfektion nicht gibt. Es wäre weise, einen gewissen naturgemäßen Bedarf an Verlust von vornherein

142

einzukalkulieren, besonders wenn man es mit »Ernteverlusten« oder Unkraut und Schädlingen zu tun hat. Schließlich müssen in der Lebensgemeinschaft, in der wir leben, alle etwas abbekommen. Nicht jeder Schädling im Garten richtet Schaden an, nicht jedes Unkraut ist ein Un-Kraut.

Gießen und Bewässern

Zum Thema Gießen und Bewässern ein vielleicht etwas provozierend klingender Ratschlag, zumindest in den Ohren so manchen »passionierten Gartlers«: Es genügt völlig, wenn das Saat- und Setzgut zu Anfang gut angegossen wird. Sollte gerade eine Trockenperiode herrschen, kann man auch noch ein paar Tage länger wässern, doch dann sollte unbedingt Schluss sein. *Zusätzliches Gießen ist in unseren Breiten völlig sinnlos.*

Viele Garten- und Feldböden werden heute in regelmäßigen Abständen bewässert, ohne Rücksicht auf die natürlichen Gegebenheiten. Das verwöhnt die Erde, macht alle Pflanzen faul und träge, die Wurzeln wachsen flach, nicht mehr in die Tiefe, Dünger wird fortgeschwemmt, die Qualität der Erntefrüchte ist leblos. Im natürlichen Rhythmus von Regen und Trockenheit wird die Erde und die Pflanze »wach«, reckt und streckt sich, beginnt zu atmen. Sie weiß, dass jeder Tropfen zählt, holt sich, was sie braucht. Die innere Kraft einer solchen Pflanze ist eine andere, und die ihrer Früchte ebenso.

Es wäre allerdings ein Fehler, im Vertrauen auf die Natur und diese Ratschläge sogleich mit der zusätzlichen Bewässerung aufzuhören. Der Boden muss sich langsam an das Natürliche zurückgewöhnen. Wie ein Muskel, der durch Nichtgebrauch schlaff geworden ist: Zuerst kommt das Training, dann der Muskelkater, dann die Kraft – in dieser Reihenfolge.

Zimmerpflanzen und *Balkonpflanzen* dagegen müssen gegossen werden, jedoch auch nicht so oft, wie das häufig geschieht. Zimmerpflanzen sollte man vorzugsweise an *Blatttagen* gießen (Krebs, Skorpion, Fische), am besten mit kalkfreiem Regenwasser oder abgestandenem Wasser. Vielleicht werden Sie sich über diesen Rat wundern, ja ihn sogar für »grausam« halten, denn Blatttage tauchen ja nur in Abständen von sechs bis acht Tagen auf. Dennoch: Nur an diesen Tagen zu gießen reicht völlig aus (mit Ausnahme mancher exotischer Pflanzen). Pflanzen mit hohem Wasserbedarf gießen Sie einfach mehrmals täglich, evtl. an allen zwei oder drei Blatttagen.

> *»Selbst wenn ich eine zweiwöchige Reise unternehme, muss bei mir niemand zum Gießen meiner Zimmerpflanzen vorbeikommen. Wenn ich sie zum letzten Mal an einem Blatttag ausgiebig gieße, eventuell so, dass im Unterteller noch Wasser steht, halten das alle meine Pflanzen durch. Gewöhnen Sie Ihre Pflanzen langsam und nicht radikal an den neuen Rhythmus. Ausnahmen sind manche sehr durstige Zimmerpflanzen und Gartenpflanzen, wie etwa Tomaten, die ein häufigeres Gießen brauchen.«*

Verzichten Sie zumindest an *Blütentagen* auf das Gießen. Auf an Blütentagen (Zwillinge, Waage, Wassermann) gewässerten Pflanzen machen sich oft Schädlinge breit, besonders gern die Läuse. Zimmerpflanzen gutgemeint ins Freie zu stellen, um sie dem Regen auszusetzen, kann sich ebenfalls ungünstig auswirken, weil die Blätter das direkte Befeuchten oft nicht vertragen.

Fruchtfolge und Pflanzengemeinschaften

Im Gemüseanbau sind die *Fruchtfolge,* das Abwechseln der angebauten Pflanzenarten, und die *Wahl der Pflanzennachbarschaft* von besonderer Bedeutung. Für Gärtner ist das selbstverständlich, Informationen darüber sind in vielen Gartenbüchern enthalten – Pflanzen, die sich gegenseitig fördern und vor Schädlingen schützen, ungünstige Pflanzengemeinschaften und vieles mehr. »Anfänger« sollen hier dennoch einige Anregungen erhalten.

Besonders günstig ist eine Fruchtfolge, bei der im jährlichen Wechsel oberirdische und unterirdische Gemüse und Feldfrüchte angebaut werden. Im Beet selbst achten biologische Gärtner darauf, flach wurzelnde Pflanzen neben Tiefwurzler zu setzen. Da die Erntezeiten verschieden sind, hat das Gemüse mit der längsten Reifezeit zum Schluss am meisten Platz, weil die anderen Gemüse inzwischen abgeerntet wurden.

Besonders günstige Pflanzengemeinschaften

Karotten neben Zwiebeln   Salat neben Radieschen
Tomaten neben Zwiebeln   Erbsen neben Sellerie
Tomaten neben Petersilie   Kartoffeln neben Kohlarten

Günstige Gemeinschaften

Gurken vertragen sich mit:
Zwiebeln, Stangenbohnen, Sellerie, Roten Rüben, Petersilie, Kopfsalat, Kohlrabi, Kohlarten, Buschbohnen

Kartoffeln vertragen sich mit:
Spinat, Buschbohnen, Kohlrabi, Dill

Sellerie verträgt sich mit:
Buschbohnen, Spinat, Zwiebeln, Stangenbohnen, Tomaten, Lauch, Kohlrabi, Kohlarten, Gurken

Petersilie verträgt sich mit:
Tomaten, Zwiebeln, Radieschen, Gurken

Petersilie verträgt sich mit:
Tomaten, Zwiebeln, Radieschen, Gurken

Tomaten vertragen sich mit:
Sellerie, Spinat, Zwiebeln, Petersilie, Kohlarten, Kohlrabi, Kopfsalat, Lauch, Buschbohnen, Karotten

Spinat verträgt sich mit:
Tomaten, Stangenbohnen, Erdbeeren, Kohlrabi, Karotten, Kartoffeln, Kohlarten

Kopfsalat verträgt sich mit:
Zwiebeln, Tomaten, Stangenbohnen, Buschbohnen, Radieschen, Rettich, Dill, Erbsen, Gurken, Erdbeeren, Karotten, Kohlarten, Lauch

Zwiebeln vertragen sich mit:
Tomaten, Erdbeeren, Gurken, Petersilie, Kopfsalat, Kohlrabi

Erdbeeren vertragen sich mit:
Karotten, Lauch, Kohlarten, Rettich, Radieschen, Kopfsalat, Spinat, Zwiebeln

Besonders ungünstige Gemeinschaften

Bohnen neben Zwiebeln
Kohl neben Zwiebeln
Kartoffeln neben Zwiebeln
Blaukraut neben Tomaten

Petersilie neben Kopfsalat
Rote Rüben neben Tomaten
Tomaten neben Erbsen
Erbsen neben Bohnen

Umsetzen, Umtopfen und Stecklinge

Vielleicht hat Sie nun die Liste der guten Pflanzengemeinschaften inspiriert, die eine oder andere Pflanze im Garten einzusetzen. Auch für diese Arbeit gibt es den »richtigen Zeitpunkt«.

Das Umsetzen einer Pflanze sollte bei zunehmendem Mond geschehen, alternativ bei absteigendem Mond (Zwillinge bis Schütze).

Pflanzen, die in dieser Zeit an einen anderen Ort gesetzt oder umgetopft werden, bilden schnell neue Wurzeln und wachsen wunderbar an. Gerade bei älteren Pflanzen und vor allem bei alten Bäumen ist es wichtig, auf den Zeitpunkt des Verpflanzens zu achten. »Einen alten Baum verpflanzt man nicht« sagt ein altes Sprichwort. Zumindest, was echte Bäume betrifft, stimmt es nicht: Wenn Sie die Zeit des *absteigenden* Mondes nutzen, am besten die *Jungfrautage,* dann wird auch eine ältere Pflanze und ein alter Baum wieder anwachsen. Allerdings sollte auch die Jahreszeit beachtet werden: Dass das Verpflanzen im Frühjahr oder Herbst geschehen soll, versteht sich hoffentlich von selbst.

Auch für Stecklinge ist die Zeit des zunehmenden und absteigenden Mondes gut geeignet. Sie wachsen rasch an und bilden in kurzer Zeit neue Feinwurzeln. Die Jungfrautage eignen sich wieder am besten. Im Herbst jedoch sollten Sie bei Stecklingen auf den abnehmenden Mond achten.

Unkraut- und Schädlingsbekämpfung

Zu diesem so wichtigen Thema zwei kurze Informationen, um Ihnen die ganze Tragweite des Problems vor Augen zu führen (beide aus der Süddeutschen Zeitung München):

»Ein Kilogramm Atrazin, ein in unglaublichen Mengen versprühtes Pflanzengift (inzwischen verboten, doch auch die Ersatzstoffe werden sich nicht unbedingt als Soße für die Kartoffelpuffer eignen), kostet im Handel 60 Euro. Dieselbe Menge Atrazin aus unserem Grundwasser zu entfernen, erfordert 1000 Kilogramm Aktivkohle im Wert von 10.000 Euro, nicht gerechnet die Kosten für die Entsorgung der verseuchten Aktivkohle, die ja auch unschädlich gemacht werden muss.«

»Im Jahre 1940 verwendeten die Bauern nur wenig Insektenvertilgungsmittel. Damals zerstörten Schädlinge etwa 3,5 Prozent der Ernte. Heute wird die tausendfache Menge Insektenvertilgungsmittel versprüht. Man möchte annehmen, dass diese Menge ausreicht, auch dem letzten Kohlweißling den Garaus zu machen. Weit gefehlt: Die Ernteverluste stiegen um fast das Vierfache auf heute 12 Prozent.«

Müsste jeder Hersteller solcher Zeitbomben der Natur auch die Kosten für die Reinigung der Umwelt von seinem Gift tragen, sähe die Welt anders aus. Das alte Wissen um die Naturrhythmen wäre nicht verloren gegangen, weil weiterhin die Notwendigkeit zu seiner Anwendung verspürt worden wäre. Die folgenden Hinweise zur Vorbeugung und Beseitigung von Schädlingen und Unkraut kosten Sie nichts – außer etwas Geduld.

Es wurde schon angesprochen: Viele als »Unkraut« bezeichnete Pflanzen – Löwenzahn, Brennnesseln, Gänseblümchen, Schöllkraut und viele mehr – sind fast in allen ihren Teilen wertvollste Heilkräuter gegen die verschiedensten Gebrechen. Gleichzeitig tragen sie beim Verrotten mit ihren großen Kräften dazu bei, das biologische Gleichgewicht eines erschöpften Bodens wiederherzustellen.

Genauso sind Schädlinge vielfach auch *Nützlinge*. Vielleicht nicht für uns, wenn wir den Ernteertrag oder die »Schönheit« der Erntefrucht zum Maßstab aller Dinge machen, aber für eine Vielzahl von Tieren, von Vögeln, Käfern, Raupen, Nagetieren und vielem anderen Getier, das da kreucht und fleucht. Jedes dieser Tiere ist Glied einer endlosen Kette, einer sich langsam in die Zukunft drehenden Spirale, der wir die Namen »Natur« und »Evolution« gegeben haben. Gewiss, die Natur kann auf die eine oder andere Pflanzen- und Tierart verzichten, so wie sie es in der Vergangenheit schon mehrfach getan hat und sie aussterben ließ. Wir Menschen können es nicht. Mit jeder ausgerotteten Tier- und Pflanzenart stirbt ein Stück von uns selbst, von jedem Einzelnen. Solange, bis die Natur auf uns verzichtet.

Trotz allem: So mancher »Gartenliebhaber« gerät beim Anblick eines Löwenzahns in Panik, rennt in den Schuppen und kramt die chemische Keule hervor. Diese Einstellung hat dazu beigetragen, dass die Erde von Privat- und Schrebergärten um ein Vielfaches vergifteter ist als landwirtschaftlich genutzter Boden, selbst beim Anbau von Monokulturen. Von den Millionen Tonnen Pestiziden, die alljährlich auf unseren fruchtbaren Böden landen (und schließlich in der Erde, im Grundwasser, in unseren Muskeln, der Haut und den Eingeweiden), werden etwa ein Fünftel an Klein- und Hobbygärtner verkauft – meist um den »ordentlich gepflegten« Rasen zu erhalten.

Wer jedoch die Natur nicht erschlagen, sondern harmonisch mit ihr zusammenarbeiten möchte, sollte sich beim Anblick von Schädlingen zuallererst diese Frage stellen: *Sind es auch wirklich Schädlinge?*

Wenn Sie die Frage nach der Natur des Schädlings mithilfe von gesundem Menschenverstand, mit Maß und Ziel beantwortet haben und zu dem Ergebnis gekommen sind, dass Sie etwas gegen sie unternehmen wollen, erst dann kommt die zweite Frage an die Reihe: *Was ist die Ursache des Befalls?*

In der Antwort verbirgt sich oft schon die geeignete Maßnahme, um die Plagegeister wieder loszuwerden, zumindest um ihrem Auftreten im nächsten Jahr erfolgreich vorzubeugen. Es gibt viele mögliche Gründe für einen Massenbefall durch Schädlinge, und es ist bestimmt nicht leicht, die genaue Ursache festzustellen.

Habe ich einen Fehler bei Anbau und Pflege gemacht?
Habe ich unter Umständen nicht den geeigneten Boden gewählt?

Schon die Antwort auf diese beiden Fragen kann sehr viel weiterhelfen.

Vorbeugen ist die beste Medizin

Wie vorher schon beschrieben, ist die *Fruchtfolge* eine gute vorbeugende
Maßnahme gegen massenhaften Schädlingsbefall. Oberirdisch wachsende
Gemüse sollten unterirdisch wachsenden folgen und umgekehrt.
An der Tabelle zu Anfang dieses Kapitels können Sie ablesen, dass je-
des Tierkreiszeichen auf einen bestimmten Pflanzenteil wirkt (Widder –
Frucht, Stier – Wurzel usw.). Pflegen oder gießen Sie etwa ein Gemüsebeet
wiederholt unter ungünstigen Einflüssen, bestellen Sie den Nährboden für
unnötiges Ungeziefer.
Schon im häuslichen Bereich, etwa bei Zimmer- und Balkonpflanzen können Sie feststellen, dass die Pflanzen Läuse bekommen, wenn Sie oft an
Blütentagen gegossen werden. Zimmerpflanzen erhalten ihr Wasser am
besten an Blatttagen (Krebs, Skorpion, Fische).

Die beste Vorbeugung gegen massenhaftes Auftreten von Schädlingen ist
das Setzen und Säen zum richtigen Zeitpunkt, unter Berücksichtigung der
Einflüsse von Blatt-, Frucht-, Blüten- und Wurzeltagen auf die Pflanzen.

Frucht – Widder, Löwe, Schütze
Blüte – Zwillinge, Waage, Wassermann
Wurzel – Stier, Jungfrau, Steinbock
Blatt – Krebs, Skorpion, Fische

Das Wetter macht manchmal einen Strich durch diese Rechnung, doch
zumindest sollte das Pflanzen, Säen und Pflegen nicht gerade an einem
sehr ungünstigen Tag erfolgen.

Bekämpfung von Schädlingen

Jeder Bauer und Gärtner weiß es: Die richtige Pflanzengemeinschaft trägt viel dazu bei, Schädlinge von vornherein abzuwehren. Heute nennt man das »Mischkultur«. Es ist ein ungeheurer Vorteil, wenn sich Pflanzen gegenseitig helfen können, die Schädlinge in Schach zu halten.

Hier nun ein paar Tipps gegen die bekanntesten Schädlinge im Garten. Wenn in der Liste nur Pflanzennamen angegeben werden, ist das Setzen oder Säen dieser Pflanze in Nachbarschaft mit dem befallenen Gewächs gemeint. Achten Sie bitte bei diesen »Gegenmitteln« darauf, alle *Kräuter* bei *zunehmendem Mond* und alle *Zwiebelgewächse* bei *abnehmendem Mond* zu pflanzen.

Wenn von *Auszügen* die Rede ist, die der direkten Schädlingsbekämpfung dienen, dann verfahren Sie am besten folgendermaßen:

Setzen Sie zwei große Handvoll der jeweiligen Pflanze *vor Vollmond* in 10 Liter kaltem Wasser an; lassen Sie den Auszug 24 Stunden stehen und gießen Sie ihn dann *unverdünnt* in den Wurzelbereich, in die Erde um den Stamm der befallenen Pflanze (nicht auf Stamm, Stiel, Halme, Blätter oder Blüten!). Bei abnehmendem Mond angesetzt sollten Sie den Auszug doppelt so lange stehen lassen. Werfen Sie den restlichen Auszug nicht weg, verdünnt gibt er noch tagelang einen guten Dünger!

Gegen	hilft
Kohlweißlinge	Pfefferminze, Salbei, Tomaten, Thymian, Beifuß
Blattläuse	Marienkäfer, Kapuzinerkresse (besonders unter Obstbäumen), Brennnesselauszug
Milben	Himbeeren
Blattwespen	Rainfarn
Erdflöhe	Holunderauszug, Wermut, Pfefferminze, Zwiebeln, Knoblauch, Salat
Ameisen	Lavendel, Feldsalat, Rainfarn, tote Fische vergraben
Mäuse	Knoblauch, Kaiserkrone, Hundszunge, Steinklee
Mehltau	Knoblauch, Schnittlauch, Basilikum
Möhrenfliege	Zwiebeln, Salbei
Pilzkrankheiten	Schnittlauch, Zinnkraut
Schimmel	Zwiebelgewächse
Maulwürfe	bei zunehmendem Mond mit der Egge oder mit der Hand den Hügel öffnen und das Loch freilegen

Sind Pflanz- und Pflegezeiten berücksichtigt worden und treten trotzdem Schädlinge in Massen auf, dann gibt es noch einige Hinweise, wie Sie bei der Bekämpfung den Mondstand für sich arbeiten lassen können.

Mit einigen Ausnahmen kann als Faustregel gelten:

Für Ungezieferbekämpfung ist der abnehmende Mond geeignet.

Ungeziefer, das in der Erde haust, geht man am besten an einem Wurzeltag an (Stier, Jungfrau, Steinbock).

Besonders gut wirkt die Bekämpfung oberirdischer Schädlinge, wenn der Mond im Krebs steht, aber auch Zwillinge und Schütze eignen sich gut.

Manchmal hilft nur ein radikaler Rückschnitt. Er sollte unbedingt bei abnehmendem Mond im IV. Viertel oder am allerbesten direkt bei Neumond erfolgen. In den meisten Fällen erholt sich die Pflanze dann wieder.

Vielleicht werden Sie an dieser Stelle eine detaillierte Liste von Hinweisen erwarten, welche Maßnahmen zur *unmittelbaren* Bekämpfung von Schädlingen am besten geeignet sind – wenn also die Pflanze schon befallen ist. Aber zum einen wirken ganz unterschiedliche Mittel bei verschiedenen Pflanzen und Schädlingsarten. Es würde zu weit führen, sie hier alle aufzuzählen, und Patentrezepte gibt es nicht. Zum anderen ist Geduld die beste »Schädlingsbekämpfung«.

Dieses Buch könnte mithelfen, dass ein allmähliches Umdenken einkehrt, weg vom »Schnellwirksamen«, hin zur Vorbeugung und zum Handeln mit Maß und Ziel und gesundem Hausverstand. Kein *Mittel* kann jemals ein Problem lösen, weder bei Ihrer Topfpflanze, noch in Familie, Beruf und Alltag, wenn das Denken und Fühlen, das zu dem Mittel greift, nicht im Einklang mit den Naturgesetzen steht, wenn es nicht von Liebe und Vernunft geleitet wird.

Was Ihre Pflanzen betrifft: Richten Sie sich einfach nach der obigen Liste und achten Sie im nächsten Jahr auf die richtige Pflanzennachbarschaft, dann werden Sie meist gar nicht in Versuchung kommen, zu Giften zu greifen.

Ein vernünftiges Umgehen mit Schädlingen bedarf in erster Linie einer genauen Beobachtung. Nur wenn man den wahren Grund für einen Befall zulassen und erkennen kann, ist es möglich, richtig zu handeln. Sie brauchen dann die Schädlinge nicht mehr bekämpfen, sondern es wird Ihnen eine Lösung einfallen, die erst gar keine Schädlinge im Übermaß aufkommen lassen. Verschwenden Sie niemals durch Bekämpfen Energie, auch nicht im Garten.

Die *Schneckenbekämpfung* in Garten und Feld bildet eine Ausnahme: Hierfür ist der *zunehmende Mond im Skorpion* die beste Zeit. Die Natur hat es glücklicherweise so eingerichtet, dass der Skorpion meist gerade dann im zunehmenden Mond steht, wenn die Schnecken im Frühjahr zum Angriff blasen.

Sammeln Sie so viele *Eierschalen* wie nur möglich (Schalen gekochter Eier sind ungeeignet). Stampfen Sie sie bei *abnehmendem* Mond klein (bei zunehmendem Mond zerkleinerte Eierschalen werden nicht bröselig und scharfkantig, sondern kleben an der Innenhaut zusammen) und lassen Sie die Schalen bei *zunehmendem* Mond um die Pflanzen und das ganze Beet herum auf den Boden rieseln. Vorher müssen allerdings die Schnecken, die schon im Beet untergekrochen sind, aufgesammelt werden. Die scharfen Kanten der Schalensplitter sind wirksame Abschreckung für die zarthäutigen Tiere.

Der Mond muss beim Ausstreuen unbedingt zunehmen, weil bei abnehmendem Mond die Schalen mit dem nächsten Regen sonst in den Boden gespült werden. Bei zunehmendem Mond nimmt die Erde nicht so viel Feuchtigkeit auf, feste Stoffe bleiben auf der Oberfläche liegen. Nach einiger Zeit verschwinden die Schalen ohnehin im Boden (mit dem bisweilen nützlichen Effekt, den Boden kalkhaltiger zu machen und Säure zu binden), doch die Gefahr des Schneckenangriffs ist dann meist schon vorüber.

Bei großen Schneckeninvasionen kann allerdings auch dieses sonst so wirksame Mittel versagen. Da hilft nur Einsammeln im Regen, wenn die Schnecken herauskommen – kein Grund jedoch, Ihnen diese wertvollen Tipps vorzuenthalten. Bei großer Schneckengefahr wiederholen Sie die Maßnahme im nächsten Monat bei Skorpion.

Als weitere gute Schneckenmittel sind geeignet: Holzasche und Sägemehl zum Ausstreuen, Zwiebeln, Knoblauch, Salbei und Kapuzinerkresse als Pflanzengemeinschaft – um nur einige Beispiele zu nennen.

154

Schnecken sind zudem Leckerbissen für einige ihrer natürlichen Feinde, in erster Linie Kröten und Frösche. Die Tiere fühlen sich aber nur in giftfreien Gärten wohl und können deshalb nicht einfach ausgesetzt werden. Behagt ihnen das Klima, eingeladen etwa von einem kleinen, künstlichen Teich, kommen sie manchmal sogar in der Stadt von selbst. Auf dem Land genügt ihnen ja oft schon eine immerfeuchte Wiese oder ein kleiner Bach.

Wenn Sie Frösche »künstlich« aussetzen wollen, achten Sie auf das Tierkreiszeichen und den Wochentag. Ab- oder zunehmender Mond ist hier nicht so wichtig, doch wenn Ihnen die Wahl bleibt, legen Sie das Aussetzen auf den abnehmenden Mond. Die Wahl des richtigen Tierkreiszeichens ist jedoch von großem Vorteil: Es sollte nicht Krebs, Löwe, Stier oder Widder sein. Die Frösche fühlen sich dann nicht wohl und verschwinden nach einiger Zeit wieder oder gehen ein. Die übrigen Zeichen sind neutraler und für solche Vorhaben geeigneter. Das Aussetzen sollte auch nicht an Dienstagen und Donnerstagen erfolgen. Diese Tage sind ungeeignet für jegliches Umsetzen von Tieren (etwa nach einem Kauf oder Umzug).

Auch der Igel ist ein natürlicher Feind der Schnecken, er frißt sie in großen Mengen. Ein natürlicher Garten mit herbstlichen Reisighaufen ist für jeden der stacheligen Kameraden eine verlockende Sache. Den Reisighaufen tragen Sie am besten bei *abnehmendem* Mond zusammen, er bleibt dann schön trocken. Das soll nicht heißen, dass Regentropfen einen Umweg um den Haufen nehmen, sondern dass die Igelbehausung darunter trockener bleibt. Auch das zusammengerechte Herbstlaub ist für den Igel wichtig, um den Winter schadlos überstehen zu können. Das Laub sollte ebenfalls bei *abnehmendem* Mond zusammengerecht werden, wobei ein trockenes Zeichen (also nicht Krebs, Skorpion oder Fische) vorzuziehen ist.

Das beste Schneckenmittel haben wir noch nicht genannt: Es ist das Beenden künstlicher Bewässerung und des ständigen Gießens. Arbeiten Sie im Garten zum richtigen Zeitpunkt – und langsam kommt alles ins Gleichgewicht.

Bekämpfung von Unkraut

Jeder Boden leidet, wenn auf ihm Pflanzen in Monokultur angebaut werden, das heißt, wenn immer nur eine Pflanzenart gleichzeitig auf ihm wächst. Das Bakterienleben krankt, die Böden ermüden und vergiften, das tierische und pflanzliche Bodenleben verschlechtert sich, bis allmählich ohne Düngen und Pflanzenschutzmittel keine brauchbare Feldfrucht mehr geerntet werden könnte. Die Bodenermüdung ist nicht nur eine Folge des Mineralstoffmangels, sondern auch bedingt durch Wurzelausscheidungen der angebauten Pflanzen. Hafer zum Beispiel macht den Boden sauer.

Im Zusammenhang mit Begleitpflanzen von Monokulturen (auch als »Unkräuter« bezeichnet) hat man eine erstaunliche Beobachtung gemacht, die in der Vergangenheit auch von einigen Biologen und Landwirtschaftsfachleuten geteilt worden ist: Oft gehen Feldfrucht und Unkraut eine Art Symbiose zur Erhaltung der Bodenqualität ein. Ackersenf und Hederich etwa, die Begleiter des Hafers, entsäuern den Boden und bilden ein Gegengewicht zur säuernden Wirkung des Hafers.

Für die Forschung ist sicherlich interessant: Es gibt Hinweise darauf, dass gesundheitliche Schäden durch einseitige Ernährung mit in Monokultur gepflanztem Getreide oder anderen Kulturpflanzen gerade mit eben jenen »Unkräutern« geheilt werden können, die gemeinsam mit der jeweiligen Feldfrucht auftreten.

Denken Sie an diese Beobachtungen, wenn Sie sich an die Unkrautbekämpfung machen. Vielleicht wird sie sogar zur lohnenden Beschäftigung, wenn Sie etwa Brennnesseln sammeln und trocknen, um sich deren große Heilkräfte zunutze zu machen.

Natürlich ist nicht jedes Unkraut ein Heilkraut und oftmals gibt es doch gute Gründe für den Wunsch, das Kraut möge nach dem Jäten oder Ausreißen niemals wiederkehren, deshalb hier eine Hilfestellung:

**Der rechte Zeitpunkt: Für das Jäten und Ausreißen von Un-
kraut ist der abnehmende Mond die geeignete Zeit, am günstigsten beim Zeichen Steinbock (Januar bis Juli steht der
Steinbock im abnehmenden Mond).**

Sie sollten jedoch darauf achten, die Nutzpflanzen nicht zu verletzen, weil
sie sonst ebenfalls eingehen können.

Zukünftige »Mondgärtner« haben schon den alten Trick erfahren, wie sie
die ungünstigste Zeit zur Unkrautbekämpfung, die Löwetage im zunehmenden Mond, zu ihrem Vorteil nutzen können. Bei Löwe schießt und
keimt alles Unkraut, wenn es »berührt« wird (siehe Kap. I). Hacken Sie
einfach ein neuangelegtes Beet bei Löwe im zunehmenden Mond um.
Jeder noch so schwächliche Unkrautsame geht dann auf und kann bei
Steinbock im abnehmenden Mond gejätet werden – das Beet präsentiert
sich für lange Zeit unkrautfrei.

Im Herbst schließlich sollte man alle Beete bei *abnehmendem* Mond gejätet verlassen. Das ist eine gute Vorbereitung für das kommende Jahr.

Ein besonderer Tag ist der **18. Juni vormittags bis 12 Uhr mittags** (ein Uhr
Sommerzeit). Alle Stauden und alles Unkraut, das in diesen wenigen Stun-
den beseitigt wird, wächst nicht mehr nach. Allerdings funktioniert die
Regel nur, wenn tatsächlich die Wurzel mit ausgerissen wird.

Sie werden noch von einigen vom Mondstand unabhängigen Regeln wie
diesen hören, besonders in Zusammenhang mit dem Holzfällen. Sie sind
kaum erklärbar und beweisen sich nur durch sich selbst, durch Ausprobieren.

Pflanzen-, Hecken- und Baumschnitt

Regeln für den Pflanzenrückschnitt

Der Rückschnitt ist eine der heiklen Arbeiten im Garten: Nur allzu oft macht man die Erfahrung, dass gleicher Aufwand und gleiche Sachkenntnis völlig unterschiedliche Resultate zeigen. Einmal schießt die Pflanze, dann wieder kümmert sie, wächst in die Breite oder stirbt gar ganz ab.

Der rechte Zeitpunkt: Der Rückschnitt einer Pflanze sollte bei abnehmendem Mond geschehen, alternativ bei absteigendem Mond (Zwillinge bis Schütze).

Pflanzen und Bäume nehmen bei abnehmendem Mond geschnitten keinen Schaden, weil der Saft nicht austritt. Sie können nach dem Rückschnitt nicht verbluten, die Säfte steigen ab.

Obstbaumschnitt

Eine wichtige, alljährlich wiederkehrende Arbeit ist das Ausschneiden von Obstbäumen und -sträuchern. Viele Gartenfreunde, aber auch die »Profis« haben damit bisweilen schlechte Erfahrungen gemacht. In manchen Jahren klappt es, in anderen wiederum steckt der Teufel im Detail. Es ist auch kein Wunder, denn für diese Arbeit muss man schon etwas genauer auf den richtigen Zeitpunkt achten.

Der rechte Zeitpunkt zum Ausschneiden von Obstbäumen und -sträuchern ist der abnehmende Mond, am besten ein Fruchttag (Löwe, Schütze, Widder).

Ebenso geeignet ist der *absteigende* Mond (Zwillinge bis Schütze), weil die Baumsäfte in dieser Zeit ebenfalls nicht steigen und an den Schnittstellen nicht auslaufen.

Am ungünstigsten sind der zunehmende Mond und ein Blatttag (Krebs, Skorpion, Fische). Der Baum verliert zu viel Saft, die Fruchtbildung wird gehemmt. Die Obstpflanze geht zwar nicht zugrunde, aber der Ernteertrag sinkt oder bleibt gar manchmal ganz aus. Sollte allerdings beim Schnitt gerade der Vollmond auf den Krebs fallen, kann sogar für das Überleben der Pflanze nicht mehr garantiert werden!

Veredeln

Zu den diffizilen Arbeiten im Garten gehört das Veredeln (Okulieren, Pfropfen etc.) von Obstbäumen. Das Veredeln, das Verbinden eines Edelfrüchte oder -blüten tragenden Reises mit einer unedlen, aber wuchskräftigen Basispflanze, verfolgt meist den Zweck, ein gesundes und kraftvolles Wachstum, verbunden mit größerer Widerstandskraft, zu erzielen. Meist wagen sich nur gewiefte Gartler an diese Aufgabe. Doch bei Beachtung der folgenden einfachen Regel kann sie jedem gelingen.

> **Der rechte Zeitpunkt: Das Veredeln von Obsthölzern sollte bei zunehmendem Mond, am besten in der Nähe des Vollmondes und an einem Fruchttag (Widder, Löwe, Schütze) geschehen.**

Der Baumsaft steigt schnell in das neue Reis auf und verbindet es besser mit dem Untergrund. An einem Fruchttag ist diese Arbeit am besten aufgehoben. Der Baum wird jedes Jahr Frucht tragen. Sollten Zeitgründe diese Arbeit bei zunehmenden Mond oder Vollmond verhindern, wählen Sie den *aufsteigenden* Mond, ebenfalls am besten an einem *Fruchttag* (Widder).

159

Auch hier gibt es für die gleiche Arbeit verschiedene Möglichkeiten. Zeitlich ist man also nicht so sehr gebunden, dass das Verpassen eines Termins die Arbeit gleich um ein Jahr aufschiebt. Nicht nur der Naturliebhaber muss auf Wetter und viele andere Unwägbarkeiten Rücksicht nehmen. Wenn schon nicht der günstigste Tag gewählt werden kann, wäre es allerdings gut, nicht alle negativen Einflüsse zugleich auf die Pflanze zu ziehen.

Eine (fast) unfehlbare Medizin für kranke Pflanzen und Bäume

Am 12. Juli 1984 suchte ein verheerender Hagelschlag München und seine nähere Umgebung heim, der Sachschaden ging in die Milliarden. Lange Jahre kündeten zernarbte Autos in Münchens Straßen von der Wucht der hühnereigroßen Hagelkörner. Ein »Spätschaden« trat erst Monate danach zutage: Viele Nadelbäume verloren damals ihre Spitzen, »abgeschossen« vom Hagelschlag; sie begannen daraufhin, langsam von oben her zu faulen und gingen schließlich zugrunde. Vielfach erkannte man gar nicht den Zusammenhang und schrieb das Absterben der Bäume dem allgemeinen Waldtöten zu. (»Waldsterben« ist ein irreführender Ausdruck. Der Wald stirbt nicht von selbst.) Des Rätsels Lösung? Am 12. Juli 1984 herrschte gerade Vollmond. Das Wetter hatte damit zum ungünstigsten Zeitpunkt »zugeschlagen«, denn das Entfernen der Spitze eines Nadelbaums oder mehrerer Zweigspitzen von Laubbäumen bei Vollmond kann gesunde Bäume schwer schädigen oder gar absterben lassen. Kranke Bäume sind zum Tod verurteilt, sie faulen von der Spitze her.

Genau die gleiche Aktion – das Spitzenabschneiden oder das Zweigetrimmen – kurz vor oder bei Neumond durchgeführt, hat den gegenteiligen Effekt:

Der rechte Zeitpunkt: Alle Pflanzen und Bäume, die nicht mehr wachsen wollen, kümmern oder krank sind, können in den meisten Fällen erfolgreich behandelt werden, wenn man bei abnehmendem Mond – im IV. Viertel oder am besten bei Neumond – die Spitzen entfernt. Die Spitze sollte knapp über einem Seitenast entfernt werden, der dann nach oben strebt und sich als neue Spitze eignet.

Die Regel ist anwendbar auf *alle Pflanzen,* die nicht richtig wachsen wollen, auch auf Zier- und Blühpflanzen. Einfach bei Neumond die Spitzen kappen – das Resultat wird Sie überraschen.

> *»In meiner Heimat benutzten wir verlängerte Baumscheren, um die Spitzen kranker oder kümmernder Bäume abzuschneiden, fast immer mit Erfolg. Ich bin sicher, dass den zahlreichen kranken Bäumen in unseren Wäldern gut geholfen werden könnte, wenn man diese einfache Maßnahme anwendet.*
>
> *Bei Blumen, Sträuchern und Obstbäumen muss manchmal mehr als nur die Spitze weggeschnitten werden. Ich habe schon bei einem meiner Obstbäume bei Neumond radikal alles abgehackt – kurz oberhalb der Veredelungsstelle. Der Baum hat neu ausgetrieben und seither blüht er wieder jedes Jahr und trägt Früchte.*
>
> *Ob man mit dem Spitzenschnitt bei Neumond das Waldtöten stoppen kann? Da bin ich nicht sicher, weil ja die Ursachen nicht beseitigt werden. Dass der Erfolg aber alle Erwartungen übertreffen würde, das ist gewiss. Alle kranken Bäume, die ich bisher auf diese Weise gepflegt habe, sind wieder gesund geworden.«*

Jungfrautage – Arbeitstage

Jungfrau   im zunehmenden Mond   im abnehmenden Mond
             März bis September   September bis März

In Garten und in der Natur spielt das Tierkreiszeichen Jungfrau eine ganz besondere Rolle, wie Sie vielleicht schon an den bisherigen Hinweisen erkennen konnten. Wenn es um Pflanzen und Säen geht, ist es das beste Tierkreiszeichen, aber auch einige andere Arbeiten sind begünstigt.

> *»Bergwaldbauern beispielsweise wissen vielfach noch um die Bedeutung dieses Tages. Baumstecklinge werden an Jungfrau ohne viel Federlesens gesetzt: Mit einem Spaten wird in größeren Abständen ein Schlitz gestochen, der Steckling eingesetzt und einfach festgetreten. Sollten einige Bäumchen nicht recht wachsen wollen, werden bei Neumond die kleinen Spitzen abgezwickt. Die Bäume wachsen schnell und kräftig, ein Einzäunen gegen Wildverbiss ist oft gar nicht nötig. In meiner Heimat wurde, soviel ich weiß, überhaupt nicht eingezäunt.«*

An Jungfrau umgetopfte Pflanzen, etwa Geranien, haben die besten Voraussetzungen, wunderschöne, gesunde Balkonpflanzen zu werden. Ableger wurzeln im Herbst rasch an, weil Jungfrau dann immer im abnehmenden Mond steht.

Ableger kann man auch sehr gut im Frühjahr stecken, wenn der Mond zunimmt. Das gilt vor allen Dingen für jene Geranien, die überwintert werden. Nach dem »Winterschlaf« werden an Jungfrautagen die Geranien umgetopft, geteilt oder eben nur Ableger gesetzt.

Auch ein bei *Jungfrau* im *zunehmenden* Mond angesäter Rasen wird schnell zur Augenweide, allerdings würden sich für einen Rasen die Löwetage in zunehmendem Mond fast noch besser eignen. Auf jeden Fall ist der zunehmende Mond wichtig.

Stadtverwaltungen könnten sich große Geldsummen sparen, wenn sie bei dem Anlegen städtischer Parks und Grünflächen auf diese Termine achten würden. Der Rasen wächst kräftiger und ist viel widerstandsfähiger, ein Nachsäen wird oft unnötig.

Die große Ausnahme der Jungfrauregeln bildet der Kopfsalat! An Jungfrau gesetzt schießt er in die Höhe und »kopft« nicht. Auch Schütze ist ein schlechtes Zeichen für das Setzen von Salat. Die Regeln für Blattgemüse lauten anders:

> **Der rechte Zeitpunkt: Blattgemüse (Salat, Spinat, Weiß- und Rotkohl etc.) sollte bei abnehmendem Mond gesät und gepflanzt werden, am besten an den Krebstagen.**

Für eine weitere Arbeit im Garten, für das Setzen oder Erneuern von Gartenzäunen, eignen sich ebenso die Jungfrautage. Es sollte jedoch gerade abnehmender Mond oder Neumond herrschen. In dieser Zeit eingeschlagene Pfosten werden von selbst fest. Die Regel gilt für jedes Setzen von Baumsäulen, der abnehmende Mond macht sie fest. Reparaturarbeiten dieser Art fallen ohnehin meist in den Herbst oder das zeitige Frühjahr, wenn Jungfrau im abnehmenden Mond steht.

Natürlich steht der Mond monatlich immer nur zwei bis drei Tage lang im Zeichen Jungfrau, doch was immer Sie an diesen Tagen an Pflanzarbeiten schaffen, lohnt jede Mühe. Besonders wer nach Jahren eine völlige Umgestaltung seines Gartens ins Auge gefasst hat, wäre gut beraten, alle Umsetz- und Pflanzarbeiten in den Jungfrautagen bei zunehmendem Mond vorzunehmen. Nur Pflanzen, die ohnehin gut anwachsen, müssen nicht unbedingt an Jungfrau gesetzt werden, solange der zunehmende oder absteigende Mond beachtet wird. Setzen Sie sich Prioritäten: Richten Sie Ihr

Augenmerk an Jungfrau einfach auf alle problematischen Pflanzenarten, dann kommen Sie gut über die Runden.

Über die Pflanzenernährung

Im Streben nach Bildung wird Tag für Tag etwas erworben.
Im Befolgen der Natur wird Tag für Tag etwas aufgegeben.
Immer weniger wird getan, bis Nicht-Tun erreicht ist.
Nichts wird getan, nichts bleibt ungetan.
Die Welt wird dadurch gelenkt, dass man den Dingen ihren Lauf lässt.
Durch Eingreifen kann nichts gelenkt werden.

(Lao Tse)

Allgemeine Düngeregeln

Jede *Überdüngung* – sie ist heute eher die Regel als die Ausnahme – verhindert eine normale Wurzelbildung, besonders bei Obstbäumen. Die Düngermengen sollten sich stets nach dem Bedarf der Pflanze richten, und der ist in der Regel weit geringer, als heute vielfach angenommen wird – erst recht, wenn man auf den richtigen Zeitpunkt des Düngens achtet.

Wie überall in Garten und Feld sollte wieder Gefühl und Hausverstand und nicht Regel, Dogma und »Expertenmeinung« zum Maßstab werden. Guter Kompost und Stallmist etwa sind immer noch unübertroffene Dünger, besonders für Obstbäume.

Einfach das Düngen zu unterlassen hilft jedoch nur in seltenen Fällen weiter, außer Sie wissen Bescheid, wie man gekonnte Bodenbearbeitung macht. Ein Landwirt aus der Bekanntschaft düngt seit zehn Jahren seine Gemüse- und Getreidefelder überhaupt nicht mehr! Und das bei sehr guten Erträgen und hoher Qualität der Erntefrüchte. Nach seiner Methode befragt, sagte er: »Langsamkeit ist das ganze Geheimnis.« Er habe seine Methoden von einem alten Bauern gelernt. Den Boden bearbeitet er mit einem selbst entwickelten Gerät auf vielfältige Weise in jeder Trockenperiode der Vegetationszeit – und nur, solange der Boden warm ist und auch nur so tief, wie die Wärme hinabreicht. Bei zunehmendem Mond arbeitet er flach, bei abnehmendem Mond tiefer.

Diese Methode führt automatisch dazu, dass der Boden im Laufe der Zeit mit allen zwölf Energieimpulsen der Tierkreiszeichen »berührt« wird. Verbirgt sich hier ein Grundpfeiler der Landwirtschaft des nächsten Jahrtausends? Natürlich gibt es dennoch viele gute Gründe, um das Thema Düngen eingehend zu besprechen.

Eine wichtige Beobachtung in der Natur scheint völlig in Vergessenheit geraten zu sein: In der Zeit des abnehmenden Mondes, beginnend nach dem Vollmondtag, kann die Erde viel mehr Flüssigkeit aufnehmen als bei zunehmendem Mond.

»Vor nicht allzu langer Zeit hörte ich vormittags im Radio einer Diskussion zwischen Umweltschützern und Vertretern der Bauernschaft zu. Hin und her wogten die Argumente, für und wider das Düngen, die Belange des Grundwasserschutzes kamen zur Sprache, eine Einigung war nicht in Sicht. Ich wollte schon anrufen und den Teilnehmern sagen, dass beide Seiten recht haben, habe es mir aber dann anders überlegt.

Es ist so einfach: Zu bestimmten Zeiten ausgebracht, arbeitet sich der Dünger in den Boden, kann den Pflanzen nutzbar werden und geht nicht ins Grundwasser. Zu anderen Zeiten bleibt der Dünger auf der Oberfläche liegen, und weil die Düngestoffe vom Boden nicht aufgenommen werden, gelangen sie direkt ins Grundwasser und verseuchen es.«

Man sollte, wann immer es möglich ist, vermeiden, bei zunehmendem Mond zu düngen. Das belastet nur das Grundwasser, mit allen wohlbekannten Folgen. Sogar das Trinkwasser können Babys in manchen Gegenden wegen des hohen Nitratgehalts nicht mehr gefahrlos zu sich nehmen. Jeder Landwirt, jeder Gärtner hat es in seiner Alltagsarbeit schon festgestellt: An manchen Tagen hat das Düngen verheerende Wirkungen – Grasnarben verbrennen, Wurzeln bilden sich zurück oder sterben ab. An anderen Tagen bringt das Düngen den gewünschten Erfolg, schädliche Begleiterscheinungen bleiben aus. Achten Sie deshalb beim nächsten Düngen einmal auf den Mondstand und beobachten Sie, wie gut die Erde bei abnehmendem Mond das jeweilige Düngemittel aufnimmt. Das gilt auch für alle Zimmer- und Balkonpflanzen.

Der rechte Zeitpunkt: Düngen sollte man, wenn möglich, bei Vollmond oder bei abnehmendem Mond.

Zeitlich lässt sich der Vollmondtag als Düngetag oft nur schwer mit den vielfältigen Arbeitsabläufen von Gärtnern und Landwirten vereinbaren. Für viele »Kleingärtner« dürfte es aber kein Problem sein, ihn zu beachten – und der Zeitraum des abnehmenden Mondes ist lang genug, um ihn auch in größeren Betrieben ausnützen zu können. Sie werden überrascht sein über die Wirkung, die von der Wahl des richtigen Zeitpunkts ausgeht. Ignorieren Sie getrost die Anwendungsvorschriften der Präparate und entwöhnen Sie Ihre Pflanzen langsam von der übertriebenen Düngung. Sie werden sehen – der Erfolg gibt Ihnen recht.

Blumendüngung

Auch die Wahl des Tierkreiszeichens zum Düngezeitpunkt kann eine Rolle spielen. Neben dem abnehmenden Mond sollte man auch darauf achten, dass das Düngen von Blumen ebenso wie das Gießen an Blatttagen erfolgt – also an Krebs, Skorpion oder Fische.

Für Blumen mit schwacher Wurzelbildung können Sie zwischendurch einen Wurzeltag wählen (Stier, Jungfrau, Steinbock).

Blumen, die nicht mehr recht blühen wollen, sollten zwischendurch an einem Blütentag (Zwillinge, Waage) Dünger erhalten. Jedoch nicht zu oft, denn sonst ergeht eine Einladung an die Läuse. Der natürliche, jahreszeitlich bedingte Blütenrückgang darf selbstverständlich nicht zum Signal werden, an einem Blütentag zu düngen.

Getreide, Gemüse und Obst

Getreide, Gemüse und Obst sollen nicht schön blühen, sondern lebensvolle Frucht tragen.

> **Der rechte Zeitpunkt: Die geeignetste Zeit für das Düngen sind die Fruchttage (Widder, Schütze), bei abnehmendem Mond oder bei Vollmond. Die Löwetage sind nicht gut geeignet zum Düngen, weil der Boden und die Pflanzen stark austrocknen.**

Kunstdünger sollten Sie jedoch *niemals bei Löwe* anwenden, Erde und Saatgut verbrennen leicht, besonders auf ohnehin trockenen Böden. Löwe ist im ganzen Tierkreis das »feurigste« Zeichen.

Komposthaufen – Recycling á la nature

Weil guter, ausgereifter Kompost zum Besten zählt, was der Garten hergibt, nicht nur als guter Dünger, soll er etwas eingehender besprochen werden. Noch vor zwanzig Jahren war das Wort »Recycling« unbekannt. Vielleicht war es nötig, sich ein Kunstwort auszudenken für einen Kreislauf, der früher selbstverständlich war: Was man von der Natur geschenkt bekommt oder ihr durch eigene Arbeit abgewinnt, gibt man ihr so zurück, dass ihre innere Kraft und Ganzheit erhalten bleibt.

Heute hat sich das Gleichgewicht verschoben: Wir entreißen der Natur zu viel, verarbeiten, verändern, verwandeln ihre Gaben auch noch so, dass sie unverdaulich und vergiftend zu ihr zurückkehren. Der Ast, auf dem wir sitzen, ist schon angesägt.

Vielleicht haben wir deshalb das Wort Recycling erfunden, weil uns ein schlechtes Gewissen zwingt, zu vergessen, dass »Zurück in den Kreislauf der Natur führen« und »Wiederverwenden« nichts Neues ist, sondern Ausdruck einer Notwendigkeit. Dieser Notwendigkeit zu gehorchen macht Arbeit, senkt Erträge und Gewinne und ist »unbequem«. Glücklicherweise haben inzwischen viele Menschen wieder die Erfahrung gemacht, dass sie auch Freude machen kann.

Das *Kompostieren* ist eine der ältesten Formen des Recyclings. Gewieften »Gartlern« wird dieses Kapitel vielleicht nicht viel Neues bringen, aber die ständig wachsenden Abfallprobleme haben in letzter Zeit viele Neulinge dazu inspiriert, sich an dieser Kunst zu versuchen. Ausführliche Beschreibungen finden Sie in vielen Gartenbüchern, daher hier die Beschränkung auf einige Tipps:

● Der richtige Platz für einen Komposthaufen liegt möglichst windgeschützt im Halbschatten, um ein Austrocknen zu vermeiden. Für das Verrotten ist genügend Wärme wichtig, ein allzu schattiger Ort verlangsamt die Umwandlungsprozesse.

● Wenn Sie sich für einen Platz entschieden haben, sollte auf der Fläche des Komposthaufens der Boden etwa zehn Zentimeter tief aufgelockert werden. Als wiederum etwa zehn Zentimeter dicke Unterlage eignet sich trockenes, saugendes Material – etwa trockener Rasenschnitt, kleingeschnittene Zweige, Mulch oder Stroh.

● Die Grundlage wird nun mit lockerem, sperrigem Material bedeckt. Der Boden darf nicht betoniert, mit Folie bedeckt oder sonstwie abgedichtet sein. Das würde nur zu Fäulnis und Staunässe führen und den Regenwürmern den Weg von unten in den Komposthaufen blockieren.

- Der Aufbau des Bretterkastens und das Ansetzen des Komposthaufens sollten bei abnehmendem Mond erfolgen, das Feststampfen bei zunehmendem Mond, am besten einige Tage vor Vollmond. Als Alternative kommt beim Ansetzen eines Komposthaufens auch der absteigende Mond in Frage. Die Verrottung erfolgt bei Einhaltung dieser Zeiten wesentlich schneller. Zumindest einer der Impulse sollte Beachtung finden.

- Jetzt kann man mit der Aufschichtung des Komposts beginnen. Schichten Sie organisches Material und Abfälle locker aufeinander.

- *Was in den Kompost darf:* Geeignet sind alle verrottbaren Stoffe aus pflanzlichen Abfällen, im Rohzustand und ohne Schadstoffe. Am besten sammeln Sie Ihre Abfälle in der Küche in einem offenen Kübel. Leeren Sie ihn möglichst täglich: frische Küchenabfälle, Frucht- und Gemüseabfälle, restliche Salatblätter, Kartoffelschalen usw.
- Gejätetes Unkraut (von den Wurzeln befreit, wenn ausnahmsweise gerade zunehmender Mond herrscht). Kräuter und besonders viele Unkräuter sind ja Spezialisten für bestimmte lebenswichtige Nähr- und Mikrostoffe, die später wieder den Boden bereichern.
- Überreife heimische Früchte und Gemüse
- Grasschnitt. Aber nur sehr dosiert, eine Schicht von fünf bis zehn Zentimeter Dicke ist genug. Große Mengen führen zu Fäulnisbildung, und alles riecht fürchterlich. Ein richtiger Komposthaufen riecht niemals unangenehm! Der Grasschnitt kann auch mit Erde gemischt werden.
- Teekraut und verbrauchte Teebeutel und Kaffeesatz samt Filter
- Blumensträuße (natürlich ohne Bindedraht und -schnur bitte zerschneiden. Mit Vorbehalt, denn manch exotische Blume ergibt keinen guten Kompost).
- Holzasche. Aber nur, wenn unbehandeltes Holz und nichts sonst in den Aschenkasten fiel. Nur locker auf der Oberfläche verteilen und nicht untermischen, weil es sonst die Kompostlebewesen zerstören würde.

- Topfpflanzen
- Kleintiermist (nur natürliche Einstreu von Pflanzen fressenden Tieren)
- Wildkräuter
- Laub, Baum- und Strauchschnitt (maximal auf Fingerlänge häckseln, der Häckseldienst der Gemeinde hilft dabei!).

Tief wurzelnde Bäume speichern Wasser und lösen aus den tieferen Erdschichten wertvolle Mineralstoffe und Spurenelemente, die in ihren Zweigen und Blättern gespeichert werden. Baumzweige und Heckenschnitt sowie Laub und auch Waldstreu bereichern auch den Komposthaufen. Wir bekommen dann einen sehr mineralstoffreichen Kompost, der später unseren Pflanzen viel Vitalität und Widerstandskraft gibt! Nussbaum- und Eichenblätter nur in sehr kleinen Mengen, sie verrotten sehr schwer, da sie stark gerbsäurehaltig sind.

Eierschalen stören nicht im Komposthaufen, verrotten aber so langsam, dass es kaum Sinn macht. Schichten Sie das Material und Abfälle locker aufeinander, Schicht um Schicht. Steinmehl zwischendurch kann hilfreich sein, wenn nicht zu viel auf einmal gestreut wird. Aber Vorsicht! Nur wenig verwenden und nur obendrauf, nicht einarbeiten. Viele unersetzliche Helfer im Kompost gehen bei Berührung mit dem Steinmehl sofort zugrunde. Lassen Sie einfach die Natur die Arbeit machen, und genießen Sie es.

● *Was nicht in den Kompost darf:* Kranke Pflanzenteile und zu viel Wurzelunkraut gehören generell nicht auf den Kompost. Ebenso sind nicht alle Küchenabfälle geeignet, der Komposthaufen soll ja kein Müllplatz werden. Hier die Liste der Dinge, die nicht auf den Kompost gehören:
- Speisereste von Gekochtem, ohne Ausnahme! Speisereste (Fleisch, Käserinden) sind keine Küchenabfälle und locken früher oder später unerwünschtes Ungeziefer oder gar Ratten an.
- Exotische Fruchtabfälle. Keine Zitrusfruchtschalen, keine Bananenschalen, keine Kiwischalen und dergleichen.

- Kohlstrünke.
- Katzensand und -streu gehören aus gesundheitlichen Gründen auf gar keinen Fall auf den Kompost.
- Unverrottbare Abfälle wie Plastik, Scherben, Besteck, Schnüre usw.
- Disteln. Die Stacheln verrotten nicht schnell genug, um nicht doch irgendwann in Händen und Füßen zu stecken, wenn Sie den Kompost verteilt haben oder Ihre Kinder mit Erde arbeiten.
- »Kompostierbare« oder »abbaubare« Kunststoff- und Papiersäcke. Sie enthalten zahlreiche Farbstoffe und Gifte, die Sie nicht in Ihrem Gemüse wiederfinden wollen!

• Auf Erdtage, besonders Jungfrau (aber auch Stier und Steinbock), sollte man achten, wenn man biologische Verrottungshilfen (etwa Steinmehl) zugibt. Kalkzusätze fördern Humusbildung und eine gesunde Verrottung.

• Zur Unterstützung des Rottvorgangs kann man auch halbreifen Kompost oder Gartenerde zwischen die einzelnen Schichten mischen. Immer abwechselnd sperrige Materialien einfügen und bei zunehmendem Mond einige Male festtreten. Grasschnitt sollte nie zu hoch aufgeschüttet werden, weil es sonst zu Fäulnisbildung kommt (fünf bis zehn Zentimeter sind genug). Stallmist ist gut geeignet zur zusätzlichen Anreicherung mit Nährstoffen.

• Trockenes Material kann vor dem Aufschichten etwas angefeuchtet werden. Eine Faustregel für das Aufschichten: *Trockenes Material auf feuchtes. Grobes Material auf feines.*

• Guter Kompost hat zwar einen angenehmen Geruch, aber setzen Sie ihn trotzdem nicht direkt neben die Sitzecke des Nachbarn. Mit einer Hecke oder mit Stangenbohnen ist Ihr Kompost gut geschützt. Wenn Sie diese Regeln beachten, können Sie wunderbaren, reifen Kompost »ernten«, der beste Gartenerde und Dünger abgibt.

171

Ernten, Lagern und Konservieren

Was nützt alles Geschick beim Pflanzen, Säen und Pflegen unserer Gewächse, wenn Schädlinge, Schimmel oder Fäulnisbakterien alle Mühe zunichte machen? Schon seit Menschengedenken sind beim Lagern der Früchte aus Garten, Feld und Wald Methoden angewandt worden, die sie haltbar machten und unsere Vorfahren harte Winter überdauern ließen – Gärung, Einsalzen, Räuchern, Kochen, Braten, Trocknen und vieles mehr. Vor allem aber auch: das Achten auf den richtigen Zeitpunkt der Ernte und des Konservierens.

So oft führen Lager- und Konservierungsmaßnahmen zu unterschiedlichen Ergebnissen, obwohl stets die gleichen Reinlichkeitsregeln eingehalten wurden. Bestes Beispiel: Fast jede Hausfrau hat schon erlebt, dass bisweilen Marmelade geöffnet schon nach kurzer Zeit verdirbt, manchmal steht sie wochenlang auf dem Frühstückstisch und schmeckt wie am ersten Tag. Auch geschlossen halten eingeweckte Früchte oder selbst gemachte Marmelade unterschiedlich lange. Vielleicht finden Sie des Rätsels Lösung, wenn Sie die Regeln für das Ernten und Lagern kennenlernen.

Der rechte Zeitpunkt: Die günstigste Zeit für Ernten, Haltbarmachen, Lagern und Einkellern ist die Zeit des aufsteigenden Mondes (Schütze bis Zwillinge). Ernten und Lagern sind somit weniger von der Mondphase abhängig, sondern vom Tierkreiszeichen, das der Mond gerade durchwandert.

Zum Ernten und Einlagern von Getreide, Gemüse und Kartoffeln sind die Widdertage am besten geeignet.

Obst und Gemüse stehen bei *aufsteigendem* Mond besser im Saft, er bleibt beim Ernten erhalten und bietet die besten Voraussetzungen für guten Geschmack und Haltbarkeit.

Das Einkochen von Marmelade und Säften ist ebenfalls beim *aufsteigenden* Mond günstig. Das Obst ist viel saftiger und auch das Aroma viel besser. Die Haltbarkeit ist um vieles größer, auf künstliche Geliermittel oder ähnliche chemische Zusätze kann man getrost verzichten (gilt auch für das Einkochen und Einmachen anderer Lebensmittel).

Eine Ausnahme bilden die Fischetage: Sie befinden sich zwar im aufsteigenden Mond, doch was jetzt geerntet wird, sollte zum sofortigen Gebrauch bestimmt sein. Die Zeit ist zum Einkellern und Haltbarmachen von Obst und Gemüse nicht gut geeignet. Es besteht Fäulnisgefahr, alles bekommt einen faden Geschmack.

Wenn Sie aus Zeitgründen auf andere Termine ausweichen müssen, sollten Sie zumindest darauf achten, den negativsten Einflüssen aus dem Weg zu gehen.

Bei *zunehmendem* Mond geerntete Garten- und Feldfrüchte sollten möglichst sofort verbraucht werden, wenn nicht der Mond gerade in einem Zeichen mit aufsteigender Kraft steht.

Unbedingt meiden sollten Sie für das Ernten, Lagern und Konservieren die *Jungfrautage.* Eingemachtes beispielsweise fängt leicht zu schimmeln an. Auch der Krebs eignet sich nicht sonderlich gut. Wer also auf den aufsteigenden Mond achtet, geht diesen Zeichen aus dem Weg.

Früchte, Obst und Kräuter, die getrocknet werden sollen, sollten Sie stets bei *abnehmendem* Mond sammeln und ernten.

Kellerregale für die Obstlagerung nur bei *abnehmendem* Mond reinigen (bei einem Luft- oder Feuerzeichen). Das hält sie trocken und verhindert Schimmelbildung.

Die Tierkreiszeichen in Garten und Feld

Widder

Widdertage sind Fruchttage mit aufsteigender Kraft.

Sehr günstig:
- Ernten und einlagern von Getreide bei abnehmendem Mond (bis September, wenn es das Wetter zulässt; ansonsten auf Löwe warten)
- Veredeln von Obstbäumen (bei zunehmendem Mond, also noch im April)
- Trockenobst selbst machen, bei abnehmendem Mond
- Säen und pflanzen von allem, was schnell wachsen soll und zur sofortigen Verwendung bestimmt ist

Günstig:
- Setzen und säen von Früchten
- Anbauen von Getreide (bei zunehmendem Mond, noch bis April)
- Düngen von Getreide, Gemüse und Obst (unbedingt bei abnehmendem Mond oder Vollmond, April bis September)
- Ausschneiden von Obstbäumen und -sträuchern (bei abnehmendem Mond, noch bis April)

174

Stier

Stiertage sind Wurzeltage mit aufsteigender Kraft.

Sehr günstig:
- Säen und pflanzen von Bäumen, Büschen, Hecken und Wurzelgemüse; alles wächst langsam, wird dauerhaft, die Erntefrüchte sind besonders zur Vorratshaltung geeignet

Günstig:
- Ansetzen eines Mist- oder Komposthaufens (bei abnehmendem Mond, Mai bis Oktober)
- Bekämpfen von Ungeziefer, das in der Erde vorkommt (bei abnehmendem Mond)
- Zwischendurch düngen bei Blumen mit schwacher Wurzelbildung (bei abnehmendem Mond)
- Konservieren und einkellern von Wurzelgemüse, z. B. Kartoffeln, Karotten usw.

Zwillinge

Zwillingetage sind Blütentage und Knotenpunkt zwischen auf- und absteigender Kraft.

Sehr günstig:
- Setzen, pflanzen und säen von allem, was ranken soll

Günstig:
- Blumen setzen und säen
- Bekämpfen von Schädlingen
- Zwischendurch düngen bei Blumen, die nicht mehr recht blühen wollen, jedoch noch zu oft, weil Gefahr von Läusebefall

Krebs

Krebstage sind Blatttage mit absteigender Kraft.

Sehr günstig:
- Setzen und säen von Blattgemüse (bei abnehmendem Mond gesetzter Salat kopft gut)
- Bekämpfen von oberirdischen Schädlingen

Günstig:
- Rasen mähen (bei zunehmendem Mond noch besser)
- Gießen von Zimmer- und Balkonpflanzen
- Blumen düngen

Ungünstig:
- Setzen und säen von Pflanzen, die in die Höhe wachsen sollen
- Ausschneiden von Obstbäumen und -sträuchern (bei zunehmendem Mond, besonders im Frühjahr; Krebs im Vollmond ist besonders ungünstig)
- Einkellern, lagern und konservieren ist ebenfalls ungünstig

Löwe

Löwetage sind Fruchttage mit absteigender Kraft. Löwe ist das »feurigste«, austrocknendste Zeichen im ganzen Tierkreis.

Sehr günstig:
- Sammeln von herzstärkenden Kräutern
- Ausschneiden von Obstbäumen und -sträuchern (bei abnehmendem Mond, für den Winterschnitt geeignete Tage bis Februar)
- Bester Tag zum Getreideanbau (bei zunehmendem Mond) auf feuchten Äckern

Günstig:
- Rasen ansäen (bei zunehmendem Mond)
- Setzen und säen von Früchten, jedoch nichts, was viel Wasser braucht (Tomaten, Kartoffeln)
- Setzen von leicht verderblichem Gemüse
- Setzen von Bäumen und Sträuchern
- Veredeln von Obstbäumen (bei zunehmendem Mond im Frühjahr)

Ungünstig:
- Verwenden von Kunstdünger
- Unkraut jäten
- Sauerkraut einhobeln (trocknet aus)

Jungfrau

Jungfrautage sind Wurzeltage mit absteigender Kraft. Sie sind die besten Tage für fast alle Arbeiten, die mit setzen, umsetzen und neu einpflanzen zu tun haben.

Sehr günstig:
- Alle Setz-, Pflanz- und Säarbeiten; die Erde lässt alles schön aufgehen
- Pflanzen von Einzelbäumen, die hoch werden sollen
- Pflanzen von Sträuchern und Hecken, die schnell wachsen sollen
- Verpflanzen alter Bäume (Frühjahr oder Herbst)
- Umtopfen und neu einsetzen von Balkon- und Zimmerpflanzen
- Ansäen von Rasen (bei zunehmendem Mond)
- Setzen von Stecklingen, auch Pflanzen teilen

Günstig:
- Ansetzen eines Mist- oder Komposthaufens (bei abnehmendem Mond im Herbst)
- Jede Art von Düngung (bei abnehmendem Mond oder Vollmond)
- Bekämpfen von Ungeziefer, das in der Erde vorkommt (bei abnehmendem Mond)
- Zwischendurch düngen bei Blumen mit schwacher Wurzelbildung
- Zaunsäulen setzen (bei abnehmendem Mond, zwischen September und Februar)
- Mist ausfahren (bei abnehmendem Mond)

Ungünstig:
- Kopfsalat pflanzen (schießt ins Kraut)
- Einmachen, einkochen und lagern (Schimmelgefahr)

179

Waage

Waagetage sind Blütentage mit absteigender Kraft. Es ist ein neutrales Zeichen, fast keine Arbeit im Garten wirkt sich an diesem Tag besonders ungünstig oder besonders gut aus.

Günstig:

- Säen und setzen von Blumen und Blütenheilkräutern
- Zwischendurch düngen bei Blumen, die nicht mehr recht blühen wollen (aber eher selten düngen)
- Kräuter für die Salbenherstellung pflücken, bei zunehmendem Mond (Verarbeitung bei abnehmendem Mond)
- Gartengeräte reinigen (von Oktober bis März)

Skorpion

Skorpiontage sind Blatttage mit absteigender Kraft.

Sehr günstig:
- Säen, setzen, auch ernten und trocknen von jeder Art von Heilkräutern
- Bekämpfen von Schnecken (bei zunehmendem Mond) mit fein zerstoßenen Eierschalen
- Zimmer- und Balkonpflanzen gießen

Günstig:
- Setzen und säen von Blattgemüse
- Rasen mähen
- Düngen von Blumen und Wiesen (nicht so gut für Gemüse)

Ungünstig:
- Ausschneiden von Obstbäumen und -sträuchern (bei zunehmendem Mond, besonders im Frühjahr)
- Bäume fällen (Borkenkäfergefahr)

181

Schütze

Schützetage sind Fruchttage und Knotenpunkt zwischen auf- und absteigender Kraft.

Sehr günstig:
- Setzen und säen von allen Früchten und hochwachsendem Gemüse (Stangenbohnen, Hopfen etc.)

Günstig:
- Ausschneiden von Obstbäumen und -sträuchern (bei abnehmendem Mond im Frühjahr)
- Getreideanbau, besonders Mais
- Düngen von Getreide, Gemüse und Obst im Frühjahr (unbedingt bei abnehmendem Mond oder Vollmond!)
- Bekämpfen oberirdischer Schädlinge (bei abnehmendem Mond)

Ungünstig:
- Hacken und jäten (Unkraut schießt gern)
- Salat setzen (schießt ebenfalls leicht)

Steinbock

Steinbocktage sind Wurzeltage mit aufsteigender Kraft.

Sehr günstig:
- Unkraut jäten (bei abnehmendem Mond, bis Juni)
- Gartenwege anlegen und Zäune machen (bei abnehmendem Mond)

Günstig:
- Pflanzen, setzen und säen von Wurzel- und Wintergemüse
- Roden, Auslichten von Pflanzen, Waldrändern, Hecken (bei abnehmendem Mond)
- Ansetzen eines Mist- oder Komposthaufens (bei abnehmendem Mond)
- Bekämpfen von Ungeziefer, das in der Erde vorkommt (bei abnehmendem Mond)
- Zwischendurch düngen von Blumen mit schwacher Wurzelbildung (bei abnehmendem Mond)
- Konservieren und einkellern von Wurzelgemüse (etwa Sauerkraut einhobeln, bei abnehmendem Mond. Bei zunehmendem Mond verläuft der Gärungsprozess zu schnell)

Wassermann

Wassermanntage sind Blütentage mit aufsteigender Kraft. Sie sind allerdings für fast alle Gartenarbeiten eher ungeeignet. Man sollte sich auf das Notwendigste beschränken. Wassermann ist in Garten, Feld und Wald ein eher unfruchtbares Zeichen.

Günstig:

- Aufhacken zum Jäten, wobei Unkraut zur Verrottung liegenbleiben kann
- Zwischendurch düngen bei Blumen, die nicht mehr recht blühen wollen, jedoch nicht oft wegen Gefahr von Läusebefall

Ungünstig:

- Pikieren, weil die umgesetzten Pflanzen nicht anwurzeln und umfallen

Fische

Fischetage sind Blatttage mit aufsteigender Kraft. Alles an diesem Tage Geerntete sollte sofort verbraucht werden.

Günstig:

- Setzen und säen von Blattgemüse
- Gießen von Zimmer- und Balkonpflanzen
- Rasen mähen
- Blumen düngen (bei abnehmendem Mond)
- Kartoffeln setzen bei abnehmendem Mond; (besonders gut, wenn Fische auf den *dritten Tag nach Vollmond* fällt)

Ungünstig:

- Ausschneiden von Obstbäumen und -sträuchern (bei zunehmendem Mond, besonders im Frühjahr)
- Konservieren, ernten, einkellern und lagern (nimmt einen modrigen Geruch an)

185

IV

Vom rechten Zeitpunkt in Land- und Forstwirtschaft

Drei Dinge sind nötig, um jeden Gegner zu besiegen:
Sich zu freuen, wenn er recht hat,
traurig zu sein, wenn er unrecht hat,
und sich ihm gegenüber nicht töricht zu benehmen.

Vier Dinge sind nötig, um die Welt vor der Menschheit zu retten:
Akzeptiere die Unwissenheit der anderen Menschen
und erspare ihnen deine eigene.
Gib ihnen von deiner Substanz
und erwarte keinen Anteil an der ihren.

(Indische Weisheit)

lle Regeln vom vorherigen Kapitel sind voll gültig, unabhängig davon, ob Ihr Salat oder Ihre Früchte im kleinen Schrebergarten oder auf hektargroßen Flächen gedeihen. Die Prinzipien der Mondrhythmen lassen sich leicht auf jede Feld- und Plantagenarbeit übertragen. Einige Regeln im Pflanzenbau sind jedoch nur für Land- und Forstwirte von Nutzen, deshalb ist ihnen ein eigenes Kapitel gewidmet.

Natürlich ist es klar, dass die Landwirtschaft in den letzten Jahrzehnten gewaltige Veränderungen durchgemacht hat – freiwillig und unfreiwillig, zum Guten wie zum Schlechten. Durchorganisierte Arbeitsabläufe machen gerade in Großbetrieben und in der Massentierhaltung die Rückkehr zur Beachtung der Mondrhythmen nicht einfach. Vielleicht haben Sie jedoch nach der Lektüre des vorigen Kapitels einen tieferen Einblick in die dynamischen Kreisläufe der Natur gewonnen, an denen sich seit

Jahrtausenden nichts geändert hat, haben gar für manch rätselhafte Erfahrung mit Säen, Pflanzen, Ernten und Lagern eine einleuchtende Erklärung gefunden.

Für viele »kleine« Bauern ist dieses Wissen sehr interessant und auch praktisch anwendbar. Viele Stadtbewohner und Kunden gehen heute weite Wege auf der Suche nach gesundem Getreide, gesundem Fleisch und »Milch von glücklichen Kühen«. Wenn sich die Nachfrage weiter wandelt und in Richtung Naturbelassenheit und Gesundheitswert der Produkte geht, dann haben gerade solche Bauern die allerbesten Chancen.

Im Grunde sitzen doch alle Gärtner, Land- und Forstwirte im gleichen Boot: Sie profitieren vom harmonischen Zusammenspiel von Himmel und Erde, von Sonne, Wind, Wolken, Wasser und Wärme. Es ist nicht immer ihre Schuld, dass einige der Gesetze, die zwischen Himmel und Erde regieren, scheinbar in Vergessenheit geraten sind und zu vielen Problemen geführt haben – Überdüngung, Bodenvergiftung, Grundwasserverseuchung, Qualität der Erntefrüchte usw. Die Anzeichen einer Wendung zum Besseren jedoch mehren sich: Vielen ist klar geworden, dass der Preis der Missachtung natürlicher Rhythmen und Kreisläufe langfristig viel höher ist als der Gewinn durch kurzfristig höhere Erträge in Ackerbau und Viehzucht. Die nordamerikanischen Ureinwohner wussten es von Anfang an:

> *Erst wenn der letzte Baum gerodet,*
> *der letzte Fluss vergiftet,*
> *der letzte Fisch gefangen,*
> *werdet ihr feststellen,*
> *dass man Geld nicht essen kann.*

> (Weissagung der Cree)

Und gerade in ihrem Land, das durch Weizen- und andere Monokulturen so sehr ausgebeutet worden ist, hat der Marsch in die Landwirtschaft der Zukunft begonnen. Großbetriebe verwandeln sich in mehrere kleine, der

Umweltschutz gewinnt im wahrsten Sinne des Wortes an Boden, Äcker werden wieder mit Baumalleen und Hecken eingesäumt.

Vielleicht hilft es, noch einmal daran zu erinnern, dass es gerade auch die Vorfahren der heutigen Land- und Forstwirte waren, besonders die Wald- und Bergbauern, die das Wissen um die Naturrhythmen entdeckten, bewahrten und weitergaben.

Die Regeln, die in diesem Buch vorgestellt werden, lassen sich in der Land- und Forstwirtschaft sicherlich nicht von einem Tag auf den anderen befolgen. Es wird ein langsamer Prozess sein, der aber nur dann in Gang kommt, wenn Wille und Absicht vorhanden sind. Wie groß das Interesse ist, gerade unter den Landwirten, hat sich in jüngster Zeit oft gezeigt.

Ein Tipp: Reservieren Sie doch einfach eine oder mehrere kleine Anbauflächen und probieren Sie auf diesen Flächen alle Regeln zum Pflanzenbau, die in diesem Buch vorgestellt werden, aus. Ändern Sie an den übrigen Arbeitsabläufen nichts. Und dann sehen Sie einfach zu, wie diese kleinen Stückchen Erde sich entwickeln.

Einfallsreichtum und Zukunftsglauben haben die Landwirtschaft von heute geschaffen, der gleiche Pioniergeist wird die Land- und Forstwirtschaft der Zukunft formen. Wenn dabei ein wenig mehr Vernunft, Maß und Ziel regiert, wenn die Lektionen der Vergangenheit und Gegenwart gelernt werden, dann kann nicht viel schiefgehen.

Mondrhythmen in der Landwirtschaft

Getreideanbau

Wer beim Getreideansäen *zunehmenden und zugleich absteigenden Mond* und dann auch noch einen *Fruchttag* (Löwe, Schütze) erwischt, dem kann eigentlich nur noch das Wetter einen Strich durch die Rechnung machen.

Wenn es an diesen »besten« Tagen zum Getreideanbau regnet wie aus Kübeln, wird sich kein Bauer mit seinem Traktor aufs Feld wagen. Gott sei Dank ist die Natur so eingerichtet, dass nicht immer alles zusammenpassen muss.

> **Der rechte Zeitpunkt: Für den Anbau von Getreide eignen sich die Widder- und Schützetage besonders gut, aber auch die Löwetage. Auf sehr trockenen Feldern besteht bei Löwe jedoch die Gefahr des Austrocknens.**

> **Löwetage eignen sich ebenfalls gut, wenn das Feld von vornherein sehr feucht ist.**

> **Der Fruchttag Widder ist die beste Zeit zum Einlagern von Getreide.**

Schädlinge und Unkraut

Alle Ratschläge zur Unkraut- und Schädlingsbekämpfung aus dem vorigen Kapitel gelten natürlich auch in der industriellen Landwirtschaft. Deshalb hier nur der Hinweis, dass sich große Mengen an Unkrautvertilgungsmitteln und Pestiziden sparen ließen, wenn diese Ratschläge Beachtung finden würden.

190

Düngen

Es war schon die Rede davon, dass die Erde bei abnehmendem Mond mehr Flüssigkeit aufnehmen kann als bei zunehmendem Mond. In den Medien ist immer wieder davon die Rede, dass das Landwirtschaftsministerium mit Investitionen in Milliardenhöhe zum Gewässerschutz rechnen muss aufgrund der Belastung des Grundwassers und der Flüsse mit überschüssigem Dünger, mit Phosphaten und Nitraten aus Landwirtschaft und Abwässern. Es ist sicher, dass man sich einen großen Teil dieses Geldes sparen könnte, wenn man die Mondrhythmen beim Düngen berücksichtigen würde.

Dass die Erde unterschiedlich aufnahmefähig ist, lässt sich auch indirekt feststellen: Ist Ihnen schon einmal aufgefallen, dass Überschwemmungen bei zunehmendem Mond viel häufiger vorkommen? Die Erde kann in dieser Zeit nicht so viel Wasser aufnehmen. Andererseits kommt es auf schrägen Hängen bei abnehmendem Mond häufiger zu Erdrutschen, weil die Erde feuchtschwer und vollgesaugt ist – besonders, wenn gesunde Bäume in der Erde nicht fest verankert sind oder der Bergwald krank ist. Dieser Zusammenhang ist gerade für die moderne Landwirtschaft und Forstwirtschaft und für den Grundwasserschutz von großer Bedeutung und sollte unbedingt wieder Beachtung finden.

Fast jeder Landwirt weiß es: An manchen Tagen hat das Düngen verheerende Wirkungen, an anderen Tagen stellt sich der gewünschte Erfolg ein. Wenn man die Regeln kennengelernt hat, ist die Sache nicht mehr so rätselhaft.

> **Der rechte Zeitpunkt: Dünger oder Mist sollte, wenn möglich, bei abnehmendem Mond ausgefahren werden. Bei Getreide, Gemüse und Obst am besten an Fruchttagen (Widder, Löwe, Schütze), ansonsten an Jungfrau oder an einem anderen Erdtag (Stier, Steinbock).**

191

Jauche und Gülle sollten, wenn möglich, bei Vollmond ausgefahren werden. Andernfalls zumindest im abnehmenden Mond. Dann bleibt das Grundwasser geschützt.

Kunstdünger niemals bei Löwe ausbringen! Die Pflanzen verbrennen, weil Löwe eine stark austrocknende Wirkung hat.

Beim Ansetzen eines Misthaufens ist der abnehmende Mond ebenfalls eine große Hilfe.

Vielleicht kann man argumentieren, dass es eine starke Geruchsbelästigung gäbe, wenn jeder Bauer gleichzeitig Jauche ausfahren würde. Besser jedoch, drei Tage lang »Gestank« auszuhalten, als das Grundwasser zu vergiften.

Urteilen Sie beim Düngen mit Gefühl und Hausverstand. Auch Düngemittelhersteller sind nicht frei von Eigeninteresse und übertreiben oft bei den Mengenangaben. Guter Kompost und Stallmist sind immer noch unübertroffene Dünger, besonders bei Obstbäumen.

Ernten und Einlagern von Getreide

Gute Ergebnisse lassen sich erzielen, wenn der Landwirt sein Getreide im *aufsteigenden* oder – als Alternative – im *abnehmenden* Mond ernten und einlagern kann, besonders an *Widder* oder an sonstigen *Fruchttagen*. Das Getreide ist dann viel haftbarer und nicht so anfällig für Käfer- und Schimmelbefall. Man könnte große Mengen an Pflanzengiften einsparen.

Ungeeignet sind alle Wassertage, das Einlagern sollte an diesen Tagen vermieden werden.

Wege- und Wasserbau

Viele Architekten und Bauherren haben es schon erlebt, dass im Außenbereich verlegte Bodenplatten manchmal nach kurzer Zeit wackelig werden, dass Veranden oder mit Steinen verlegte Wege »Wellen schlagen« – trotz aller Sorgfalt und Sachkenntnis. Ein anderes Mal hält der Plattenweg wie betoniert. Auch hier ist der Zeitpunkt der Arbeit für den Erfolg ausschlaggebend.

Und was die Regeln zum Wasserbau betrifft: Beobachten Sie einmal die unterschiedliche Wirkung von Hochwasser in einem Bachbett: Bei Hochwasser im zunehmenden Mond lässt das Wasser viel Kies in Bachbett zurück, d. h. der Bach tritt häufiger über die Ufer; bei abnehmendem Mond schwemmt der Bach den Kies aus und führt ihn mit sich.

• **Feldstraßen** sollte man bei *abnehmendem* Mond anlegen oder mit Kies auffüllen. Besonders geeignet sind hierfür die *Steinbocktage*. Wird bei zunehmendem Mond gearbeitet, bleibt der Belag lose, rutscht ab oder fährt sich schnell wieder aus. Schon die ersten Regenfälle spülen den neuen Kies fort.

• **Laufplatten** im Garten oder auf Fußwegen sollten ebenfalls bei *abnehmendem* Mond verlegt werden. Bei zunehmendem Mond ausgelegt werden sie im Laufe der Zeit wacklig. Das ist besonders wichtig bei plattenbelegten Toreinfahrten, weil das große Gewicht von Fahrzeugen die Platten schneller verwirft und oft auch zerbricht.

• **Quellenausbau oder Wassersuche** sollten Sie im Tierkreiszeichen *Fische* bei *zunehmendem* Mond vornehmen (wenn möglich im II. Viertel nahe am Vollmond). *Niemals* bei abnehmendem oder absteigendem Mond an einer Quelle arbeiten: Das Wasser verschwindet und sucht sich einen neuen Weg.

193

● **Bach- und Flussbebauung zum Uferschutz** (Einbauen von Grundsteinen oder Grundbäumen) sollte bei einem *Wasserzeichen* (Krebs, Skorpion oder Fische) im *zunehmenden* Mond geschehen.

Bei abnehmendem Mond durchgeführt wird die Verbauung unterspült und das Flussbett ausgeschwemmt.

● **Drainage- und Abwasserarbeiten sowie die Reparatur von Brunnenleitungen** sind ebenfalls bei *zunehmendem* Mond und einem *Wasserzeichen* am erfolgreichsten.

Zäune

Für das Setzen oder Erneuern von Gartenzäunen eignet sich bestens die Zeit des *abnehmenden* Mondes oder der *Neumond*. In dieser Zeit eingeschlagene Pfosten werden von selbst fest, besonders an Erdtagen (Jungfrau). Nägel bleiben im Holz.

Die Regel gilt für das Setzen von Pfosten aller Art, der abnehmende Mond macht sie fest. Der Neumondtag ist für solche Arbeiten am besten geeignet. Die ebenfalls günstigen Jungfrautage stehen ab Herbst immer im abnehmenden Mond (September bis Februar).

Als Alternative eignet sich auch der *absteigende* Mond; je näher jedoch am Vollmond, desto weniger.

Heustock ansetzen

Das Ansetzen eines Heustocks geschieht am besten bei *abnehmendem* Mond. Das Heu bleibt trocken, fault nicht, die Selbstentzündungsgefahr ist geringer. Bei zunehmendem Mond wird das Heu leicht grau und schimmelig.

Wollverarbeitung

Auch bei der Wollverarbeitung kann der Mond gute Dienste leisten. Die viel zitierten »Wollallergien« existieren nämlich eigentlich gar nicht. Allergisch reagieren wir nicht auf die Wolle selbst, sondern auf die zahlreichen chemischen Ausrüststoffe der verarbeiteten Wolle.

Ideal wäre es, wenn die Schafe vor Vollmond geschoren werden. Am besten in der Woche vor Vollmond oder, wenn Sie die Wolle nicht liegen lassen können, einen Tag vor Vollmond (aber auch nicht eine Minute nach Vollmond!). Die Wolle wächst dann schnell, dicht und gesund nach.

Das erste Waschen der gewonnenen Wolle sollte auf jeden Fall nur bei abnehmendem Mond erfolgen. Sie wird dann viel sauberer. Beim Zerreißen der Wolle ist der Zeitpunkt nicht so wichtig – der zunehmende Mond eignet sich etwas besser, die Wolle wird fülliger und ist leichter zu spinnen.

Zahlreiche Chemikalien haben keinen anderen Zweck, als den »Griff« im Laden angenehm und verkaufsfördernd zu gestalten. Die chemische Industrie bietet sogar einen »Raschelverstärker« für Seide an. Übrigens: Wollsachen für empfindliche Menschen und für Babys sollten unbedingt von Mutterschafen stammen, weil sie nicht so kratzen.

Stallpflege

Jeder Bauer und jede Bäuerin weiß, dass die gründliche Stallpflege eine mühsame und zeitraubende Arbeit sein kann. Wer jedoch dem nachstehenden Hinweis folgt, kann sich viel Plackerei sparen, die Arbeit geht viel leichter von der Hand. Natürlich kann es dabei nicht um die tägliche Stallpflege gehen, diese muss unabhängig vom Tierkreiszeichen geschehen.

Der rechte Zeitpunkt: Achten Sie auf den abnehmenden Mond (alternativ den aufsteigenden Mond) und ein Luftzeichen (Zwillinge, Waage, Wassermann).

Hartnäckiger Schmutz lässt sich bei den Wasserzeichen (Krebs, Skorpion, Fische) besonders gut entfernen.

Der Stall bleibt länger sauber, bleibt geschützt vor Ungeziefer und Schimmel und trocknet schneller. Schimmelbefall an den Wänden lässt sich bei abnehmendem Mond leichter abwaschen (am besten mit Essigwasser und einer Wurzelbürste).

Auch die Lagerstreu für die Tiere sollte in der Zeit *des abnehmenden* Mondes eingefahren werden. Als Alternative, falls keine Zeit ist, bevorzugt man den aufsteigenden Mond. Eine gute Unterlage ist übrigens immer noch Stroh oder trockenes Buchenlaub.

Etwaiges Streichen der Stallwände sollte bei *abnehmendem* Mond geschehen. Bei einem *Lufttag* gelingt die Arbeit besonders gut (Zwillinge, Waage, Wassermann).

Viehaustrieb auf die Weide

Entscheidend für das Verhalten der Tiere auf der Weide ist der Tag des ersten Austriebs. Wenn man den *absteigenden* Mond (besonders die Waagetage) wählt, bleiben die Tiere gern auf der Weide und drängen nicht heim, bevor sie satt sind. Es sollte jedoch gleichzeitig ein Montag, Mittwoch, Freitag oder Samstag sein.

Niemals sollte man an *Dienstagen oder Donnerstagen* das Vieh zum ersten Mal auf die Weide treiben! Besonders beim Almauf- und -abtrieb wird heute noch auf diese Regel geachtet. Auch sind diese beiden Tage ungeeignet, um Vieh an andere Orte zu bringen oder nach dem Kauf heimzuholen. Sie sind dann nicht so freigebig mit ihrer Milch und werden später oft nicht trächtig.

Vermeiden sollte man auch *Löwe- und Krebstage*. Der Austrieb an Löwe-tagen macht die Tiere wild, sie sind dann nicht leicht zu bändigen. Bei Krebs kommen sie immer wieder zur Stalltür, gerade das Almvieh.

Im Herbst sollte das Vieh bei *zunehmendem* Mond zum letzten Mal auf die Weide gelassen werden.

197

Trächtigkeit

Wenn Kühe um Neujahr herum trächtig werden, kommen die Kälber etwa im Oktober zur Welt. Das werden die gesündesten Kälber und fast immer kann der Tierarzt bei der Geburt zu Hause bleiben. Wichtig ist, darauf zu achten, dass die Kühe nicht schon kurze Zeit danach wieder aufnehmen.

Gesunde Küken – gesunde Hühner

Auch für Hühner gibt es eine entsprechende Regel: Werden die Eier von Hühnern oder in Wärmeöfen so bebrütet, dass die Küken bei Vollmond schlüpfen, werden daraus die gesündesten Hühner. Die Brütdauer ist ja immer gleich, deshalb kann auch in Großbetrieben dieser Rhythmus ohne Schwierigkeiten berechnet und eingehalten werden.

Neubezug des Stalls

Die Zeit des *aufsteigenden* Monds ist für den Neubezug eines Stalls am besten geeignet. Die Tiere bleiben dann lieber im Stall, sind nicht so unruhig und drängen nicht immer nach draußen. Auch hier gilt es, zusätzlich auf den Wochentag zu achten: Verkaufte oder gekaufte Tiere sollten niemals an einem Dienstag, Donnerstag oder Sonntag von einem Stall zum anderen gebracht werden. Sogar das Umhängen von einer Stallbox in eine andere ist an diesen Tagen ungünstig.

Entwöhnen von Kälbern

Leider ist es heute unmodern geworden, Kälber an der Kuh trinken zu lassen. Vielleicht auch deshalb, weil der richtige Zeitpunkt in Vergessenheit geraten ist. Es ist wie bei den Menschen auch: Eine Zeitlang hielt man industriell gefertigte Babynahrung für der Weisheit letzten Schluss. Heute setzt sich die Erkenntnis durch, dass aber selbst belastete Muttermilch immer noch wertvoller ist als ein Fläschchen.

Der rechte Zeitpunkt: Kurz vor Vollmond mit dem Entwöhnen von Kälbern beginnen und am Vollmondtag selbst das Kälbchen zum letzten Mal trinken lassen.

Vollmond im Löwen, Krebs oder Jungfrau sind allerdings ungünstig. Bei Löwe werden es schreiende Tiere, bei Krebs möchten sie immer wieder zurück, bei Jungfrau stieren sie später oft und werden durch unruhiges Verhalten und Raufereien mit anderen Kühen zur Gefahr für die ganze Herde, besonders in den Bergen.

Mondrhythmen im Weinbau

Sämtliche Regeln für den Pflanzenbau zum richtigen Zeitpunkt gelten mit wenigen Ausnahmen auch für den Anbau von Wein. Hier die wichtigsten:

Pflanzen und Setzen von Weinstöcken: Bei zunehmendem Mond an den Fruchttagen Widder, Löwe oder Schütze.

Rebenschnitt: Bei abnehmendem Mond an Fruchttagen. Die Ausnahme: Junge Weinreben sollten während der ersten drei Jahre bei zunehmendem Mond an Fruchttagen geschnitten werden, damit keine Saftstockung eintritt (sonst kann sich »schwarzer Saft« bilden).

Bewässern: Nicht an Blütentagen (Zwillinge, Waage, Wassermann), wegen der Gefahr des Ungezieferbefalls! Einige der besten Trauben der Welt wachsen in Regionen, in denen nur selten Regen fällt und die kaum künstlich bewässert werden.

Unkraut- und Schädlingsbekämpfung: Auch im Weinbau ist die beste Vorbeugung gegen das massenhafte Auftreten von Schädlingen das Setzen und Säen zum richtigen Zeitpunkt.

Düngen: Immer bei abnehmendem Mond, am besten an den Fruchttagen Widder und Schütze. Löwe eignet sich nicht so gut, weil dann der Boden stark austrocknet.

Unkraut jäten: Ist nicht so oft nötig wie gewohnt und sollte nur bei abnehmendem Mond erfolgen, ideal im Tierkreiszeichen Steinbock.

Einkeltern: Bei zunehmendem Mond verläuft der Gärungsprozess schneller.

Abziehen (Abfüllen): Bei abnehmendem Mond abgezogen, bleibt der Wein länger haltbar.

Jungfrau: Niemals an Jungfrau ernten, zerstoßen, ansetzen oder abfüllen.

Auch der Weinbau ist ohne die Verwendung von Giften und Kunstdünger möglich, bei gleichen Erträgen und einer viel höheren Qualität der Trauben und des Weins. Die Umstellung erfordert Geduld, aber sie lohnt sich. Beantworten Sie für sich selbst nur eine Frage: Was glauben Sie, würden ein Kilogramm Trauben und ein Liter Wein kosten, wenn man die Kosten für die Entgiftung unserer Umwelt von den Pestiziden und Düngemitteln und die späteren Arztkosten auf den Preis aufschlagen würde?

Bienenzucht

Es wird vielleicht noch einige Zeit dauern, bis die Menschheit begreift, dass nicht Kühe, Schweine und Hühner die wichtigsten Tiere auf der Welt sind, sondern Bienen und Regenwürmer. Ohne Bienen keine Bestäubung und damit keine Nahrung, weder für Mensch noch Tier, und ohne Regenwürmer keine echte, fruchtbare Erde. Auch zum richtigen Zeitpunkt der Bienenpflege haben wir einige Tipps:

Bienen sollte man nicht dienstags oder donnerstags ansetzen beziehungsweise umsiedeln. Montag, Mittwoch und Samstag eignen sich dafür am besten. Der Mondstand spielt hier keine so große Rolle, aber bei zunehmendem Mond ist man erfolgreicher. Dabei ist folgende Frage wichtig: Woher stammen die Bienen und welche Vegetation herrschte dort? Entsprechend sollte man die Lage der Bienen anpassen.

Alle Reinigungsarbeiten und die Ungezieferbekämpfung am Stock gehören ausnahmslos in die Zeit des abnehmenden Mondes. Ein Volk aufpäppeln geschieht am besten bei zunehmendem Mond. Auffallend ist, dass der Honigertrag bei zunehmendem Mond besser ist, ebenso das Schleudern der Honigwaben.

Lostage

Vielleicht haben Sie sich schon gewundert, warum eine Getreidesorte in manchen Jahren besonders gut und in anderen Jahren besonders schlecht ausfällt. Natürlich spielen Wind und Wetter, Saatgutqualität und Bodenbeschaffenheit eine Rolle. Trotzdem gelingt es manchmal einem Landwirt, eine gute Ernte einzufahren, während der Nachbar unter den *gleichen Bedingungen* eine klägliche Ernte erzielt.

Anhand der Regeln vom rechten Zeitpunkt von Aussaat, Düngen und Ernte ist Ihnen vielleicht klar geworden, dass hierin ein Hauptgrund für unterschiedliche Ernteergebnisse zu finden ist.

In diesem Zusammenhang soll Ihnen eine seltsame Regel nahegebracht werden, die früher fast jeder Bauer kannte und die nach eigenen »heimlichen« Versuchen noch voll gültig ist. Sie betrifft zwei Tage im Jahr, nämlich den 8. Juli und den 20. Juli.

Der rechte Zeitpunkt: Wer feststellen möchte, welche Getreideart im nächsten Jahr die beste Ernte erzielt, säe am 8. Juli einige Körner jeder Getreideart in den Boden. Die Körner, die am 20. Juli am besten aufgegangen sind, gedeihen auch im kommenden Jahr am besten.

Probieren Sie diese Regel an einem Versuchsbeet aus. Der Erfolg wird für sich sprechen. Diese Tage zählen zu den sogenannten »Lostagen«. Der Ursprung ihres Namens liegt darin, dass diese Tage früher wie eine Art »Los« gesehen wurden, das man »zieht«. Von diesem »Los«, von dem Geschehen an diesen Tagen schloss man auf zukünftige Ereignisse, hauptsächlich in Zusammenhang mit der Entwicklung des Wettergeschehens.

»Ansonsten möchte ich mich mit den Lostagen in diesem Buch nicht weiter beschäftigen. Ich weiß zwar, dass auch heute noch viele Bauern auf die Lostage achten, besonders auf die damit verbundenen Wetterregeln, und viele sind auch heute noch voll gültig. Ich habe das sehr oft beobachten können.

Die weltweiten Klimaveränderungen haben jedoch dieses früher sehr wichtige und nützliche Instrument etwas außer Kontrolle geraten lassen. Deshalb soll hier nicht weiter darauf eingegangen werden.«

Regeln für die Forstwirtschaft

Holz ist ein wunderbarer Stoff. Jahrtausende lang hat er den Menschen Wärme und Werkzeug, Schutz und Schönheit – durch die Arbeit der großen Holzschnitzer – geschenkt. Die Wälder der Erde, die Quellen dieses Reichtums, zu schützen und zu bewahren ist eine der wichtigsten Aufgaben unserer Zeit. Grund zu Optimismus gibt es glücklicherweise, trotz Waldtöten und Abholzung der Regenwälder: Länder wie Schweden, wo kein einziger Baum fällt, ohne dass ein neuer gepflanzt wird, weltweite Aufforstungen, Anstrengungen der Umweltschützer, die sich allmählich durchsetzen. Der Beitrag, den die Wiederentdeckung und Befolgung der alten Regeln der Waldpflege und des Holzschlagens zum Unternehmen »Rettung der Wälder« leisten könnte, ist groß. In vielfältiger Weise.

Holz ist ein sehr lebendiger Stoff. Auch nach dem Fällen »lebt« das Holz weiter: Es »arbeitet«, um in der Sprache der Holzfachleute zu sprechen. Je nach Holzart, Jahreszeit und – wie Sie sehen werden – Fällungszeitpunkt trocknet es schnell oder langsam, bleibt weich oder wird hart, bleibt schwer oder wird leicht, bekommt Risse oder bleibt unverändert, verbiegt sich oder bleibt eben, fault und wurmt oder bleibt vor Schädlingen und Verrottung geschützt.

Grundsätzlich gibt es beim Holzfällen – wie auch bei allen anderen Regeln – keine »guten« oder »schlechten« Tage. Der jeweilige *Verwendungszweck* entscheidet: Es ist ein großer Unterschied, ob Holz für Fußböden, Fässer, Brücken, Dachstühle, Musikinstrumente oder Schnitzarbeiten gedacht ist. Natürlich muss auch die Holzart Beachtung finden, sowie das Alter und die Wuchsform. Holz wächst *geradelaufend, rechtsdrehend oder linksdrehend* (an der Rinde erkennbar). Der Unterschied ist leicht herauszufinden: Ein rechtsdrehender Baum schraubt sich nach oben wie ein senkrecht in die Höhe gehaltener Korkenzieher. Auch dieser »Drehsinn« muss bei der jeweiligen Verwendung des Holzes berücksichtigt werden:

linksdrehendes Holz   *rechtsdrehendes Holz*

Dachschindeln etwa sollten gerade oder leicht nach links laufen. Bei nassem Wetter streckt sich das Holz, bei Sonne krümmt sich das Holz nur leicht und lässt Luft zur Trocknung unter die Schindel dringen.

Bei hölzernen *Dachrinnen,* die manchmal noch verwendet werden, ist es umgekehrt: Das Holz sollte gerade laufen oder etwas nach rechts drehen, weil rechtsdrehendes Holz nach dem Fällen »stehenbleibt« – das heißt, die Drehung setzt sich nicht fort. Linksdrehendes Holz würde die Dachrinne nach und nach verbiegen, das Wasser würde ausgeschüttet.

Merkwürdig ist, dass linksdrehendes Holz nach dem Fällen stärker arbeitet als rechtsdrehendes oder geradelaufendes. Zudem schlagen Blitze ausschließlich in linksdrehende Bäume ein – eine nützliche Information, wenn Sie im Wald von einem Gewitter überrascht werden: Stellen Sie sich nur unter geradelaufenden oder rechtsdrehenden Bäumen unter.

Auch heute noch werden die Fällungszeiten in Tirol und in vielen anderen Ländern beachtet. Bei manchen Holzhändlern werden Sie ein Augenzwinkern ernten und zu einem besonderen Holzstapel geführt, wenn Sie zur rechten Zeit geschlagenes Holz verlangen. Holzhandelsfirmen in einigen Teilen der Welt, etwa in Brasilien und in der Südsee, schließen Lieferantenverträge, in denen die Holzfäller verpflichtet werden, nur zu bestimmten Zeiten geschlagenes Holz zu verkaufen.

Natürlich achten viele nicht mehr auf den günstigen Zeitpunkt, sei es aus organisatorischen Gründen, weil der Arbeit zu wenig Bedeutung beigemessen wird oder ganz einfach, weil das Wissen nicht mehr vorhanden ist. Obendrein erscheint das Achten auf den richtigen Zeitpunkt auf den ersten Blick vielleicht umständlich und aufwendig, aber das ist es durchaus nicht. Die Arbeit muss ja ohnehin getan werden. Wer auf zur rechten Zeit geschlagenes Holz achtet, dessen Arbeit lohnt sich um ein Vielfaches.

> *»Im Laufe der letzten Jahre habe ich einige Menschen kennengelernt, die noch nie etwas von den Regeln zum richtigen Zeitpunkt des Holzschlagens gehört hatten, aber die bereit waren, das alte Wissen auf die Probe zu stellen. Alle waren überrascht über das Resultat und wie sicher diese Einflüsse auch heute noch stimmten.«*

Für die Industrie kann das allerdings Konsequenzen haben: Ihre Produkte – Möbel, Brücken, Gebäude, Werkzeuge, Bauholz und vieles mehr – würden viel haltbarer werden und obendrein jeden Aufwand an *Holzschutzmaßnahmen überflüssig* machen. Sie sind somit für die »Wirtschaft« in einer Wegwerfgesellschaft nicht mehr so interessant. Ausdrücklich ist aber zu betonen, dass es vernunftbegabte und naturverbundene Menschen schon längst gemerkt haben: Eine solche Gesellschaft kann auf Dauer nicht überleben. Natürlich genießt jeder gern die Vorteile von Wissenschaft, Technik und Fortschritt, ohne sich allzu viele Gedanken über die Nachteile zu machen. Doch wenn es Möglichkeiten zur Behebung des Abfallproblems gibt, wenn das Waldtöten gebremst werden kann, wenn man weniger Gifte in die Umwelt entlassen kann, dann sollte jeder von diesen Möglichkeiten erfahren und sie nutzen können. Vielleicht ist anfänglich eine Holzbank oder ein Schrank aus zur rechten Zeit geschlagenem Holz noch etwas teurer, etwa, weil es sich nur Kleinbetriebe leisten können, auf die Zeiten genauer zu achten, oder einfach, weil die Nachfrage das Angebot übersteigt.

Vielleicht schließen sich aber auch in Zukunft Architekten, Schreiner, Zimmerleute und Innenausbauer zusammen und verpflichten sich gemeinsam, nach den alten Regeln geschlagenes Holz zu verwenden. Weil sie erkannt haben, dass Umweltverträglichkeit, Qualität und Langlebigkeit bei immer mehr Menschen zum wichtigsten Faktor bei der Kaufentscheidung wird.

In Zeiten wie heute, wo »biologisches« Hausbauen allmählich in den Vordergrund tritt, würden sich genügend Kunden finden, die solche Dinge sehr zu schätzen wissen. Jeder Bauherr, der ein solches Haus in Angriff nimmt, ist darauf bedacht, möglichst umweltfreundlich zu bauen. Wirft sein Dachstuhl aber nach wenigen Jahren Bögen oder zerreißt das Holz, dann kann auch der beste Wille manchmal verzweifeln. Auch kann man oft beobachten, dass in bester Absicht naturbelassenes Holz, etwa im Fassadenbau, nach Jahren doch noch mit Imprägnierungsmitteln nachbehandelt werden muss. Der gute Wille war zwar vorhanden, doch immer feuchter werdendes Holz oder drohendes Verfaulen lässt so manchen Bauherren resignieren. Alle Probleme dieser Art ließen sich vermeiden, wenn man nach dem Mondstand geschlagenes Holz verwenden würde. Zukünftige Bauherren seien hier noch einmal an das kurze Kapitel über den *Wasser- und Wegebau* Seite 193 verwiesen: Sämtliche Ratschläge darin gelten in gleicher Weise für das Anlegen von Wegen und Hauszufahrten, für das Verlegen von Platten beim Hausneubau oder beim Renovieren, ob auf dem Land oder in der Stadt. Ebenso möchten wir auf unser Buch »Der Mond im Haus« (Goldmann-Verlag) verweisen, das sich ausführlich mit Hausbau und Renovieren befasst.

Wer sich nun die berechtigte Frage stellt, wo er denn heute schon zum rechten Zeitpunkt geschlagenes Holz finden kann, dem können wir nur den Tipp geben, das Telefon zu bemühen: Werfen Sie einen Blick ins Branchentelefonbuch und rufen Sie Holzhandelsfirmen an. Fragen Sie, ob man den Fällungszeitpunkt erfahren kann. Lassen Sie sich von den Holzwirtschaftsverbänden Adresslisten der Mitgliedsfirmen kommen. Besorgen Sie sich eventuell das Branchentelefonbuch Tirols, wo manche Firmen heute noch auf die richtigen Zeiten achten. Bleiben Sie am Ball und lassen Sie sich nicht abspeisen. Der Kunde ist König!

Wer mit offenen Augen durchs Leben geht, findet an vielen Orten, etwa in den Alpen und besonders in Museumsdörfern, lebendige Zeugnisse von der Gültigkeit der Regeln zum richtigen Zeitpunkt des Holzschlagens: So ist es einfach undenkbar, dass unsere Vorfahren Bauernhäuser, Almhütten und Brücken gebaut hätten, die jahrhundertelang bis heute jedes Wetter überstanden haben, ja, die sogar *Kamine* aus Holz hatten, wenn sie nicht im Besitz dieses Wissen gewesen wären. Forstwirte können jederzeit ihre eigene Erfahrung zu Hilfe nehmen, wenn sie an der Gültigkeit der Regeln zweifeln sollten: Sie wissen beispielsweise, dass sich die Waldschäden nach Stürmen völlig unterschiedlich auf die Holzqualität auswirken. Das Holz entwurzelter Bäume ist ohnehin unbrauchbar als Bau- und Möbelholz, doch die Qualität als Brennholz und für andere Zwecke und die Anfälligkeit für Schädlinge ist immer wieder anders. Waldschäden etwa an Skorpiontagen wirken sich katastrophal aus: Der Borkenkäfer fällt über das Holz her wie die Maus über den Käse, vermehrt sich und befällt dann auch gesunde Bäume. Diese Erfahrung müssen auch Forstwirte machen, die einen Wald ausgerechnet bei Skorpion auslichten und säubern, weil sie die richtigen Tage für diese Arbeit nicht kennen.

Vielleicht steht sogar in der Bibliothek des Forstamtes ein altes Buch, das Forstordnungen aus früheren Jahrhunderten enthält. Sie sprechen eine deutliche Sprache und geben genaue Anweisungen für die Termine des Holzschlagens unter Beachtung der Mondrhythmen und bei Androhung

»gebührlicher Strafen« im Falle der Missachtung. Mancher pensionierte Förster mag sich auch noch an Erzählungen seines eigenen Großvaters erinnern, der davon berichtet, wie peinlich genau sich die Waldbauern früher nach den günstigsten Zeiten für die verschiedenen Holzarten richteten und ausgefeilte Jahrespläne für das Holzschlagen erstellten. Das ist nötig, weil die jeweils besten Zeiten von einem Jahr zum anderen stets etwas unterschiedlich ausfallen und manche Termine gar nur alle paar Jahre vorkommen. Holzschutzmittel waren unbekannt, weil die Wahl des jeweils richtigen Zeitpunkts bei der Holzqualität die jeweils gewünschten Effekte erzielte.

Nicht nur in Bezug auf die Termine des Holzschlagens und die Holzqualität werden die Regeln auf den nächsten Seiten für Forstwirte von großem Interesse sein. Das allgemeine Waldtöten, die Unzahl kranker Bäume in unseren Wäldern zählt ja zu ihren größten Problemen. Erinnern möchten wir deshalb hier an eine Regel aus Kapitel III: Der große Hagelschlag vom 12. Juli 1984 brach bei vielen Nadelbäumen in München und Umgebung die Spitzen ab. Sie begannen daraufhin, langsam von oben her zu faulen und gingen schließlich zugrunde. Die zugehörige Regel ist so wichtig, dass sie hier noch einmal wiedergegeben ist:

> **Alle Bäume, die nicht mehr wachsen wollen, kümmern oder krank sind, können in den meisten Fällen erfolgreich behandelt werden, wenn man bei abnehmendem Mond – im IV. Viertel oder am besten bei Neumond – die Spitze entfernt, bzw. bei Laubbäumen mehrere Astspitzen aus der Krone.**

> **Die Spitze sollte knapp über einem Seitenzweig entfernt werden, der sich als neue Spitze eignet, wenn er nach oben wächst.**

Als der Hagel damals am 12. Juli bei Vollmond die Spitzen abbrach, hatte die Natur das Gegenteil bewirkt. Der Verlust der Spitzen bei diesem Datum bedeutet den fast sicheren Tod des Baums, er fault von der Spitze her. Forstwirten wäre dringend anzuraten, einen Versuch zu wagen und bei einigen Bäumen diese Methode anzuwenden. Das Abschneiden von Baumspitzen wird keinen Fabrikschornstein verstopfen, keine Auspuffgase säubern, doch den Versuch ist es wert.

Doch nun zum Holzschlagen selbst: Auf den folgenden Seiten werden Sie auch mit besonderen Rhythmen bekannt gemacht: *Regeln und besondere Termine, die vom Mondstand generell völlig unabhängig sind.* Sie rechtfertigen sich selbst durch das Ergebnis, das ihre Anwendung bringt – also schreiten Sie getrost zur Tat.

Der richtige Zeitpunkt des Holzschlagens

Fast alle Menschen, die mit Holzfällen und Holzverarbeitung zu tun haben, wissen, dass der *Winter* im Allgemeinen die beste Zeit zur Holzgewinnung ist. Die Säfte sind abgestiegen, das Holz »arbeitet« nach dem Schlagen weniger. Es gibt jedoch eine Vielfalt besonderer Termine, die auf die Holzeigenschaften deutlich merkbare Einflüsse haben.

> **Ganz entscheidend für die Wirksamkeit dieser Regeln ist es, das gewonnene Holz natürlich trocknen zu lassen und erst eine eventuelle Restfeuchte in der Trockenkammer zu beseitigen!**

Das folgende, schon recht umfassende Regelwerk stammt aus sehr alter Zeit, die vorliegende Abschrift ist auf das Jahr 1912 datiert. Alle Regeln, die dieses alte Dokument angibt, sind nach wie vor gültig. Sie geben genaue Hinweise auf die jeweils zu erzielenden Holzeigenschaften.

ZEICHEN ZUM HOLZSCHLAGEN UND SCHWENDEN
Von Ludwig Weinhold

Von Michael Ober, Wagnermeister in St.Johann in Tyrol aufgeschrieben,
abgeschrieben von Josef Schmutzer am 25. Dezember 1912

1. Schwendtage sind der 3. April, der 30. Juli und am Achazitag, besser noch, wenn selbe noch im abnehmenden Mond oder an einem Frauentag.
   Diese Tage sind auch für Kugeln und Schrotgießen gut.
2. Das Holzschlagen, daß es fest und gleim bleibt, ist gut die ersten acht Tage nach dem Neumond im Dezember, wenn ein weiches Zeichen darauf fällt.
   Krechtholz, bzw. Machlholz, Buchen usw. zu schlagen, daß es gleim bleibt und fest wird, soll sein der Neumond und der Skorpion.
3. Holzschlagen, daß es nicht fault, soll sein die zwei letzten Tage im März im abnehmenden Fisch.
4. Holzschlagen, daß es nicht brennt, ist nur ein Tag, der im Monat März, noch besser nach Sonnenuntergang, der 1. März.
5. Holzschlagen, daß es nicht schwind, soll sein der dritte Tag im Herbst. Herbstanfang am 24. September, wenn der Mond drei Tage alt ist und an einem Frauentag, wo der Krebs drauffällt.
6. Brennholz zu arbeiten, daß es gut nachwächst, soll sein im Oktober, im ersten Viertel aufnehmenden Mond.
7. Sägeholz soll geschlagen werden im aufnehmenden Fisch, so werden die Bretter nicht wurmig, ebenso die Hölzer.
8. Zu Brücken und Archen soll man Holz schlagen im abnehmenden Fisch oder Krebs.
9. Holz zu schlagen, daß es gering wird, soll sein im Skorpion und im August. Im Stier geschlagen, so der Mond im August einen Tag abgenommen hat, bleibt es schwer.
10. Holz zu schlagen, daß es nicht kluftig wird, oder aufgeht, soll geschehen vor dem Neumond im November.
11. Holz zu schlagen, daß es nicht zerreißt, den 24.Juni zwischen 11 und 12 Uhr.
12. Krechtholz oder Machlholz soll geschlagen werden den 26. Februar im abnehmenden Mond, noch besser, wenn der Krebs darauf einfällt.

Diese Zeichen sind alle bewiesen und ausprobiert.

Das Regelwerk bedarf natürlich der »Übersetzung«, um heute für jedermann verständlich zu werden. Hier die Erklärung dazu, sowie viele zusätzliche Hinweise, geordnet nach der jeweils gewünschten Holzqualität beziehungsweise der Absicht, die bei einem bestimmten Termin verfolgt wird:

»Schwendtage« – Roden und Auslichten

Jeder Nutzwald bedarf der Pflege. Wer etwa einen Wald oder Waldrand auslichten und säubern möchte, wer abholzen und neu anpflanzen will, der achtet auf die »Schwendtage« (Rodungstage), nach dem Regelwerk also auf den *3. April, den 30. Juli und den Achazitag (22. Juni)*. Noch besser wird das Ergebnis der Arbeit sein, wenn diese Tage auf den abnehmenden Mond oder auf einen »Frauentag« fallen. An diesen Tagen abgeholzte Bäume und Sträucher wachsen nicht mehr nach.

»Frauentage« sind Marienfeiertage wie Maria Himmelfahrt oder Maria Lichtmess (2. Februar). Diese Tage sind jedem Bauernkalender zu entnehmen (etwa der 15. August und der 8. September).

Alternativtage zum Roden sind die *letzten drei Tage des Februar*, wenn sie auf einen *abnehmenden* Mond fallen. Jetzt geschlagenes Holz wächst nicht mehr nach, sogar die Wurzel verfault.

Werkzeug- und Möbelholz

»Gleim« bedeutet »wie geleimt«, das Holz bleibt fest, verzieht sich nicht, trocknet nicht »auseinander«, behält sein Volumen – wichtig etwa bei Stoßkanten von Boden- und Tischbrettern. Während der ersten *acht Tage nach dem Dezemberneumond in Wassermann oder Fische* geschlagen erhält man diese Holzqualität.

Die Ausdrücke »Krechtholz« und »Machlholz« sind heute nicht mehr in Gebrauch. *Krechtholz* ist »gerechtes, rechtes Holz« – Holz, aus dem Werkzeuge und Arbeitsgeräte (Besenstiele, Äxte) gefertigt werden. Es muss hart, griffig und leicht sein. *Machlholz* ist Holz, aus dem etwas »gemacht« wird: Möbelstücke, Truhen, Schränke und dergleichen. Wenn der *Neumond auf den Skorpion* fällt, also meist im Novemberneumond, hat das geschlagene Holz die gewünschten Eigenschaften. Allerdings sollte es *sofort entrindet* werden: Für den Borkenkäfer ist bei Skorpion geschlagenes oder von einem Sturm entwurzeltes Holz das Signal zum Angriff. Er vermehrt sich dann prächtig und befällt auch gesunde Bäume.

Die 12. Regel gibt hier als gleichwertige Alternative den *26. Februar an, wenn er auf den abnehmenden Mond fällt* (was nicht immer der Fall ist), besonders wenn gleichzeitig der Mond im Zeichen *Krebs* steht (wie etwa 1989).

Nicht faulendes, hartes Holz

Nicht faulendes Holz muss während der letzten beiden Tage im März bei abnehmendem Mond im Zeichen Fische geschlagen werden. Diese Tage kommen nicht jedes Jahr vor. Früher achtete man deshalb besonders auf sie oder schlug das Holz an Alternativtagen:

Das sind Neujahrstag, 7. Januar, 25. Januar, 31. Januar und I. und 2. Februar. In diesen sechs Tagen geschlagenes Holz fault und wurmt nicht.

An *Neujahr* und vom *31. Januar bis 2. Februar* geschlagenes Holz wird zudem mit dem Alter steinhart.

Aus solchem Holz dürften die Fundamente der »schwimmenden« Prachtbauten Venedigs bestehen. Wären sie nicht am richtigen Tag geschlagen worden, wäre die grandiose Stadt wohl schon endgültig im Wasser versunken. Die Restaurierung der Fundamente mit solchem Holz wäre die ideale Lösung, denn seine Haltbarkeit lässt sich am Alter des jetzigen Holzes ablesen. Jede andere Lösung (Beton, Stahl etc.) ist langfristig ungeeignet. Auch für Landungsstege und hohe Pfahlbauten ist dieses Holz geeignet.

Alternativtage sind *warme Sommertage bei zunehmendem Mond:* Das Holz eignet sich für Pfahlgründungen im Wasser, für Schiffs- und Badestege. Es steht im Vollsaft und sollte gleich eingebaut werden.

Nicht entflammbares Holz

Wer einmal ein Museumsdorf (etwa Kramsach in Tirol) besucht hat, mit seinen jahrhundertealten Gebäuden, Stadeln, Gerätschaften und Werkzeugen, hat sicher auch Ofenbänke, Ofen- und Pfannenhölzer, Brotschaufeln und hölzerne Kamine gesehen. Merkwürdig, dass sich kaum jemand die Frage stellt, warum die halbrunden Pfannenhölzer, mit denen glühend heiße Töpfe und Pfannen vom Ofen gehoben wurden, so langlebig waren und sogar Jahrhunderte überdauerten, ohne zu verbrennen. Oder warum direkt dem Feuer ausgesetztes Holz (für Holzkamine oder Ofenhölzer) nicht brannte? Es war zwar angeschwärzt, doch weder brannte noch glühte es. Vielleicht fiel Ihnen aber auch schon einmal eine Packung Streichhölzer in die Hände, die partout nicht brennen wollten? Des Rätsels Lösung: Es gibt bestimmte Zeiten, deren Impulse für nicht brennbares Holz sorgen.

Am 1. März, besonders nach Sonnenuntergang, geschlagenes Holz widersteht dem Feuer – unabhängig vom Mondstand und vom Zeichen, das der Mond gerade durchwandert.

Eine seltsame, jedoch gültige Regel: Wer sie ausprobiert, wird sie bestätigt finden. Viele Geräte, Hofgebäude, Stadel, Blockhäuser und Almhütten wurden früher aus diesem Holz gebaut, um sie feuersicher zu machen.

213

»Mein Elternhaus, das 1980 von innen völlig ausbrannte, war aus solchem Holz gefertigt. Das Metall landwirtschaftlicher Geräte darin war hernach teilweise geschmolzen, so groß war die Hitze. Die Gebäudestruktur selbst blieb stehen, das Holz der Träger war nur außen verkohlt. Als sie mit einem Traktor abgebrochen werden sollten, gab das Holz nicht nach. Das Haus musste schließlich Stamm für Stamm abgesägt werden. Dabei stellte sich heraus, dass nur wenige Millimeter der obersten Holzschicht angekohlt waren; das Innere war völlig unberührt geblieben. Ein Teil des Holzes wurde anschließend bei zwei Neubauten wiederverwendet.«

Als Alternativtag zum Schlagen von feuersicherem Holz kommt der *Neumond* in Frage, jedoch nur wenn er gerade auf das Tierkreiszeichen *Waage* fällt (nur ein oder zweimal im Jahr): Dieses Holz schwindet nicht und kann grün, ohne Trocknen, verarbeitet werden. Fast gleich gut geeignet sind der *letzte Tag vor dem Dezemberneumond* und *die letzten 48 Stunden vor dem Märzneumond.*

Diese Regeln sollten Sie nun nicht dazu inspirieren, am Abend des 1. März einen Ast abzureißen und anzuzünden, vielleicht um eine Wette zu gewinnen. Der Ast wird sicher brennen, denn diese Regel gilt nur für natürlich getrocknetes und aufgerichtetes Bauholz, ebenso wie alle anderen alten Holzregeln.

Schwundfreies Holz

Für viele Anwendungsbereiche ist es wichtig, dass Holz nicht »schwindet« – das heißt, dass sich sein Volumen nicht verringert. Solches Holz wird am besten am *St. Thomastag (21.12) zwischen 11 und 12 Uhr* geschlagen. Dieser Tag ist der beste Holzschlagetag überhaupt. Danach sollte Holz – mit einigen Ausnahmen – während des Winters nur noch *im abnehmenden Mond* geschlagen werden.

Alternativen für das Schlagen von nicht schwindendem Holz sind die *Februarabende nach Sonnenuntergang im abnehmenden Mond, der 27. September, monatlich die drei Tage nach Neumond und Frauentage* (u. a. 15. August und 8. September), wenn diese auf *Krebs* fallen. Auch das bei *Neumond im Zeichen Waage* geschlagene Holz schwindet nicht und kann sofort verarbeitet werden. Im Februar nach Sonnenuntergang geschlagenes Holz wird obendrein mit dem Altern steinhart.

Brennholz

Die gute *Brennbarkeit* ist natürlich ebenso eine oft erwünschte Eigenschaft von Holz. Obendrein will man zur Brennholzgewinnung nicht immer gleich den ganzen Wald roden, deshalb wäre es günstig, wenn der Wald gut nachwächst.

Die Regel besagt, dass solches Brennholz am besten im *Oktober im 1. Viertel des zunehmenden Mondes* geschlagen wird, also während der ersten sieben Tage nach dem Oktoberneumond.

Generell sollte Brennholz jedoch *nach der Wintersonnwende bei abnehmendem Mond* gefällt werden. Der Wipfel sollte dabei nicht gleich abgenommen werden und im Gebirge einige Zeit talwärts liegen, weil er dann den letzten Saft herauszieht.

Bretter-, Säge- und Bauholz

Für Bretter- und Sägeholz eignet sich die Zeit des *zunehmenden Mondes im Zeichen Fische,* weil die Bretter und Hölzer dann nicht von Schädlingen befallen werden. Das Tierkreiszeichen Fische taucht nur von September bis März im zunehmenden Mond auf.

216

Brücken- und Bootsholz

Sind Sie schon einmal bei Regen über eine Holzbrücke gegangen? Man tut gut daran, sich am Brückengeländer festzuhalten, so schlüpfrig und rutschig ist sie zuweilen. Auch Floßfahrten können zu endlosen, mitunter gefährlichen Rutschpartien werden, wenn das Floßholz am »falschen« Tag geschlagen wurde. Alte hölzerne Bergbachbrücken in den Alpen dagegen sind trittsicher, verfaulen nicht und scheinen für die Ewigkeit gebaut, ohne jede Behandlung mit Holzschutzmitteln.

Dass heute die Alpenvereine und Fremdenverkehrsverbände beim Bau von Holzbrücken auf solche Einflüsse offensichtlich nicht mehr achten, hat jeder Bergwanderer schon erfahren müssen. So mancher Tourist müsste nicht mit verstauchten Gelenken von der Bergwacht abgeholt werden, wenn die Regeln vom richtigen Zeitpunkt des Holzschlagens mehr beachtet werden würden.

Holz für Brücken, Schiffskähne und Flöße sollte bei *abnehmendem* Mond in einem *Wasserzeichen* (Fische oder Krebs) geschlagen werden. Es fault und verrottet nicht und ist trittsicher.

Auf diese Regel wurde früher auch bei der Wahl des Holzes für Waschtische geachtet, die ja ständige Feuchte aushalten müssen und nicht schlüpfrig sein sollen.

Skorpion ist zwar ebenfalls ein Wasserzeichen, als Fällungszeit jedoch nicht so geeignet, weil das Holz dann für diesen Zweck zu leicht wird und auch für Schädlingsbefall anfällig ist.

Boden- und Werkzeugholz

Besenstiele und anderes Werkzeugholz soll geschmeidig und fest in der Hand liegen, nicht leicht brechen, biegsam und vor allem leicht (»gering«) sein. Die beste Zeit für solches Holz sind die *Skorpiontage im August*, die fast stets kurz vor dem Vollmond liegen.

Soll es die gleichen Eigenschaften haben, aber schwer bleiben (etwa für stark beanspruchte Holzböden), wählt man *den ersten Tag nach Vollmond*, wenn er auf das Tierkreiszeichen *Stier* fällt (kommt nicht jedes Jahr vor).

Reißfestes Holz

Holz, das nicht rissig werden und von Anfang an nicht mehr arbeiten soll – etwa für Möbel und Schnitzwerk –, wird am besten in den *Tagen vor dem Novemberneumond* geschlagen.

Gleichwertige Alternativen sind der *25. März, der 29. Juni und der 31. Dezember*. Holz, an diesen drei Tagen geschlagen, springt und reißt nicht auf, doch muss der Wipfel gegen das Tal fallen, beziehungsweise auf ebenem Gelände noch etwas länger am Baum bleiben, um den letzten Saft herauszuziehen.

Holz, das schnell verbaut werden soll, etwa nach einem Brand zum schnellen Wiederaufbau, darf keinesfalls später reißen. Die beste Zeit dafür ist der *24. Juni zwischen 11 und 12 Uhr mittags (12 und 1 Uhr Sommerzeit!)*. Früher war das eine besondere Zeit: In Scharen rückten die Holzfäller aus und sägten eine Stunde lang, was das Klingenblatt hergab. Das Holz wurde alsbald in Dachstühle und dergleichen verbaut.

Bestes Brückenholz wird daraus, wenn gleichzeitig noch Neumond im Krebs herrscht. Diese Regel ist heute so gültig wie eh und je.

Christbäume

Zum Schluss ein Tipp für die »stille Jahreszeit«: **Tannen,** *drei Tage vor dem elften Vollmond* des Jahres geschlagen (meist im November, manchmal aber auch im Dezember), behalten ihre Nadeln sehr lange Zeit. Früher erhielten diese Bäume vom Förster einen »Mondstempel« und waren etwas teurer als die anderen Christbäume. Auch **Fichten** nadeln dann nicht, sollten aber bis Weihnachten kühl gelagert werden. Sie verlieren dennoch ihre Nadeln früher als Tannen.

> *»Ein Verwandter von mir besitzt einen solchen Christbaum schon über 45 Jahre lang, er trägt seine Nadeln noch immer. Ich selbst habe immer noch den ersten Adventskranz nach meinem Umzug nach München 1969. Wenn ich ein paar Nadeln abreiße, duften sie noch heute.*
>
> *Drei Tage vor dem elften Vollmond Zweige für Adventsgestecke zu sammeln wäre eine gute Idee, weil dann schön gedeckte Adventstische nicht ständig mit Nadeln übersät sind. Die Kenntnis dieser Regel sollte Sie natürlich nicht veranlassen, in den Wald zu marschieren und dort Ihren Christbaum zu ›wildern‹.«*

Natürlich kann man seinen Christbaum nicht immer genau drei Tage vor dem elften Vollmond geschlagen bekommen. Vielleicht entstand diese Regel deshalb, weil drei Tage vor einem zwölften Vollmond der Schnee meist schon sehr hoch lag. Deshalb noch der Hinweis, dass Christbäume und Gestecke auch dann länger halten und weniger rasch nadeln, wenn generell auf den zunehmenden Mond als Termin geachtet wird.

Auch Trockengestecke aus Blumen, die sich zum Trocknen eignen, haben bei zunehmendem Mond gepflückt eine größere Haltbarkeit.

V

Der Mond als »Helfer« in Haushalt und Alltag

Das Weiche besiegt das Harte,
das Schwache triumphiert über das Starke.
Das Geschmeidige ist stets dem Unbeweglichen überlegen.
Das ist das Prinzip der Beherrschung der Dinge,
indem man sich mit ihnen in Einklang bringt,
das Prinzip der Meisterschaft durch Harmonie.

(Lao Tse)

Dass die Mondrhythmen gerade im Haushalt und im Stadtleben in Vergessenheit geraten sind, ist kein Wunder. Der Wind, der seit vielen Jahrzehnten aus dem »Land der unbegrenzten Möglichkeiten« weht, trägt eine besondere Botschaft: Freiheit und Selbstverwirklichung sind höherwertige Grundrechte als die Verpflichtung gegenüber sich selbst, dem Nächsten und der Natur.

Allmählich gewann der westlich zivilisierte Mensch die Überzeugung, dass Strom aus der Steckdose kommt, dass ein scharfes Putzmittel, wenn es im Ausguss landet, sich in Luft auflöst, dass alles Leben aus dem Fernseher kommt. Und vor allem: dass er ein Recht auf schnelle Wirksamkeit hat, sei es von Putz-, Heil- oder sonstigen Mitteln.

Natürlich entwickelten sich im Laufe der Zeit viele Zwänge aus diesem »Recht«: Doppelverdienende Familien sind gezwungen, Hausarbeit nebenbei und mit »schnell wirksamen« Mitteln und Geräten zu machen. Unterstützt von Werbung und Psychologie verkam Hausarbeit zum notwendigen Übel, jedes Versprechen von Erleichterung wurde freudig aufgenommen, ohne Rücksicht auf die Wirkungen, auf gewaltig steigenden Stromverbrauch (der zu einem hohen Prozentsatz nicht der Industrie, sondern den Haushalten anzulasten ist) und auf die Umweltbelastung. Fast könnte man eine mathematische Gleichung aufstellen: Je teurer und je schneller wirksam, desto giftiger für Mensch und Umwelt. Stolz und Befriedigung, die ein gut geführter Haushalt in Harmonie mit den Rhythmen der Natur bringen können, wurden nicht mehr zugelassen.

Glücklicherweise ist heute das Bewusstsein, dass es so nicht weitergehen kann, gestiegen. Die Auswirkungen der Kurzsichtigkeit holen uns ein und haben bei vielen Menschen den guten Willen ausgelöst, die »Wisch und weg«-Gesellschaft etwas genauer zu betrachten und dann ihren Beitrag zu leisten, wieder zu naturschonenden Mitteln und Prozeduren zurückzukehren. Manche von ihnen sind jedoch nahe daran zu resignieren, weil im Haushalt in vielen Fällen nur das aggressive und giftige Mittel zu wirken scheint. Für solche Menschen kann es eine Offenbarung bedeuten, sich nach den Mondrhythmen zu richten.

Haushaltsarbeit in Harmonie mit den Mondrhythmen ist leichter und angenehmer auszuführen und verringert damit das ohnehin schon hohe Stressquantum, unter dem viele Menschen ächzen. Viele Tipps für den Alltag im Haushalt verbergen sich schon in den vorhergehenden Kapiteln (gesunde Ernährung, Kochen, Kräuterkunde, Innenausbau etc.), doch es bleibt immer noch vieles zu sagen und manches zu wiederholen.

Gerade im Haushalt kann man die Gültigkeit der Regeln oft sehr schnell beobachten und überprüfen.

> **Fast alle Hausarbeiten – die ja oft mit Reinigen, Entziehen und »Ausschwemmen« zu tun haben – lassen sich viel erfolgreicher und müheloser bei abnehmendem Mond erledigen.**

Es ist natürlich unmöglich, alle Arbeiten im Haushalt auf den abnehmenden Mond zu schieben und bei zunehmendem Mond nur noch Däumchen zu drehen, doch wenn es Ihnen gelingt, allmählich einen Teil der Arbeitslast auf diese Mondphase zu verlegen, werden Sie überrascht sein über die Wirkung, die schon von geringen Verschiebungen ausgeht.

Lassen Sie Ihre eigenen Erfahrungen sprechen: Es gibt Zeiten, da fällt jede Hausarbeit leicht, zu anderen Zeiten will sie einfach nicht enden. In der Praxis stellt man oft fest, dass Dinge (Möbel, Fußböden, Wäsche, Fenster etc.) schneller und leichter sauber werden als an anderen Tagen, ohne den Grund dafür benennen zu können. Manchmal geht alles mühelos, manchmal steckt der Teufel im Detail.

Das gilt im Besonderen für das Wäschewaschen, jedoch davon ausgehend, dass Sie nicht mit scharfen Mitteln und übertriebenem Einsatz von Chemie an Ihre Sachen herangehen und nicht regelmäßig übergroße Mengen von Waschmittel verwenden. Sonst kann es passieren, dass Sie die folgenden Beobachtungen nicht nachvollziehen können. Die Wirkung der Mondrhythmen ist so subtil, dass es nicht naheliegt, sie unmittelbar »verantwortlich« zu machen. Die Kräfte existieren jedoch und können langfristig von großem Nutzen werden.

Wenn Sie erst einmal diesen Rhythmus ausprobiert haben, dann werden Sie viel Freude und Schwung in diese aufwendige Arbeit bringen. An manchen Tagen geht vieles fast wie von selbst.

Problemflecken lösen sich beispielsweise bei abnehmendem Mond viel schneller als bei zunehmendem Mond – vorausgesetzt, Sie ignorieren von vornherein die viel zu hohen Mengenempfehlungen der Waschmittelhersteller und verzichten auf scharfe Mittel. Noch erfolgreicher gelingt die Reinigung, wenn auf einen Wassertag geachtet wird (Fische, Krebs, Skorpion). Obendrein wird die Umwelt geschont, weil bei abnehmendem Mond das Abwasser leichter abgebaut wird.

»Ich persönlich verwende bei abnehmendem Mond, wo ich den größten Teil meiner Wäsche erledige, nur ein Viertel der vorgeschriebenen Waschmittelmenge. Mit dem Verkalken der Waschmaschine habe ich auch keine Probleme. Wenn ich im Sieb etwas Kalk entdecke, kommt einfach ein wenig Essig ins Wasser, Ich glaube schon, dass ich so täglich meinen persönlichen Beitrag zum Umweltschutz leisten kann.«

Machen Sie doch einen einfachen Test: Legen Sie bei abnehmendem Mond ein stark verschmutztes Wäschestück ins volle Waschbecken und fügen Sie Waschmittel oder Schmierseife hinzu. Tun Sie dasselbe bei zunehmendem Mond und gleichen Bedingungen und vergleichen Sie, was geschieht. Das Ergebnis wird Sie überraschen: Bei zunehmendem Mond bleibt die Lauge schön und die Wäsche schön schmutzig. Bei abnehmendem Mond löst sich der Schmutz; schon an der Lauge erkennt man, wohin der Schmutz gewandert ist. Vielleicht haben Sie auch schon die Erfahrung gemacht, dass manchmal alles besonders frisch und luftig riecht, obwohl Waschgang und Waschmittelmenge die gleichen waren.

Ob eine Arbeit gut oder schlecht von der Hand geht, ob der Raum oder die Wäsche zufriedenstellend sauber werden, hängt viel vom Zeitpunkt der Arbeit ab. Die Faustregel im Haushalt lautet also: *Bei abnehmendem Mond geht alles leichter.*

In loser Folge nun eine Reihe von speziellen Tipps zur Arbeit im Haushalt und Alltag. Wenn bei einem Hinweis auch noch besondere Tierkreiszeichen angegeben sind, dann soll das nicht heißen, dass sich die Arbeit nur an diesen Tagen lohnt, sondern dass sie dann *besonders gut* gelingt.

224

Waschen, Putzen und Reinigen

Waschtag

Gerade in kinderreichen Familien ist es unmöglich, alle Wäsche, die im Haushalt anfällt, nur bei abnehmendem Mond zu waschen. Sie sollten zumindest den Versuch unternehmen, das Hauptgewicht der Arbeit auf den abnehmenden Mond zu verlegen. Die Ergebnisse dieser Umstellung werden für sich selbst sprechen und die Inspiration wecken, weitere Änderungen in Ihren Arbeitsabläufen vorzunehmen.

Der rechte Zeitpunkt: Bei abnehmendem Mond gewaschen wird Wäsche sauberer, besonders an Wassertagen (am besten an Fischetagen, aber auch an Skorpion und Krebs). Es bleibt kaum Waschmittel im Wäschestück zurück.

Der zunehmende Mond führt zu stärkerer Schaumbildung, hartnäckige Flecken bleiben im Wäschestück, Waschmittelreste bleiben in der Wäsche und können Allergien auslösen.

Dieser Rhythmus – die meiste Wäsche bei abnehmendem Mond zu waschen – spart viel Waschpulver, das Gewebe wird geschont und bleibt haltbarer, hartnäckige Flecken lassen sich viel leichter entfernen.

Ein Tipp für Fettflecken (besonders Wagenschmiere oder Fahrradölflecken): Bei abnehmendem Mond an einem Wassertag mit etwas Schmalz einreiben. Anschließend »normal« waschen.

Umweltbewusste Mitmenschen machen oft die Erfahrung, dass manchen Flecken gerade mit natürlichen Methoden nicht beizukommen ist. Solche »wertvollen Streiter« für eine bessere Umwelt werden sich besonders freuen, wenn sie die Beachtung der Mondphasen als erfolgreich erfahren können.

225

Chemische Reinigung

Wertvolle und empfindliche Kleidungsstücke – Lammfell, Leder, Daunen, Seide etc. – sollte man nur bei *abnehmendem* Mond in die chemische Reinigung geben. Das Gewebe nimmt dann keinen Schaden, die Kleidung bleibt haltbarer und die Farben gehen nicht aus. Wenn möglich, sollte bei der chemischen Reinigung generell das Zeichen *Steinbock* vermieden werden – es sorgt für den gefürchteten »Glanz« auf den Kleidungsstücken.

Besonders Saisonkleidung sollte nur bei abnehmendem Mond gewaschen oder gereinigt werden, bevor sie für ein halbes Jahr oder länger im Schrank verschwindet.

Holz- und Parkettböden

Holzböden sollten nur bei *abnehmendem* Mond gründlich geschrubbt werden. Bei zunehmendem Mond sollte nur gekehrt oder bei einem Luftzeichen feucht gewischt werden. Wenn Sie bei einem Wasserzeichen im zunehmenden Mond feucht wischen, kann die Feuchtigkeit in die Ritzen dringen, das Holz verzieht sich oder fault gar nach längerer Zeit.

Fenster und Glas

Oft bleiben beim Fensterputzen auch unter Einsatz von reinem Spiritus Streifen und Schlieren zurück. Wenn Sie allerdings auf den *abnehmenden Mond und einen Luft- oder Wärmetag* achten, genügt schon Wasser mit einem Schuss Spiritus, um »freie Sicht« zu gewähren. Scharfe oder hochkonzentrierte Mittel sind dann überflüssig.

Wer schon einmal einen verrauchten Computer- oder Fernsehbildschirm zu reinigen versuchte, wird diese Ratschläge besonders zu schätzen wissen. Bei der Reinigung stark verschmutzter Fensterrahmen würden Sie übrigens bei einem Wassertag noch bessere Ergebnisse erzielen. Das Warten lohnt sich.

Porzellan

Für die Chinesen, die »Erfinder« des Tees, war und ist es selbstverständlich, den dunklen Belag in ihren Teekannen nicht zu entfernen (sie verwenden ohnehin zumeist Kannen aus schwarzem Eisen). Sie sagen sogar, dass die »Seele« des Tees in diesem Belag wohnt und jeder weiteren Tasse ein gewisses Etwas verleiht, das das Gebräu erst zum Tee macht. Teekenner kämen deshalb niemals auf die Idee, diese Schicht zu beseitigen.

Wie dem auch sei, in unseren Breiten gilt es oft als unfein, zarte Porzellankannen mit diesem Belag auf den Tisch des Hauses zu stellen. Der hartnäckige Belag, natürlich aber auch Lippenstift- und Kaffeeflecken und dergleichen, können oft verärgern, besonders, wenn die Reinigungsversuche feine Kratzer auf dem wertvollen Material hinterlassen oder die Farben »fortgereinigt« werden. Dankbar können sich diese Geplagten den folgenden Rat zu Herzen nehmen:

Der rechte Zeitpunkt: Nehmen Sie bei abnehmendem Mond einen feuchten Lappen zur Hand, geben Sie ein wenig Salz darauf und putzen Sie die verunreinigte Oberfläche des Porzellans.

Bei abnehmendem Mond hilft fast jedes sanfte Hausmittel, während bei zunehmendem Mond oft auch aggressive Scheuermittel nicht den gewünschten Erfolg bringen und nur die Oberfläche zerkratzen. Probieren geht über Studieren.

Metalle

Mit Metallen verhält es sich in vieler Hinsicht wie mit dem Porzellan: An manchen Tagen kratzt man mit dem Putzmittel Muster in die schimmernde Fläche, an anderen genügt ein Anhauchen und Darüberwischen und schon ist sie wieder sauber.

Achten Sie einfach auf den *abnehmenden* Mond und verwenden Sie geringe Mengen nicht aggressiver Hausmittel.

Messing: Bei abnehmendem Mond gleiche Teile Mehl und Salz mit etwas Essig cremig anrühren und gut auftragen. Nach kurzer Einwirkzeit abwaschen und trockenreiben.

Silber: Bei abnehmendem Mond an einem Lufttag mit verdünntem Salmiakgeist putzen und mit etwas Kreide nachpolieren.

Kupfer: Bei abnehmendem Mond heißen Essig und etwas Salz verrühren und damit putzen. Anschließend gut trockenreiben.

Schuhe

Bei *abnehmendem* Mond geputzt bleibt jedes Schuhwerk länger sauber, das Leder wird nicht so angegriffen und ist haltbarer. Schuhe putzen nur bei abnehmendem Mond ist natürlich nicht möglich, doch hartnäckiger Schmutz lässt sich dann tatsächlich wesentlich leichter entfernen. Besonders wenn die Winterstiefel im Frühjahr in den Schrank gepackt werden, sollte man sie vorher bei abnehmendem Mond reinigen und ausgiebig eincremen.

Eine Erstimprägnierung nagelneuer Schuhe bei abnehmendem Mond hält fast das ganze Schuhleben lang!

Schimmelbefall

Moderne, dicht schließende Fenster zusammen mit schlecht wärmegedämmten Wänden haben einen Nachteil: Die Wandoberflächen, besonders die Kältebrücken in den Ecken, können bei hoher Luftfeuchte zu Nährböden für Schimmel werden. Bei *abnehmendem* Mond kann man ihn viel besser bekämpfen als bei zunehmendem, die Arbeit hält länger vor. Sanfte Mittel, etwa Essigwasser mit einer Wurzelbürste aufgetragen, würden schon ausreichen.

Großer Hausputz

Das Frühjahr ist der beste Nährboden für eine bestimmte Bazillusart, eine merkwürdige Unruhe greift um sich in der ganzen Familie, die länger werdenden Tage bringen es ans Licht: Frühjahrsputz tut not! Speicher und Speisekammer, Keller und Garage warten darauf, gründlich durchstöbert, gelüftet und gereinigt zu werden.

Die Natur hat es so eingerichtet, dass die besten Tage für diese Arbeit tatsächlich ins Frühjahr fallen (allerdings mit fast gleichwertigen Alternativen während des ganzen Jahres).

Der rechte Zeitpunkt: Suchen Sie sich für das Stöbern, Lüften und Putzen einen Lufttag im abnehmenden Mond. Da Lufttage immer von Wassertagen gefolgt werden, sollten Sie das Beseitigen von hartnäckigem Schmutz und gründliches Reinigen erst nach den »luftigeren« Arbeiten, d. h. an den Wassertagen, angehen.

Das Luftzeichen *Wassermann* liegt im Frühjahr stets im abnehmenden Mond. Diese Tage wären ideal, weil gleich danach das Wasserzeichen *Fische* jedes gründliche Reinigen unterstützt.

229

Vom Lüften bis zum Familienausflug

Lüften – aber richtig

Zimmer: Im Zeitalter dicht schließender Fenster wird bei uns zu wenig gelüftet, besonders im Winter. Verständlich vielleicht, weil man auf den Gedanken kommen könnte, dass die Qualität der Außenluft zu mehr Sorgen Anlass gibt als der häusliche Mief. Dennoch, oft ist es gerade umgekehrt: Heute schon spricht man vom »House Sickness Syndrome«, einem Krankheitskomplex, den wir den giftigen Ausdünstungen moderner Werk- und Baustoffe, Holzschutzmitteln und schlecht funktionierenden Klimaanlagen zu verdanken haben. Regelmäßiges Lüften tut not und ist allemal besser als gar nicht zu lüften.

Der rechte Zeitpunkt: An Luft- und Wärmetagen ausgiebig lüften, an Erd- und Wassertagen nur kurz und schnell.

Betten: Betten lüften scheint aus der Mode gekommen zu sein, zumindest in den Städten, wo man nur noch sehr selten bunte Federbetten aus Fenstern oder Balkonen quellen sieht. Das wird verschiedene Gründe haben: Etwa, dass man dem Nachbarn ein Stockwerk tiefer nicht den eigenen Staub in die Wohnung blasen möchte, oder dass die Betten feuchter in die Wohnung zurückkehren als man sie herausgehängt hat. Für Menschen, die zu Rheuma neigen, ist das Gift.

Dabei ist das Bettenlüften zur rechten Zeit eine gute Sache: Die Betten werden frisch und duftig, lassen den Körper atmen. Das Lüften ist auch ein gutes Gegenmittel gegen die Hausstaubmilbe, ein allergieauslösendes Kleintier, das sich von Hautschuppen ernährt.

Der rechte Zeitpunkt: Ausgiebig Bettenlüften sollte man bei abnehmendem Mond in einem Luft- oder Feuerzeichen. Bei

zunehmendem Mond nur kurz lüften, weil sonst zu viel Feuchtigkeit in den Federn bleibt. Starke Sonnenbestrahlung vermeiden, weil die Federn Schaden nehmen. In allen Monaten ohne R im Namen kann länger gelüftet werden.

Angemerkt sei, dass mit »Betten lüften« nicht das tägliche Lüften vor dem Bettenmachen gemeint ist, sondern das Heraushängen des Bettzeugs zum Fenster oder Balkon.

Matratzen: Bettmatratzen sind durchschnittlich viel zu lange im Gebrauch (zehn Jahre und länger). Nun, wenn schon, dann sollten sie wenigstens regelmäßig gereinigt und vor allem gelüftet werden. Das Lüften verscheucht auch die Hausstaubmilbe, die ein feuchtwarmes Klima zum Gedeihen braucht.

Der rechte Zeitpunkt: Matratzen sollte bei abnehmendem Mond gereinigt und gelüftet werden, am besten an einem Luft- oder Wärmetag. Das schützt vor Ungeziefer und entzieht Feuchtigkeit (wichtig für Rheumatiker und Allergiker). Keinesfalls bei zunehmendem Mond an einem Wassertag lüften! Das zieht Feuchtigkeit an und wäre für Rheumatiker Gift. Auch die Erdtage sind nicht sonderlich gut geeignet.

Saisonkleidung verstauen

Mottenkugeln haben heute zwar ausgedient, doch wer geruchlosem, mit Giften getränktem Antimottenpapier und dergleichen misstrauisch gegenübersteht, für den gibt es ein bewährtes Rezept:

Der rechte Zeitpunkt: Hängen Sie Ihre Sommer- oder Winterkleidung in Frühjahr bzw. Herbst an einem Lufttag (Zwillinge, Waage, Wassermann) bei abnehmendem Mond in den Schrank. Mottenmittel sind dann überflüssig.

Als Alternative kommt auch der aufsteigende Mond in Frage. Bei Erdtagen eingelagert kann die Kleidung nach einigen Monaten einen etwas »strengen« Geruch annehmen und sogar modern. Bei Wassertagen gelagert wird sie feucht.

Konservieren, Einmachen und Einlagern

Heutzutage ist selbst gemachte Marmelade und selbst eingemachtes Gemüse und Obst ein Schlager. Die wichtigsten Regeln für ein erfolgreiches Ernten, Lagern und Konservieren wurden im Kapitel III schon vorgestellt.

Günstig für das Einkochen von Marmelade und Säften ist der *aufsteigende Mond*. Das Obst ist viel saftiger und auch das Aroma viel besser. Die Haltbarkeit ist um vieles größer, auf künstliche Geliermittel können Sie oft verzichten (gilt auch für das Einkochen und Einmachen anderer Lebensmittel). Probieren Sie es doch einmal aus: einmal nach Ihrer gewohnten Methode, dann einmal mit weniger – etwa der Hälfte – Gelierzucker (oder mit Äpfeln) zum richtigen Zeitpunkt.

Die günstigste Zeit für das Konservieren ist die Zeit des aufsteigenden Mondes (Schütze bis Zwillinge). Das Einkochen, Einmachen und Lagern ist somit weniger von den Mondphasen abhängig, sondern vom Tierkreiszeichen, das der Mond gerade durchwandert.

Früchte werden am besten an Widder (Fruchttag) geerntet und eingemacht, Wurzelgemüse an Steinbock und Stier (Wurzeltage).

Einfrieren von Obst und Gemüse ist an einem Fruchttag besser aufgehoben als an Wassertagen. Wiederaufgetautes schmeckt dann besser, wird nicht so wässrig und zerfällt nicht.

Kellerregale für die Obstlagerung nur bei abnehmendem Mond reinigen (Luft- oder Feuerzeichen). Das hält sie trocken und verhindert den oft modrigen Geruch.

Malern und Lackieren

Viele hochgiftige und in der Herstellung teure Farben, Dispersionen und Lacke konnten sich gegenüber sanfteren Kalkfarben und natürlich hergestellten Lacken durchsetzen, weil sie die subtilen Einflüsse der Naturrhythmen im wahrsten Sinne des Wortes einfach überrollen.

Die Hinwendung zur Natur würde auf diesem Gebiet leichter fallen, wenn ungiftige Farben stets zum richtigen Zeitpunkt verwendet werden würden: In ihrer Wirkung und Langlebigkeit stehen sie dann den schnellwirksamen Giftbrühen kaum nach oder sind gleichwertig. Das gilt auch speziell für die Wandfarben in Innenräumen.

Der rechte Zeitpunkt: Für alle Maler- und Lackierarbeiten ist die Zeit des abnehmenden Mondes gut geeignet, Farben und Untergrund trocknen gut ab und bilden schöne Flächen. Die Farben verbinden sich gut mit dem Untergrund, der Pinsel gleitet fast von selbst. Kalk lässt den Untergrund atmen.

Wassertage sind eher ungeeignet, weil die Farbe schlecht trocknet. Auch die Löwetage sind ungünstig, weil sie stark austrocknend wirken und Farben manchmal splittern lassen.

Aufheizen im Herbst

In jedem Herbst kommt der Tag, der nach Erwärmung der eigenen vier Wände verlangt, weil die Kraft der Sonne dazu nicht mehr ausreicht. Will

233

man eine gute und schnelle Durchwärmung des ganzen Hauses erzielen, sollte man die Regel beachten:

Das erste Mal heizen im Herbst sollte an einem Wärmetag (Widder, Löwe, Schütze) bei abnehmendem Mond geschehen.

Dieser Rat ist besonders wichtig für einen *Neubau,* der in jedem Fall zu dem oben genannten Termin zum ersten Mal geheizt werden sollte. Das vertreibt die letzte Feuchtigkeit aus den Wänden.

Winterfenster einsetzen

In modernen Wohnmobilen, aber auch noch in vielen Altbauten und vielfach auf dem Land finden sich herausnehmbare Doppelfenster, die im Sommer in Keller oder Speicher gelagert werden und erst im Herbst wieder ihre Funktion als Wärmedämmung erfüllen müssen.

Der Termin des Wiedereinsetzens entscheidet darüber, ob sie ständig schwitzen oder beschlagen. Wer bei Fenstern die Durchsichtigkeit mehr schätzt als das Beschlagen, sollte beachten:

Der rechte Zeitpunkt: Winter- bzw. Vorfenster sollten bei aufsteigendem Mond in einem Luftzeichen (Wassermann, Zwillinge) eingesetzt werden.

So geht man allen unerwünschten Nebeneffekten aus dem Weg. Auch diese Regel ist für »biologische« Hausbauer interessant, denn der Termin würde sich ebenso auf das Einsetzen der Fenster bei einem Neubau günstig auswirken.

Pflege von Zimmerpflanzen

Ausführliche Hinweise zur Pflege unserer grünen und bunten Hausgenossen sind schon im Kapitel III enthalten. Die wichtigsten sollen hier noch einmal besonders hervorgehoben werden:

235

Der rechte Zeitpunkt: Das Umtopfen und Neueinsetzen von Balkon- und Zimmerpflanzen geschieht am besten an den Jungfrautagen. Die Pflanzen wurzeln rasch an.

Gießen sollte man, wenn möglich, nur an Blatttagen (Krebs, Skorpion, Fische) und unbedingt mit Regenwasser oder abgestandenem Wasser. Zimmerpflanzen ins Freie zu bringen, um sie dem Regen auszusetzen, schadet manchmal, weil die Blätter das direkte Befeuchten nicht gewohnt sind.

Das Düngen sollte nur bei abnehmendem Mond geschehen, bevorzugt an Blatttagen. Zwischendurch an Wurzeltagen bei schwacher Wurzelbildung oder an Blütentagen, wenn es um Blühpflanzen geht, die zu ungewohnter Zeit mit ihren Farben geizen.

Alle Regeln zur Schädlingsbekämpfung (siehe Kap. III) gelten auch hier. Denken Sie daran, nicht zu oft an Blütentagen zu gießen, um keine Schädlinge anzulocken. Pflanzenauszüge zur Schädlingsbekämpfung nur in den Wurzelbereich gießen, nicht an Stiel, Blätter oder Blüten!

Tagesqualität und Ausflüge

Wer unternimmt nicht gern hin und wieder einen Ausflug ins Grüne, allein, zu zweit oder mit Familie und Freunden?

Ist Ihnen dabei schon einmal aufgefallen, dass sich bei *gleichen* Außentemperaturen die Ausflugstage unterschiedlich »anfühlen« – dass man manchmal trotz bedecktem Himmel unwillkürlich zur Sonnenbrille greift oder dass man sich einmal gern ins Gras setzt und ein andermal sich nicht vom Picknickstuhl heruntertraut, weil sich der Boden unangenehm feucht oder kalt anfühlt?

»*In diesem Zusammenhang ist mir ein Beispiel eingefallen, nämlich was mir als Junge oft passiert ist, als ich vor langen Jahren mein erstes Fahrrad viele Sommertage lang spazieren fuhr. Von meinem Taschengeld kaufte ich damals eine Trinkflasche – eines von den Plastikdingern, die man am Rahmen festschnallt und dann daraus während der Fahrt trinken kann. Stundenlang war ich an heißen Tagen mit Freunden unterwegs und wunderte mich immer, dass der Inhalt der Flasche – bei gleichen Hitzegraden – manchmal schon nach einer Stunde ausgetrunken war, während ich zu anderen Zeiten am Abend die halb volle Flasche mit nach Hause brachte.*«*

Das Rätsel löst sich, wenn man sich kurz mit den vier »Tagesqualitäten« befasst – besondere Eigenschaften eines Tages, die mit dem jeweiligen Tierkreiszeichen zusammenhängen, das gerade regiert.

Wärmetage herrschen, wenn der Mond in den Tierkreiszeichen Widder, Löwe und Schütze steht. Meist sind das schöne Ausflugstage, die auch dann als warm empfunden werden, wenn der Himmel bewölkt ist. Sie wirken austrocknend, besonders an Löwe, und man wird an diesen Tagen vielleicht etwas mehr Durst haben als sonst. Löwetage bergen manchmal die Gefahr starker, rasch heraufziehender Gewitter, die sich besonders nach längeren Hitzeperioden schlimm auswirken und mit Hagelschlag und Hochwasser (die Erde kann nicht viel Feuchtigkeit aufnehmen) einhergehen können.

Licht- oder Lufttage herrschen, wenn der Mond in Zwillinge, Waage oder Wassermann steht. Die Erde und die Pflanzen holen sich in dieser Zeit mehr Licht als sonst, auf den Menschen wirken sie meistens sehr angenehm. Autofahrer erleben diese Tage bisweilen als ungemütlich: Selbst bei bewölktem Himmel verspürt man manchmal das Bedürfnis, eine Sonnenbrille aufzusetzen, weil das Licht als »stechend« empfunden wird.

Auch Sportler, z. B. Tennisspieler, empfinden solche Lichttage manchmal als unangenehm, wenn sie gegen die Sonne aufschlagen müssen. Selbst wenn sie nicht direkt scheint.

Kälte- oder Erdtage sind Stier, Jungfrau, Steinbock. Auch wenn das Thermometer hohe Temperaturen anzeigt, sollte man immer etwas wärmere Kleidung und Decken mitnehmen, falls die Sonne hinter Wolken verschwindet. Die Erde fühlt sich kühl an, und manchmal bekommt man schon bei der kleinsten Schäfchenwolke, die sich vor die Sonne schiebt, eine Gänsehaut. An diesen Tagen wird man wahrscheinlich mit halb gefülltem Getränkekorb nach Hause zurückkehren.

Wassertage – Krebs, Skorpion, Fische – lassen die Erde nie ganz trocken werden. Auch die Neigung zu Niederschlägen ist größer. Verlassen Sie Ihr Heim möglichst nicht ohne Regenkleidung oder Regenschirm und schon gar nicht ohne eine Decke, wenn Sie planen, sich irgendwo zum Picknick oder zum Baden niederzulassen. Ein Tipp: Wenn Sie sich auf Wetterumschläge und Klimawechsel besser vorbereiten wollen, achten Sie auf Neumond- und Vollmondtage, Zwillinge- und Schützetage.

Tipps für die Körperpflege

Auch bei der Körperpflege lässt sich die Kenntnis der Mondrhythmen nutzbringend anwenden. Allerdings sollte man bedenken, dass die Beschaffenheit von Haut, Haaren und Nägeln fast immer Kennzeichen und Symptom des gesamten Gesundheitszustands ist. Ohne »Schönheit von innen«, ohne gesunde Ernährung vor allem, sind Maßnahmen zur Körperpflege häufig nur »Make-up« – sie überdecken die wahren Ursachen blasser, fettiger oder unreiner Haut oder brüchiger Nägel.

Die zahlreichen Tipps und Hinweise zur gesunden Lebensführung im Kapitel II sind somit gleichzeitig eine große Hilfe, um von innen für gesunde Haut und kräftige Haare zu arbeiten – auch deshalb, weil Sie sich dann viel Geld für oft sehr teure Kosmetika sparen können.

Hautpflege

Mit Hautpflege ist hier nicht das tägliche Waschen oder das Auftragen von Tagescremes gemeint, sondern die Pflege von Problemhaut, etwa unter Anwendung spezieller Gesichtspackungen oder Masken. Sie erfolgt am besten bei *abnehmendem* Mond – ganz besonders, wenn dabei kleine »Eingriffe« gegen Unebenheiten, Pickel und dergleichen nötig werden: Narben bilden sich bei abnehmendem Mond fast nie. Hautärzte könnten vielen Problemen aus dem Weg gehen, wenn sie frei bewegliche Termine in diese Zeit legen würden.

Sollen der Haut Stoffe zugeführt werden, etwa durch Straffungs- und Feuchtigkeitscremes, ist die Phase des *zunehmenden* Mondes besser geeignet.

Wer zusätzlich auch auf das Tierkreiszeichen achten möchte, sollte die *Steinbocktage* nicht versäumen. Sie sind für jede Art der Hautpflege geeignet.

Haarpflege

Viele Haar- und Schuppenmittel wären überflüssig, wenn Sie bei der Haarpflege auf den richtigen Termin achten. Früher wunderte sich niemand, wenn ein Friseur an bestimmten Tagen sein Geschäft geschlossen hielt, weil man wusste, es würde ohnehin niemand seine Dienste beanspruchen. Wenn Löwe andererseits auf einen Sonntag fiel, haben ihn viele nach dem Kirchgang aufgesucht, um ihm ihr Haupthaar anzuvertrauen.

> *In meiner Heimat Tirol gab es früher nur wenige Männer mit Glatzen. Vielleicht liegt das daran, dass schon beim ersten Haarschnitt eines Babys auf den Löwetag geachtet wurde.*

Der rechte Zeitpunkt: Löwetage und Jungfrautage sind Haarschneidetage – gleichgültig, ob der Mond ab- oder zunimmt!

An Fische- und Krebstagen sollte man auf das Haareschneiden verzichten.

Wer mit seinen Haaren nicht glücklich ist, etwa weil sie ausfallen, zu dünn oder zu fettig sind, dem sei eine »Kur« empfohlen, die ihre Wirkung nicht verfehlen wird:

- Lassen Sie sich jeden Monat *von Februar bis August an den Löwetagen* die Haare oder Haarspitzen schneiden. Löwe steht dann immer im zunehmenden Mond, was die gute Wirkung noch verstärkt. Die Löwequalität wirkt besonders auf die männlichen Hormone, vielleicht ist das ein Grund für die »haarige« Wirkung des Löwetages, d. h. dass die Haare kräftiger werden.

- Verquirlen Sie in dieser Zeit ein- bis zweimal wöchentlich 1–2 Eier (Eigelb *und* Eiweiß) und massieren Sie sie nach der Wäsche ins Haar. Kurze Zeit einwirken lassen und dann mit warmem Wasser ausspülen.

240

● Wichtig ist, dass die letzte Spülung mit kaltem Wasser erfolgt. Die Temperatur ist richtig, wenn sich das Wasser am Kopf kalt anfühlt. Diesen Rat sollte man eigentlich immer befolgen, auch wenn man gesundes und kräftiges Haar hat.

● Föhnen Sie in dieser Zeit nicht die Haare. Wenn es doch sein muss, warten Sie damit eine Viertelstunde. Föhnen Sie nie »gegen den Strich« und zu heiß, das zerstört langfristig jedes Haar.

Der Haarschnitt ausschließlich an Löwe ist allerdings kein sicheres Mittel gegen Haarausfall, weil uns die Haare oft aufgrund von Medikamentenwirkungen, Hormonumstellungen im Körper und dem begleitenden seelischen Durcheinander verlassen. Besonders nach Schwangerschaften oder in den Wechseljahren kommt ein Haarausfall verstärkt vor, doch das legt sich später wieder.

An *Jungfrau* geschnitten, bewahren die Haare länger Form und Schönheit. Besonders für Dauerwellen eignet sich Jungfrau gut, an Löwetagen werden sie sehr kraus.

Haareschneiden an *Fischetagen* führt häufig zu Schuppenbildung. Schneidet man die Haare an *Krebs,* werden sie sehr widerspenstig und struppig.

Wenn es Ihnen möglich ist, sollten Sie an *Fische* und *Krebs* daher auch auf das Haarewaschen verzichten. Sicherlich, viele Menschen und gerade junge Leute waschen fast täglich ihre Haare, aber in der Jugend hält der Körper auch mehr aus. Später können Sie ja damit beginnen, diesen Ratschlag zu beherzigen.

Epilieren

Sollten Sie sich aus irgendwelchen Gründen von Körperhaaren verab-
schieden wollen, dann wählen Sie für das Entfernen die Zeit des abnehmenden Mondes. *Steinbock im abnehmenden Mond* (nur während der
ersten Jahreshälfte) sollte man dazu nicht versäumen. Nur dann werden
sie längere Zeit nicht so rasch nachwachsen. Übertreiben Sie jedoch nicht
mit dem Auszupfen von Augenbrauen, sie erfüllen eine Aufgabe, die über
das »Schweißfangen« hinausgeht.

> *»Erinnern Sie sich an die Regel vom 18. Juni? An diesem Tag*
> *vormittags ausgerissenes Unkraut wächst nicht mehr nach.*
> *Vielleicht funktioniert das auch bei Augenbrauen, so dachte*
> *ich einmal als Teenager und zupfte mir an einem 18. Juni*
> *die Augenbrauen schmal, weil das damals die Mode war.*
> *Leider hat es perfekt funktioniert und heute sind schmale*
> *Augenbrauen längst nicht mehr modern. Ich weiß, dass die*
> *Regel sicher nicht perfekt funktioniert, weil nicht jeder 18.*
> *Juni gleichzeitig auch fürs Haarentfernen wirkt.«*

Diese Anekdote ist jedoch nicht als »Empfehlung« gedacht, geschweige
denn als Garantie dafür, dass Körperhaare nicht mehr nachwachsen. Es ist
im Gegenteil eine prima Sache, dass die »Unkrautregel« nur in ganz seltenen Fällen auch bei Körperhaaren funktioniert. Schmale Augenbrauen
waren einmal modern, jetzt sind sie es nicht mehr. Wahre Schönheit bedeutet auch, die Vollkommenheit der Natur auszuarbeiten, zu unterstrei-
chen, an sie zu erinnern und sie zu fördern.

Nagelpflege

Der rechte Zeitpunkt: Für Zehen- und Fingernagelpflege, für Schneiden und Feilen, ist Steinbock der geeignete Tag. Besonders geeignet auch jeder Freitag nach Sonnenuntergang.

Besonders ungünstig ist der Samstagvormittag, die Nägel werden weich und brechen leicht.

Die Nägel werden, bei Steinbock geschnitten, hart, widerstandsfähig und brechen nicht so leicht. Besondere Nagelmittel sind überflüssig, weil sie stets das Symptom und nicht die Ursache bekämpfen.

Natürlich kann die Nagelpflege nicht nur an zwei, drei Tagen im Monat geschehen, so ist der Ratschlag auch nicht gedacht. An Steinbock sollten Sie sie jedoch nicht versäumen.

»Ein Tipp, über den Sie vielleicht schmunzeln werden: Finger- und Zehennägel immer freitags nach Sonnenuntergang schneiden, dann bekommen Sie niemals Probleme und behalten kräftige Nägel. Mein Großvater, von dem ich ja dieses Wissen habe, schwor auf diese Regel, weil er auch sagte, dass er deshalb nie Zahnweh habe. Immerhin wurde er 89 Jahre alt und hatte niemals in seinem Leben mit den Zähnen zu tun. Auch ich befolge diese Regel und kann den Zusammenhang nur bestätigen.«

Eingewachsene Nägel sollten nicht *bei abnehmendem Mond* korrigiert oder geschnitten werden, sonst wachsen sie immer wieder falsch nach. Mit Ausnahme der Nagelbettkorrektur. Dieser Eingriff ist bei abnehmendem Mond besser aufgehoben (wenn möglich die Fischetage meiden). Ebenso wirksam ist übrigens auch die Behandlung von hartnäckigem Fuß- und Nagelpilz bei abnehmendem Mond. Das gleiche Prinzip gilt für Warzen.

243

Die Füße sind ein sehr wichtiger und empfindsamer Körperteil, der leider von vielen Menschen zu stiefmütterlich behandelt wird. Ist der Fuß krank, ist der Mensch krank. Jedes Gebiet des Körpers spiegelt sich in den Reflexzonen der Füße wider und kann durch die *Fußreflexzonenmassage* beeinflusst werden. Sollen diese Bereiche angeregt werden, etwas abzubauen, z. B. Verspannungen oder Vergiftungen im Körper zu lösen, ist der Zeitpunkt des abnehmenden Mondes günstiger. Sollen sie jedoch aufbauend auf sie wirken, z. B. Regeneration und Kräftigung der Körperfunktionen, ist der Zeitpunkt des zunehmenden Mondes günstiger.

Permanent Make-up und Tattoos

Permanent Make-ups und auch Tätowierungen bringen Mikroverletzungen der Haut mit sich. Deshalb wäre es sinnvoll, zwar bei abnehmendem Mond zur Kosmetikerin zu gehen, gleichzeitig aber das Tierkreiszeichen zu meiden, das die jeweilige Körperregion beeinflusst – in den meisten Fällen also Widder und Stier, die Kopf und Hals regieren. Steinbock regiert Knochen und Haut und ist deshalb ebenso ungünstig. Insgesamt aber haben wir mit dieser speziellen Form der Kosmetik eher weniger Erfahrung. Sicher ist jedoch, dass das Beachten der Mondrhythmen in der Schönheitschirurgie generell große Erfolge bringt. Es kommt seltener zu einer problematischen Narbenbildung, zu Entzündungen oder anderen unangenehmen Begleiterscheinungen.

Sonnenbad

Der rechte Zeitpunkt: Ungünstig ist intensives Sonnenbaden an Krebstagen, aber auch bei abnehmendem Mond in Steinbock oder Löwe und generell bei zunehmendem Mond. Sehr ungünstig an Krebstagen bei zunehmendem Mond und bei zunehmendem Mond in Steinbock oder Löwe, Schütze und Widder.

Bei zunehmendem Mond im Tierkreiszeichen Löwe und in den Lichtzeichen (Zwillinge, Waage, Wassermann) ist die Sonnenbrandgefahr am höchsten.

Mögliche Folgen der Wahl des falschen Zeitpunkts: Die Haut trocknet stark aus, der Alterungsprozess wird beschleunigt. Bei abnehmendem Mond erzielt man generell eine eher dauerhafte Bräune, bei zunehmendem Mond dagegen kommt es leichter zum Sonnenbrand. Von großem Schaden ist das Einschlafen in praller Sonne. Eine Viertelstunde im Schlaf ist schlimmer als eine Stunde im Wachzustand zu »braten«. Natürlich wollen wir hier nicht gegen das Sonnenbad am Urlaubsort predigen. Aber längere Sonnenbäder in regungslosem Zustand sind für jeden Hauttyp von Übel – doch das ist für Sie sicher längst nichts Neues mehr.

Der Teufelskreis ist sehr einfach zu beschreiben: Wenn man die Haut durch die Dauer der Bestrahlung nicht überlastet, besitzt sie eine natürliche Schutzfunktion gegen intensive Sonnenstrahlen. Sonnenschutzmittel unterstützen diesen Eigenschutz nicht, sie ersetzen ihn! Das wiederum sorgt dafür, dass alle Hautbereiche, die normalerweise ohnehin der Sonnenbestrahlung ausgesetzt sind (Hals, Arme, Gesicht, Beine, Dekolleté) noch empfindlicher werden und schneller altern. (Haben Sie schon einmal die Haut am Rücken eines 80-jährigen Menschen berührt? Sie fühlt sich an wie die Haut eines Kindes.)

Und noch etwas: Die Hautkrebsrate nimmt überall dort zu, wo die Ozonschicht geschädigt ist. Merkwürdig ist, dass bei Mitgliedern aller Berufsgruppen, die vorwiegend unter freiem Himmel arbeiten – Bauarbeiter, Landwirte, Förster usw. –, die Hautkrebsrate vergleichsweise langsamer ansteigt. Fest steht, dass die meisten von ihnen aus unterschiedlichen Gründen auf die üblichen Lichtschutzkosmetika verzichten. Zum einen bedienen sie sich meist weit besserer Sonnenschutzmaßnahmen, nämlich Kleidung und breitkrempiger Hüte. Zum anderen wissen sie häufig, wann es Zeit ist, sich zu bedecken. Bei ihnen hatten Sonnenschutzmittel keine Gelegenheit, das natürliche Gespür der Haut für ihre Grenzen zu betäuben. Die heute weitverbreiteten »Sonnenallergien« sind ebenfalls in erster Linie auf Sonnenschutzmittel zurückzuführen, ausgelöst durch die Veränderung der darin enthaltenen chemischen Fettstoffe unter Hitzeeinwirkung. Ab Lichtschutzfaktor 8 ist so viel Chemie enthalten, dass die Cremes teilweise nachweislich gesundheitsschädlich wirken. Tiefe Bräune nicht automatisch als »gesund« zu bezeichnen, das wäre schon ein großer Schritt in die richtige Richtung.

Ein wunderbares Mittel gegen Sonnenbrand ist der Saft frischer Bio-Zitronen. Einfach auf die Haut träufeln, ganz zart auf den heißen Hautstellen verteilen und eintrocknen lassen. Dann eventuell einige Minuten später noch einmal wiederholen. Wichtig ist nur, dass die Zitronen unbedingt Zimmertemperatur haben sollten, vielleicht sogar noch wärmer. Aus dem Kühlschrank genommen können Kinder fast einen Schock bekommen, wenn man sie auf ihrer heißen Haut verwendet.

Massagen

Eine gekonnte Massage ist nicht nur wohltuend, sondern eine sehr gute Vorbeugung gegen Krankheiten aller Art. Sie wirkt entkrampfend und stabilisierend auf Herz und Kreislauf, regt die Organtätigkeit an und kann vor allem für Menschen mit Blutdruckschwierigkeiten sehr hilfreich sein.

Wenn Krankheiten vorliegen, sind Spezialmassagen wie z. B. Lymphdrainagen ganz besonders heilungsfördernd und entstauend. Sie sollten jedoch nur von erfahrenen Physiotherapeuten ausgeführt werden.

Für Massagen, die der Entspannung, Entkrampfung und Entgiftung dienen, eignet sich die Zeit des abnehmenden Mondes gut.

Soll eine Massage vorwiegend regenerierend und kräftigend wirken, etwa mit Hilfe entsprechender Öle, wird sie bei zunehmendem Mond bessere Resultate erzielen.

Massagen nach Entzündungen und Verletzungen, Lymphdrainagen und dergleichen können und sollen selbstverständlich nicht auf den »richtigen« Termin warten – im Gegenteil: das Zuwarten kann größeren Schaden anrichten als der gute Effekt der Massage nach dem Mondrhythmus. Die Hinweise gelten deshalb vorwiegend für gesunde Menschen.

»Durch Gespräche mit meinem Bruder Georg Koller, der in Osnabrück eine Praxis für physikalische Therapie hat und ebenfalls mit den Mondrhythmen vertraut ist, weiß ich um die großen Erfolge von Spezialmassagen und ihren Anwendungen. Als Physiotherapeut und Chiropraktiker versucht er schwierige Behandlungen zum richtigen Zeitpunkt auszuführen.«

30 Jahre »Vom richtigen Zeitpunkt« – Gute Jahre für den 10. Bauern

Als dieses Buch 1991 zum ersten Mal in den Buchläden auftauchte, war unsere Hoffnung, dass der eine oder andere unter den LeserInnen das Wissen um den Einfluss der Mondrhythmen lebendig erhält und weitergibt. Man schrieb »*dass*« noch mit scharfem ß und Tomaten aus Bio-Anbau gab es nur selten im Supermarkt.

Heute, Jahrzehnte später, ist »Vom richtigen Zeitpunkt« ein Welterfolg geworden, übersetzt in 26 Sprachen, und wir blicken zurück auf über 200.000 Zuschriften, teilweise verfasst von den Enkeln unserer ersten LeserInnen. Die jährlichen »Mondwochen«, die wir veranstalten (siehe Seite 267), sind regelmäßig ausgebucht.

»Worauf sind Sie eigentlich besonders stolz?« fragte uns kürzlich eine Journalistin. Unsere Antwort war und ist »Auf den 10. Bauern!« Klingt etwas geheimnisvoll und deshalb möchten wir Ihnen zur Erklärung eine *Zahl* nennen und eine *Geschichte* erzählen: Nach Erscheinen dieses Buches stieg die Zahl der Bio-Bauern in Österreich, Deutschland und der Schweiz innerhalb von acht Jahren um das *Zehnfache*. »Vom richtigen Zeitpunkt« hatte an dieser wunderbaren Entwicklung einen großen Anteil, wie wir heute wissen. Die Geschichte, die wir Ihnen hier ans Herz legen möchten, haben wir oft unseren Antworten auf Leserzuschriften beigefügt. Hier ist sie.

Die Geschichte vom Zehnten Bauern

Es war einmal, keine tausend Meilen von hier, da lebte ein Bauer, der weithin dafür bekannt war, außergewöhnliche und ganz eigene Wege zu gehen. Gesegnet mit besonderen Fähigkeiten, mit der Gabe des Weitblicks und des Tiefblicks konnte er alle Dinge gleichsam »zusammen« sehen – Sommer und Winter, nasse Felder und trockene Wiesen, reiche Ernten und magere Jahre, Nutzpflanzen und Schädlinge. Hinter allen Gegensätzen und Widersprüchen erkannte er die Einheit, das Verbindende, den verborgenen Sinn im scheinbar Sinnlosen. »Das Glück im Unglück« war ihm vertraute Wirklichkeit.

Sein Tun war beseelt von einer tiefen Liebe zu allem, was lebte und wuchs, was atmete und reifte. »Natur« war für ihn nur ein anderes Wort für »Geschenke Gottes«. Das Wort »Machet Euch die Erde untertan« hatte er stets verstanden als Aufforderung zu Miteinander und Dankbarkeit – nicht als Weisung, Mensch und Natur zu unterwerfen.

Er war stolz darauf, als Bauer leben zu dürfen, und empfand es als Geschenk, als fast unverdientes Privileg, aller harten Arbeit zum Trotz. Das Gefühl bevorzugter Behandlung durch das Schicksal bezeugte er im Alltag durch große Bescheidenheit und unaufdringliche Freundlichkeit. Er war ein Ruhepol mitten in einem unruhigen Meer, das bang darauf wartete, ob der Sturm am Horizont sich verziehen würde – oder doch nicht. Er war mit sich im Reinen.

Eine grenzenlose Neugier auf alle Dinge zwischen Himmel und Erde feuerte ihn an – wie sie uns allen zu eigen ist, wenn wir ihr nur Raum zur Entfaltung geben. »In hundert Jahren haben wir genug Zeit zum Schlafen«, sagte er seiner Familie stets, wenn alle wieder einmal große Augen machten, weil er etwas Neues ausprobiert hatte – eine besondere Züchtung, eine neue Technik, eine neue Anwendung für altes Wissen.

Manchen Menschen, die ihn nicht so gut kannten, war er ein wenig unheimlich, denn er konnte offenbar in vieler Hinsicht in die Zukunft blicken. Vor allen Dingen konnte die Wirklichkeit hinter dem Schein, das Echte hinter den Kulissen erfühlen, die Wahrheit hinter den Lügen und der Propaganda erkennen. Diese Fähigkeit war ihm selbst ein wenig rätselhaft, denn sie offenbarte sich fast immer als eine leise Stimme in seinem linken Ohr. Diese leise Stimme übersetzte dem »Zehnten Bauern« (wie wir ihn nennen wollen) unmittelbar und mit einfachen Worten, was das jeweilige Gegenüber *in Wahrheit* sagen wollte. »Meinen kleinen Übersetzerfreund« nannte er diese Stimme, wenn er mit ihr sprach. Sie gab ihm auch das Gefühl, die unsichtbaren Fäden sehen zu können, an denen andere Menschen hingen, wenn sie Lügen verbreiteten oder wenn sie gesteuert von unsichtbaren Auftraggebern oder Herrschern ihre Reden schwangen. War der jeweilige Gesprächspartner aufrichtig, dann schwieg der Übersetzer – oder er murmelte leise: *»Das ist aber schön!«* Bekam der Bauer Lügen oder unlogisches Geplapper zu hören, dann half ihm die Stimme augenblicklich, das Gehörte richtig zu verstehen. Das war manchmal recht lustig, weil der kleine Freund im Ohr sofort loslegte, beispielsweise, wenn jemand einen Satz begann mit »Sie haben recht, aber...« Regelmäßig murmelte die Stimme sofort: *»Er meint: Nein!«*

Oftmals stimmte der Übersetzerfreund den Zehnten Bauern etwas betrübt, gerade *weil* er die eigentlichen Motive seines Gegenübers erfuhr – hinter den schönen Worten. Er konnte nicht zum Metzger gehen, der ihn freundlich mit »Guten Morgen! Wie geht's Dir heut?« begrüßte, ohne dass der Übersetzer sofort seine Verständnishilfe gab: *»Er sagt: Hoffentlich kauft der Geizhals diesmal etwas mehr als sonst...«* Manchmal wünschte sich der Bauer, der Freund in seinem Ohr möge sich hin und wieder Urlaub gönnen. Aber der Übersetzer blieb sein Schicksal und sein treuer Gefährte, auf den er sich immer verlassen konnte.

Unsere kleine Geschichte beginnt, als sich eines Tages alle zehn Bauern des Großen Tals im Dorfwirtshaus versammelten, um der Einladung eines fliegenden Händlers zu folgen und dessen Vortrag zu hören. Auch unser Freund, der Zehnte Bauer, war gekommen, neugierig darauf, was es in der Welt Neues gäbe. Der städtisch elegant wirkende Fremde stellte sich vor als DER VERTRETER und er sei gekommen, um den Anbruch einer gesegneten »neuen Zeit« zu verkünden und den Landwirten in dieser verträumten, fast vergessenen Weltenecke zur Seite zu stehen, damit auch der hiesige Bauernstand am allgemeinen Fortschritt der Menschheit teilhabe. Er stellte sich vor die Bauern, neben sich ein Tisch, auf dem das offenbar einzige Utensil ruhte, das er mitgebracht hatte – ein tiefschwarz glänzender, auf den Kopf gestellter Zylinderhut. Anflüge von Neugier, verschlossene Skepsis, gespielte Gelassenheit – all das stand in den Gesichtern der Bauern zu lesen. Bevor noch das erste Wort gesprochen wurde, tauchte der Vertreter die Hand tief in den Hut und zog einen schweren Papiersack heraus, der wohl seine 20 Kilo auf die Waage brachte. Mit geübtem Schwung riss er ihn auf, schöpfte eine Handvoll bläulich schimmernder, streng riechender Körnchen hervor, blickte triumphierend in die Runde und summte mit sanftem, bedeutungsschweren Bariton: »Meine Herren, wir haben die Endlösung all Ihrer Probleme ... *Kunst-Dünger!*«

In diesem Augenblick erhob der Übersetzerfreund seine Stimme im Kopf des Zehnten Bauern und murmelte eindringlich: »Er meint: Ich habe die Endlösung für meine eigenen Probleme und die meiner Herren! Fast Food für Ihre Pflanzen.«

Neun Bauern hörten reglos zu, der »Zehnte Bauer« legte den Kopf leicht auf die Seite. Nach fein dosierter Kunstpause fuhr der Vertreter fort: »Ein magischer Stoff, das Zaubermittel der neuen Zeiten – es lässt Ihre Feldfrüchte fast doppelt so schnell wachsen, fast doppelt so groß werden und Ihren Gewinn nicht verdoppeln, – nein, verdreifachen! Ja, Sie können damit jetzt sogar zweimal im Jahr die Ernte einfahren! Oh ja, natürlich hat er seinen Preis, aber bei diesen goldenen Aussichten werden Sie sich doch die paar Silberlinge nicht reuen lassen. Und damit werden wir obendrein das Problem des Hungers in der Welt lösen!«

Der Übersetzer meldete sich sofort und flüsterte dem Zehnten Bauern ins Ohr, was der Vertreter in Wahrheit gesagt hatte: »Wir haben es hergestellt, also möchten wir es auch verkaufen. Und das am liebsten in jedem Jahr mehr und mehr. Nichts sonst interessiert uns.«

Neun Bauern flüsterten untereinander, bekamen glänzende Augen und rieben sich die Hände. Der Zehnte Bauer jedoch stand auf und bat ums Wort. Mit ruhiger, fester Stimme sagte er: »Die Natur liebt uns und sorgt für uns, wie jeder von uns täglich erleben darf. Zwangsernährung und Überfütterung der Pflanzen, die Sie uns hier vorschlagen, haben ebenso zwangsläufige Folgen. Die Natur erkennt die übergroßen, schwachen und leblosen Früchte in ihrer Weisheit als Kunstprodukt, als krank und krankmachend. Sie wird in ihrer Weisheit und Großzügigkeit sofort aufstehen und sich in unserem Namen wehren. Sie wird genau angepasste Gegenmaßnahmen ergreifen und viele Pflanzen und Tierchen schicken. Was wir »Unkraut« und »Schädlinge« nennen, soll für gesunden Ausgleich im Boden und in unserem Körper sorgen und solche Früchte ausrotten. Warum also einen solchen Krieg gegen die Natur beginnen, wenn wir Ursache und Folgen jetzt schon kennen?«

Die neun Bauern rutschten unbehaglich hin und her, die unverblümte Rede des Zehnten Bauern war ihnen etwas peinlich. Der Vertreter aber setzte ein mildes Lächeln auf und sagte: »Keine Sorge, lieber Herr, das wissen wir längst, dafür ist vorgesorgt«. Er griff wiederum tief in den Zylinder hinein und zog mehrere Dosen, Tüten und Sprays hervor, deren Etiketten wenig Großgedrucktes, viel Kleingedrucktes und jeweils einen kleinen Totenkopf aufwiesen. »Damit vernichten Sie alle Schädlinge und Unkräuter in Nullkommanix, die Euch der Früchte der Mühen und Investitionen berauben wollen. Sparsam in der Anwendung, kostengünstig in der Anschaffung!«

Der Übersetzer zögerte keine Sekunde und stellte die Worte des Vertreters richtig: »Wir schaffen ein Problem, wir verdienen am Problem, wir suchen eine Lösung, wir verdienen an der Suche nach der Lösung, wir bekämpfen das Symptom, wir verdienen an der Symptombekämpfung, wir schaffen neue Probleme, wir verdienen an der Lösung der neuen Probleme. Viel Geld, viel Umsatz!«

Neun Bauern murmelten anerkennende Worte angesichts dieser Weisheit und Voraussicht. Der Zehnte Bauer aber sprach: »Solchermaßen gezogenen Feldfrüchten fehlt jegliches innere Leben, das der Mensch braucht. Es fehlt an allem, diese Früchte sind nicht nur keine Lebensmittel, sie sind auf Dauer Gift.«

Der Vertreter hatte sich offenbar gut vorbereitet und nur auf diese Worte gewartet. Er griff in den Zylinder und zog eine Handvoll bunter Döschen und Schachteln heraus: »Aber kein Problem! Dieselben großartigen Firmen, die Ihnen die Düngemittel und Pestizide liefern, haben jahrzehntelang brillante Forschungsarbeit geleistet. Sie haben wunderbare Nahrungsergänzungsmittel entworfen, die alle Mängel ausgleichen. Und so fügt sich alles in schönster Ordnung: Sie können Ihre Preise niedrig halten, bleiben konkurrenzfähig und schaffen obendrein noch viele Arbeitsplätze in der chemischen Industrie. Das lässt einen doch mit ruhigem Gewissen schlafen, oder?«

Der Übersetzer tat seine Arbeit und meldete die wahren Worte des Vertreters und seiner Auftraggeber: »Wir haben jahrzehntelang brillante Forschungsarbeit geleistet und Nahrungsergänzungsmittel entworfen, die den Mangel, den wir selbst erzeugen, ausgleichen. Mittel, die zusammenfügen, was wir zerstört haben. Das schaffen sie aber niemals ganz, weiterer Mangel ist eingebaut. Wir wissen genau, wie aus Mangel und Müdigkeit Gold wird. Unser Gold, eure Betäubung.«

253

Neun Bauern nickten zustimmend – und reagierten etwas ungehalten, als der Zehnte Bauer wieder das Wort ergriff und zu bedenken gab: »Alle diese Pestizide sammeln sich in den Erntefrüchten, in der Erde, im Wasser, in der Luft, in den Tieren, im Körper des Menschen und machen uns krank. Die Nahrungsergänzungsmittel kann der Körper mit wenigen Ausnahmen gar nicht erkennen, der Mangel bleibt und macht den Körper dick und süchtig bei seinem ständigen Versuch, aus den leeren Früchten das Lebendige herauszuholen.«

Der Vertreter nickte verständnisvoll, zog einen riesigen Sack voll bunter Medikamentenpackungen aus dem Zylinder und sprach gönnerhaft: »Ist bekannt, ist erledigt, dafür ist vorgesorgt, werter Herr. Die Firmen, die Ihnen die Düngemittel, Pestizide und Nahrungsergänzungen bringen, die sind nicht faul gewesen. Sie haben keine Mühen und Kosten gescheut und in langjähriger und kostspieliger Forschungsarbeit herausgefunden, wie man mit all den kleinen Wehwehchen und Allergien und dem Übergewicht fertig wird. Sie sehen, wir haben an alles gedacht!«

Sein Gesicht strahlte jene Freude aus, die empfindet, wer seine Arbeit gut macht, wer in ihr aufblüht und sicher ist, der Menschheit Gutes zu tun.

Laut Übersetzer waren dies die eigentlichen Worte des Vertreters: »Wir verdienen an der Zerstörung, wir verdienen am Aufbau, wir bauen aber nur halb und in mangelhafter Qualität auf, weil wir dann an den ständigen Reparaturen verdienen. Symptombekämpfung – das ist das Zauberwort!«

Die neun Bauern spürten diese innere Kraft und waren's zufrieden. Der Zehnte Bauer sagte mit leiser, aber fester Stimme: »Ihre Medizin kuriert nur die Symptome der Krankheiten, gesund wird davon niemand, obendrein bringen uns die Nebenwirkungen um. Warum teuer kurieren, wenn krank werden so leicht zu vermeiden wäre?«

Des Vertreters Hand war schon im Zylinder verschwunden, noch bevor der Zehnte Bauer seinen Satz beendet hatte: »Hier sind die neuen Medikamente, die alle Nebenwirkungen der alten Medikamente im Schach halten und ausmerzen – teilweise noch bevor sie überhaupt auftreten!« rief er triumphierend in die Runde.

Der Übersetzer wurde nicht müde, des Vertreters wahren Worte zu verkünden: »Wir verdienen an der Zerstörung, wir verdienen am Aufbau, wir bauen nur halb auf, weil wir dann an den ständigen Reparaturen verdienen«.

Bevor noch der Zehnte Bauer Luft holen konnte, griff der Vertreter noch einmal in den Zylinder und holte ein allerliebstes kleines Holzmodell hervor, bunt bemalt und kunstreich handgefertigt. Es zeigte auf der linken Seite eine wunderbar vielfältige, kleinbäuerliche Landschaft, wie sie bei uns einst das Land zierte, und auf der rechten Seite das Land, wie es der Vertreter anzubieten hatte – ein Vorher-Nachher-Modell sozusagen. Die Vorher-Seite schmückten gewundene glitzernde Bäche, übervoll mit Krebsen und Fischen, gesäumt von Bäumen und Sträuchern, ein fröhlicher Flickenteppich vielfarbiger Felder, mit Wäldchen, Lichtungen, Steinhaufen, Hecken usw. Ein kleines Paradies. Die andere, die moderne, fortschrittliche Nachher-Seite wies dagegen nur wenige große Flächen auf, schnurgerade betonierte Wasserläufe, asphaltierte Wege, rechte Winkel, große Traktoren, deren Gewicht Feld- und Waldböden tief durchfurchte und verletzte, Einförmigkeit, so weit das Auge reichte.

»DAS ist die wunderbare Zukunft! Große Flächen für schnelles und leichtes Arbeiten, Raum für große Maschinen, viel höhere Erträge! Und nebenbei bemerkt: Ihre Mondkalender können Sie dann auch zum Altpapier werfen. Sie müssen nicht mehr auf Natur- und Mondrhythmen horchen, in ein paar Jahren landen sie im Reich des Altmodischen und des Aberglaubens.«

Der Übersetzer tat seine Arbeit sofort und stellte den Vertreter ins rechte Licht: »Wir verdienen an der Zerstörung, wir verdienen am Aufbau. Das Wissen um die Mondrhythmen ist Schnee von gestern! Chemie und Industrie können es sich leisten, deren Einfluss zu ignorieren. Weil ja für alle Schadensfälle vorgesorgt ist. Narrensicher, dieses System: Wir verdienen am Erfolg, wir verdienen am Misserfolg.«

Und noch einmal griff er in den Zylinder und zog staatliche Förderungsgenehmigungen in Milliardenhöhe und zahlreiche wissenschaftliche Abhandlungen hervor, die Wert und Sinn dieser Eingriffe und Veränderungen, der Flurbereinigungen und Flussbegradigungen und Kahlschläge exakt begründeten und »bewiesen« – ohne Zweifel zuzulassen und mit wissenschaftlichen Begriffen, für die momentan leider kein Übersetzer bereitstand.

Neun Bauern saßen mit leuchtenden Augen da – und ärgerten sich, als der Zehnte Bauer wieder das Wort ergriff: »Was ist mit der unvermeidlichen Bodenabtragung und -zerstörung, mit der Übersäuerung, die das fruchtbare Land in Wüste verwandelt, was ist mit den zwangsläufigen Überschwemmungen, den gravierenden Folgekosten für Maschinenwartung, für Katastrophenschutz und Schadenbehebung, ganz zu schweigen von der Zerstörung des Lebensraums für die Tiere?«

»Kein Problem!«, sagte der Vertreter unbeirrt. »Die Wissenschaft hat selbstverständlich hart gearbeitet, um auch all diese Dinge in den Griff zu bekommen.«

Ohne Zögern machte der Übersetzer die wahren Gedanken des Vertreters und der Marionettenspieler im Hintergrund klar: »Wir schaffen das Problem und verdienen daran, wir arbeiten an der Lösung und verdienen daran, wir zögern eine echte Lösung so lange wie möglich hinaus, und verdienen daran.«

Und noch einmal griff er in den Zylinder und zog staatliche Unterstüt-
zungszusagen in Milliardenhöhe und zahlreiche wissenschaftliche Abhandlungen hervor, die den Sinn der Renaturierung der Bäche und Flüsse,
die Aufhebung der Flußbereinigung exakt und ohne Zweifel zuzulassen
bewiesen, mit Worten, die keiner der Bauern verstand. Zusätzlich verteilte
der Vertreter Formulare für spezielle Kreditanträge, die ein halbes Prozent
niedriger waren als derzeit üblich.

Der Zehnte Bauer sagte mit fester Stimme: »Wenn wir so wirtschaften, zerstören wir auch das Grundwasser! Woher kommt dann sauberes Wasser?«
Der Vertreter lachte laut auf: »Sie werden doch nicht glauben, dass wir
nicht auch dafür eine Lösung haben! Sie ist einfach genial und genial
einfach: Nach intensiven Forschungen und Studium unserer Statistiken
haben wir einfach die Grenzwerte für Gifte im Wasser erhöht! Wir haben
nämlich festgestellt, dass ohnehin nur einige wenige, besonders empfindliche Personen, meist Kinder, auf das minimal belastete Wasser reagiert
haben. Ja, und dann gibt es immer noch diese Möglichkeit!« und er zog ein
schweres und kompliziert gebautes Wasserreinigungsgerät aus dem Zylinder, mit dem sich jedes Wasser unter viel Energieaufwand in eine leblose,
keimfreie Flüssigkeit verwandeln ließ.

Mit schon beinahe gelangweilter Stimme trug der Übersetzer die
Wahrheit in den Worten des Vertreters vor: »Wir schaffen das Pro-
blem und verdienen daran, wir arbeiten an der Lösung und ver-
dienen daran, wir zögern eine echte Lösung so lange wie möglich
hinaus, und verdienen daran. Dass keimfreies Wasser lebloses
Wasser ist, braucht niemand zu wissen.«

Der Zehnte Bauer sagte: »Bei dieser Bewirtschaftungsmethode werden
sich gefährliche resistente Bakterienarten entwickeln, die gegen alle Pestizide und Antibiotika immun sind.«

Der Vertreter nickte nachsichtig und sagte großmütig: »Ich danke auch für diesen Einwand, aber das ist nun wirklich kein Problem! Unsere Gentechniker haben für diesen Fall ganz und gar neue Kulturpflanzen entwickelt, die sicherlich keine Krankheiten mehr bekommen werden, wie alle Forschungen und Freilandversuche zeigten. Und die Samen können Sie garantiert jedes Jahr neu bei uns erwerben!«

Der Übersetzer kannte kein Erbarmen und sagte wahrheitsgemäß, was der Vertreter verschwieg: »Wir schaffen ein riesiges Problem und verdienen gewaltig daran, wir arbeiten in ein paar Jahrzehnten an der Lösung und verdienen gewaltig daran, wir zögern eine echte Lösung so lange wie möglich hinaus, und verdienen absolut irre daran. Und das Schönste: Manche Schäden sind nicht rückgängig zu machen: DAS sind erst die Umsatzträger!«

Der Zehnte Bauer: »Frühestens in dreißig Jahren kann sich zeigen, wie sich diese Pflanzen auf Umwelt, Mensch und Tier auswirken. Fast alle dieser Pflanzen haben sich als schädlich auch für Nützlinge erwiesen. Die Bienen verlassen uns jetzt schon! Warum dann heute ein solches Risiko eingehen?«

Der Vertreter winkte ab: »Aber wo bleibt der Pioniergeist, für den Sie bekannt sind? Kein Fortschritt ohne Risiko. Wenn es klappt, dann ist doch der Gewinn um ein Vielfaches höher als auf herkömmlichen Wegen, nicht wahr?«

Der Übersetzer machte kurzen Prozess und stellte des Vertreters Worte klar: »Appelliere an ihren Stolz, dann rollt der Rubel.«

Der Zehnte Bauer warf ein: »Ob wir uns als Versuchskaninchen für dieses Experiment hergeben, sollte jedem Einzelnen überlassen bleiben.« Der Vertreter: »Du meine Güte, wo bleibt denn da Ihre Menschenkenntnis?

Dann würde doch keiner mitmachen! Nein, manchmal muss man die Menschheit zu ihrem Glück zwingen. Großer Vorteil nebenbei bemerkt: Gleichbleibende Qualität!«

Der Übersetzer wiederholte den tieferen Sinn hinter den Worten des Vertreters: »Appelliere an ihren Stolz, dann rollt der Rubel.«

Der Zehnte Bauer blieb unbeirrt: »Wir können unser Saatgut nicht mehr selbst vermehren wie seit Jahrtausenden, sondern müssen die Hybridpflanzen immer wieder nachkaufen.«

Der Vertreter verzog keine Miene: »Das ist doch kein Problem, mein Lieber, der Nachteil ist Ihr Vorteil! Erstens bekommen Sie immer das neueste Modell aus unserer Genfabrik, diese Garantie haben Sie. Zweitens haben wir selbstverständlich mit unseren engen Freunden in den Banken gesprochen, die günstige Kredite für vorübergehende Notfälle anbieten. Eure Genossenschaften und Gewerkschaften stehen auch bei Fuß, um Euch zu unterstützen, das ist doch deren Sinn und Aufgabe, nicht wahr?«

Der Übersetzer murmelte des Vertreters eigentlichen Worte: »Appelliere an ihr Sicherheitsbedürfnis, dann rollt der Rubel.«

Der Zehnte Bauer: »Diese unfruchtbaren, nicht vermehrbaren Pflanzen sind keine echten Lebensmittel, weil sie steril sind, ihre innere Lebendigkeit ist vernichtet worden. Sie schwächen den Menschen.«
Der Vertreter rief: »Gut, aber nicht zu Ende gedacht! Wir sind glücklicherweise dem Mittelalter entwachsen und neutrale Wissenschaftler haben dies zweifelsfrei als Aberglauben entlarvt.«

Der Übersetzer stellte klar, was der Vertreter zwar nicht sagte, aber meinte: »Für solche Einwände haben wir unsere von uns gut bezahlten Wissenschaftler, die das in unserem Auftrag zweifelsfrei als Aberglauben entlarven. Zwar spürt jeder am eigenen

Leib, dass diese Studien nicht die Wirklichkeit wiedergeben, aber was jeder Laie sehen und fühlen kann, zählt in der Wissenschaft nichts – und das kommt uns gerade recht, nicht nur in diesem Fall.«

Ohne eine Antwort abzuwarten griff er wieder in den Zylinder: »Und hier der Stein der Weisen für die wackeren Tierzüchter unter Ihnen! Kein mühselig selbst angebautes Tierfutter mehr – stattdessen Superkraftfutter, sauberes Silofutter, Legebatterien und Power-Ställe.« Wie Bauklötzchen purzelten Proben und kleine Stall-Modelle über den Tisch und ließen neun Bauern staunen und anerkennend raunen.

Der Übersetzer verdeutlichte die Worte hinter der Kulisse: »Der Vertreter meint damit, dass Ihr das Zeug kaufen sollt, und dann sitzt Ihr in seiner Falle! Denn dieses Futter macht die Tiere krank, es schwächt sie und obendrein macht es sie süchtig nach seinen Produkten!«

Der Zehnte Bauer ließ nicht locker: »Wie steht's dann mit der Qualität unserer Produkte, wenn wir so arbeiten? Die Tiere müssen ja dann mit vielen Medikamenten ruhiggestellt und behandelt werden. Wer kann dann noch verantworten, Fleisch und Milch als unbedenklich zu verkaufen? Wer bezahlt die Arztrechnungen der Käufer? Was ist mit den Tieren und ihrem Leben? Das sind fühlende, intelligente Wesen! Artgerechte Tierhaltung ist kein Luxus, sondern Notwendigkeit, wenn wir menschenwürdig wirtschaften wollen!«

Der Vertreter blieb gelassen: »Ich sagte schon, dass wir gegen all diese Beschwerden großartige Medikamente entwickelt haben. Das Problem ist nur eingebildet. Sie können der Wissenschaft bedingungslos vertrauen.«

Der Übersetzer war zur Stelle und gab die wahren Gedanken der Arbeitgeber des Vertreters wieder: »Alles nicht der Rede wert

gemessen an den enormen Profiten und Vorteilen! Dass die blei-
erne Müdigkeit, die alle Menschen nach Konsum solcher Nicht-
lebensmittel überfällt, von diesen Produkten stammt, weiß ja
niemand. Es gibt ja eine Vielzahl von Abhilfen – vom Kaffee all
überall bis zu diversen frei verkäuflichen Drogen. Allesamt tolle
Umsatzträger für dieselben Firmen, die Euch alle diese Segnun-
gen bringen!«

Der Zehnte Bauer seufzte und sagte mit leiser Stimme: »Als Rädchen in
diesem Teufelskreis wird gewiss keiner von uns mehr ruhig schlafen können! Ich jedenfalls würde morgens nicht mehr in den Spiegel schauen
können.«

Der Vertreter hatte auch darauf eine Antwort und holte einen großen
Haufen bunter Hochglanzprospekte aus dem Zylinder und ein Kranken-
schein-Scheckheft, die er den Bauern zur Ansicht gab. »Wissen wir längst!
Und haben gut vorgesorgt. Hier, damit Ihr auf andere Gedanken kommt.
Zuviel Pessimismus ist doch ungesund! Das macht nur Falten!« Und er
lachte fröhlich und aufmunternd.

Der Übersetzer holte hörbar Luft und begann wiederum, die Wor-
te des Vertreters verständlich zu machen: »Wir haben gut vorge-
sorgt. Unsere Werbeagenturen in aller Welt beweisen dem Konsu-
menten tagtäglich, dass der Zucker gesund ist, dass Euer Fleisch
gesund ist und dass weißes Mehl und Milch gesund sind, dass
Düngemittel und Pestizide unschädlich sind, dass Gentechnik
und Klonen eine super Sache sind. Obwohl es längst Beweise für
das Gegenteil gibt. Und nachdem es kaum noch Wissenschaftler
gibt, die nicht von uns bezahlt werden, wird sich die Zahl der Stu-
dien, die die Wahrheit herausfinden, sehr in Grenzen halten und
zudem kaum Verbreitung finden. Und wenn doch, dann werden
sie einfach als lästig und überholt abgetan. Bei solch umfassen-
der und intensiver Informationspolitik müsst Ihr lange suchen,

261

bis sich jemand findet, der sich davon nicht beeindrucken lässt! Ja und was Eure Gewissensbisse betrifft, da haben wir die EU, die Bauerngewerkschaften und die Krankenkassen auf unserer Seite. Die bezahlen nicht nur die körperlichen Schäden durch die Anwendung der Pestizide und des Konsums Eurer eigenen Produkte, die bezahlen auch die nötige Seelenmassage, damit Ihr auf andere Gedanken kommt.«

Die neun Bauern waren's zufrieden, der Zehnte Bauer aber holte tief Luft: »Das ist bedingungslose Abhängigkeit, in die wir uns begeben sollen, das ist tiefste Sklaverei. Abhängigkeit von den Banken, von Politikern, die noch nie einen Bauernhof besucht haben, von Wissenschaftlern, von der Pharmazie, von staatlichen Förderungen, von den Saatgut-Herstellern, von den Maschinenbau-Firmen, von Subventionen, von Pensionszahlungen, von Krankenkassen, von Tierärzten, von Psychotherapeuten, die unser schlechtes Gewissen beruhigen müssen. Niemand ist dann mehr sein eigener Herr!«

Der Vertreter schlug kurz die Augen nieder: »Aber warum denn so schwarzsehen? Wir sehen hier Sicherheit und Fortschritt. Ich sehe Vernetzung, Globalisierung und fröhliches Miteinander zum Nutzen aller. Man wird sich von allen Seiten um Sie kümmern und für Ihr Wohlergehen sorgen! Schließlich sorgen Sie ja als Gegenleistung für unser aller tägliches Brot und sichern obendrein zahllose Arbeitsplätze!«

Der Übersetzer kam ein letztes Mal zu Wort, um des Vertreters verborgene Absichten ans Licht zu bringen: »Ja schon gut, Sie haben ja recht. Aber wen interessiert das schon? Außerdem brauchen wir Zucker, Weißmehl und Milchpulver, um das wertlose Zeug in Entwicklungsländer zu schicken und so deren körperliche und geistige Abhängigkeit zu zementieren. Wäre ja sonst alles viel teurer bei uns!«

Den letzten Satz sprach der Vertreter mit einem leichten Zittern der Rührung und des Pathos in der Stimme, so dass sich neun Bauern sehr geschmeichelt fühlten. Es waren ja sie, die diesen wunderbaren Kreislauf, dieses System der Beschaffung von Stopfblähfüllmitteln, Geld und Arbeitsplätzen am Leben erhalten würden. Sie empfanden Stolz!

Nachdem sich der Vertreter wieder gefasst hatte, griff er ein letztes Mal in den Zylinder und zog eine kleine Flöte hervor. Leise begann er darauf zu spielen – und zu Melodie und Takt eines uralten Liedes standen der Reihe nach die neun Bauern auf und folgten dem Vertreter. Sie hatten sich nunmehr »freiwillig entschlossen«, ihm zu folgen, ein jeder aus seinem besonderen Beweggrund.

Einem gefiel der Gedanke, endlich einmal als »fortschrittlich« zu gelten und nicht mehr nur als »dummer Bauer«.

Den zweiten Bauer trieb die Gier nach Geld und Gut und Förderungsmitteln, denn er hatte gehört, dass man sogar fürs Nichtstun und für brachliegende Felder bezahlt bekam.

Der dritte Bauer wollte nicht zugeben, dass er kaum etwas vom Kauderwelsch des Vertreters verstanden hatte. Er machte mit, weil die Mehrheit immer Recht hat.

Der vierte Bauer hatte eine große Familie zu ernähren. Ihn trieb die Angst um, wirtschaftlich Schiffbruch zu erleiden und das Wort »Abhängigkeit« klang in seinen Ohren eher wie ein Versprechen denn als Drohung.

Der fünfte Bauer wollte schon lange der ganzen Welt beweisen, vor allem seinen Eltern, dass er zu »etwas« taugte. Selbstzweifel trieben ihn in die Arme des Vertreters.

263

Der sechste Bauer vertraute blind jeder Form von »wissenschaftlicher Erkenntnis« und hatte schon als kleines Kind aufgehört, auf die innere Stimme zu hören, die uns alle retten würde.

Der siebte Bauer hatte sich vom autoritären, selbstgewissen Auftreten des Vertreters beeindrucken lassen. Es konnte sich einfach nicht irren, wer den Mut hat, eine solche Show abzuziehen.

Der achte Bauer folgte dem Vertreter, weil er Angst hatte, allein dazustehen, und die Fragen des Zehnten Bauern waren ihm zu frech und respektlos erschienen, als dass er sich vorstellen konnte, »so jemanden« als Wegbegleiter zu erwählen.

Der neunte Bauer folgte dem Vertreter, weil ihn der Klang der Flöte völlig verzauberte. Er dachte sich: »So wunderschön! Wer so musiziert, ist gewiss meines Vertrauens würdig, denn mit Musik verleiht sich eine gute Seele Ausdruck.«

Der Zehnte Bauer blieb sitzen und sah den anderen Neun und dem Vertreter nachdenklich nach. Dann stand er auf, kehrte auf seinen Hof zurück, und fuhr fort, nach natürlichen Methoden sein goldenes Handwerk zu betreiben. Früchte und Gemüse anzubauen, die alle Kraft einer gesunden Erde in sich trugen. Echte Mittel fürs Leben, die den Menschen gesund erhalten und gesundmachen. Unterstützt von den guten Gedanken der Menschen, die seine Arbeit zu schätzen wissen – von den zehn Familien im Tal, die sich entschieden hatten, sich nur noch bei ihm zu versorgen. »Und wenn morgen die Welt untergeht, würde ich heute noch einen Baum pflanzen.«

Liebe Leserin, lieber Leser, Sie wollen dem Zehnten Bauern helfen? Nichts, aber auch gar nichts ist einfacher als das. Denn mit jeder einzelnen Entscheidung im Alltag über das, was bei Ihnen auf den Teller kommt, helfen Sie entweder dem Zehnten Bauern und sorgen dafür, dass es Bauern wie ihn auch in Zukunft gibt. Oder Sie entscheiden sich für eine andere Zukunft, von deren Vorboten wir jeden Tag in der Zeitung hören. Und längst am eigenen Leib spüren müssen. So sehen nämlich die Alternativen aus. Sie haben es in der Hand.

Für die Zukunft

lle Regeln in diesem Buch beziehen ihre Gültigkeit aus der Intuition und Wahrnehmung, nicht aus Willkür, Vermutung, Theorie oder Glauben. Geschärfte Sinne, Wachheit und genaue Beobachtung der Natur und der eigenen Person haben unsere Vorfahren zu »Meistern des richtigen Zeitpunkts« gemacht.

Denken Sie nach: Es wäre doch niemals gelungen, dieses Wissen zu erhalten und immer wieder erfolgreich weiterzugeben, wenn die jeweils nachfolgende Generation die Regeln einfach nur befolgt hätte, ohne ihren Sinn zu »begreifen«, ohne gleichzeitig die Wahrnehmung zu besitzen, die die Gültigkeit der Regeln bestätigt und die Regeln in Fleisch und Blut übergehen lässt, ohne immer wieder in einem »Handbuch« nachschauen oder »Experten« bemühen zu müssen. Kein Gesetz der Welt kann länger als ein paar Jahrzehnte Bestand haben, wenn es nicht in der Wirklichkeit der Natur und des Menschen wurzelt.

Der Mondstand ist nur ein Uhrzeiger – das Gefühl dafür, was er anzeigt, tragen wir in uns. Dieses Buch ist letztlich nur eine Hilfe, diese Wahrnehmung wieder zu wecken und Vertrauen zu ihr zu gewinnen, den Mut zu haben, auf sie zu horchen. Das Wissen ist überall auf der Erde gültig und aktuell, doch man muss organisch mit ihm wachsen. Unsere Felder und Böden wie unsere Körper haben sich an so viel Negatives gewöhnen müssen, die Rückkehr zum Natürlichen, zum Einklang mit den Rhythmen der Natur erfordert Zeit.

Die Mondrhythmen können Ihnen jederzeit dienstbar werden, wenn Sie sich mit einer Eigenschaft der Natur vertraut machen: Sie arbeitet langsam, in ihrem eigenen Tempo. Sie lässt sich nicht drängen. Wenn Sie diesen Aspekt stets im Auge behalten, wird sich Ihnen das Wissen um die Mondrhythmen von selbst erschließen.

Dieses Buch ist nur ein Werkzeug, kein Patentrezept. Wie Sie das Werkzeug führen, bleibt ganz allein Ihnen überlassen.

Anhang

Was uns noch am Herzen liegt

Mondwochen mit Johanna Paungger-Poppe:

Viele Leserinnen und Leser haben erleben dürfen, wie sehr unsere Bücher und der Mondkalender den Alltag erleichtern helfen, besonders wenn es um eine gesunde Ernährung geht. Im Rahmen eines Seminars haben Sie die Möglichkeit, die Grundzüge des Mondwissens zu erfahren, dabei gleichzeitig so zu »leben wie wir schreiben«. Eine Woche lang sich gesund, ohne tierisches Eiweiß und nach dem persönlichen Ernährungstyp Alpha oder Omega zu ernähren – das bringt eine positive Erfahrung fürs ganze Leben. Wissen aus einem Buch ist eben eine Sache, Anwenden im Alltag oft eine andere. Das gilt natürlich besonders für die Umstellung der Alltagsernährung auf »echt gesund«, speziell innerhalb einer Familie. So ist die Idee von den »Mondwochen« entstanden, an denen inzwischen schon viele LeserInnen teilgenommen haben, manche schon mehrmals. Unter Johannas Leitung erfahren Sie in dieser Woche alles über die Einflüsse der Mondrhythmen im Alltag, aber auch über viele zeitlos gültige Naturgesetze und -rhythmen, die für ein gesundes Leben und erfolgreiche Alltagsbewältigung unentbehrlich sind. Untergebracht in Hotels in wunderschöner Landschaft, deren BesitzerInnen unsere Einstellung voll und ganz teilen und wo auch die Küche auf gesund-und-köstlich eingestellt ist. Informationen, Termine, Kontaktadresse sowie ein Überblick über das angebotene Programm siehe www.paungger-poppe.com / Veranstaltungen. Vielleicht finden Sie und/oder Ihre Familienmitglieder und Freunde Zeit für diese Woche. Sie können eine Bereicherung an Körper, Geist und Seele erwarten und wir würden uns freuen, Sie persönlich kennen zu lernen.

Der Mondversand – Gute Dinge »vom richtigen Zeitpunkt«:

Ein Großteil der Zuschriften an uns fragt nach den Bezugsquellen für bestimmte Leistungen oder Produkte im Umfeld unserer Arbeit. Zum Beispiel: »Eure Bücher sind ja wunderbar, aber wo bekomme ich jetzt solche Produkte her? Wer richtet sich heutzutage schon nach den Mondrhythmen?« So ist unser Mondversand entstanden. Wir wollten einfach zeigen, dass es auch anders geht, dass auch heute noch menschenwürdiges Wirtschaften und Herstellen möglich ist. Partner dafür zu finden war wirklich nicht einfach. Aber es gab und gibt sie, die Firmen und Hersteller, die einen Neuanfang wagen wollten. Heute haben wir den Beweis, dass es möglich ist, zum Wohle aller. Niemals wäre dieses Abenteuer zu bestehen gewesen, ohne den Mut der LeserInnen und aller Beteiligten mit Pioniergeist. Heute können wir fast überall offen über die Mondrhythmen und das Wissen vom richtigen Zeitpunkt sprechen. Ärzte, Heilpraktiker, Tischlereien, Gärtnereien, Schulen, Bauunternehmer und viele mehr profitieren mittlerweile von der Wahl des richtigen Zeitpunkts. Auch unser Mondversand und seine KundInnen.

Wenn Sie sich generell für unsere Arbeit, für Kalender, Bücher und gute Sachen rund um den richtigen Zeitpunkt interessieren und stets auf dem Laufenden bleiben wollen, schreiben Sie uns und fordern Sie kostenlos unseren kleinen Versandprospekt an oder abonnieren den Newsletter bei www.paungger-poppe.com. Bei Adresse unten können Sie per Email, Brief und Telefon alle Serviceleistungen, Alpha-Omega-Auswertungen, Biorhythmen und Ähnliches anfordern.

Mondversand Paungger & Poppe
Postfach 3
A – 5230 Mattighofen
Email: Paungger.Poppe@aon.at
Website: www.paungger-poppe.com
Mondversand: www.mondversand.de
Blog (englisch): www.wisdom-keeper.com

Weitere Bücher und Mondkalender aus der Paungger-Poppe-Werkstatt:

• **Espresso mit dem Teufel (Irisiana)** *Wie er mir seine Tricks offenbarte, um die Welt zu retten.* Auszug aus dem Pressetext: »Thomas Poppe packt in diesem außergewöhnlich tiefgründigen und dabei stets greifbaren und amüsant-provokanten Dialog die großen Themen an, die die Menschen zutiefst bewegen (u.a. Ökologie, Religion, Ernährung, Migration, Rassismus, Gender, Corona, Gesundheitswesen, Terror, Hass im Netz...). Er hat einen Wegweiser durch das Labyrinth des Lebens geschaffen und will den Leser ermutigen, neugierig zu sein, sich eigene Gedanken zu machen, wieder verstärkt hinter die Kulissen zu blicken und Dinge zu hinterfragen und auf Plausibilität zu überprüfen.«

• **Die Alpha Omega Formel (Gräfe & Unzer, ab Juni 2021)** Rückentext: »Johanna Paungger und Thomas Poppe zeigen in diesem Buch eine natürliche Ernährung, die Fröhlichkeit und Lebenskraft spendet. Die Alpha Omega-Formel enthält wesentliche Bausteine für eine ganz persönliche Ernährungsweise. Mit den vielen spannenden Rezepten lässt sie sich ganz einfach in den Alltag integrieren. Die Alpha Omega-Formel macht nicht nur schlank und fit, sondern ist auch eine gute Medizin und ein echtes Lebenselixier«.

• **Moon Power (Mosaik Verlag)**. Das Buch enthält alles Wichtige zum Thema Einfluss von Mond- und Naturrhythmen, aufbauend auf den zusätzlichen Erfahrungen der letzten 20 Jahre im Gespräch mit vielen Lesern in aller Welt. Einfach, klar, präzise, zum schnellen Auffinden des Gesuchten, mit vielen Tipps, die das Anwenden erleichtern.

- **Das Tiroler Zahlenrad (Mosaik Verlag)**. Von der richtigen Berufswahl auf Basis tatsächlich vorhandener, aber vielleicht noch versteckter Talente bis zum weisen Umgang mit schwierigen Kollegen, Freunden, Kindern, Jugendlichen und Ehepartnern – bei alledem kann das hier verborgene Wissen eine große Hilfe sein.

- **Lebenschance Tiroler Zahlenrad (Mosaik Verlag)**. Das Zahlenrad, zugeschnitten auf die vier großen Lebensphasen. Sie können mit vertiefter Einsicht Talente und Fähigkeiten besser einschätzen und große und kleine Kurskorrekturen erfolgreich wagen. Das Zahlenrad als Schlüssel zur Zufriedenheit der Seele – in allen Altersstufen und Lebenslagen!

- **Der lebendige Garten** – Gärtnern zum richtigen Zeitpunkt in Harmonie mit Mond- und Naturrhythmen **(Mosaik Verlag)**. Wir zeigen, worauf es beim Gärtnern wirklich ankommt, nämlich auf die Kunst d es richtigen Zeitpunkts und die Harmonie zwischen Mensch und Natur.

- **Fragen an den Mond** – 250 Antworten zu Gesundheit, Haushalt und Garten im Einklang mit dem Mond **(Mosaik Verlag)**. Seit 1991 erhalten wir im Durchschnitt 5 bis 30 Leseranfragen täglich, die wir bis heute persönlich und direkt beantworten. Die wichtigsten und häufigsten Fragen und Antworten bringen wir hier unseren Lesern nahe.

• **Aus eigener Kraft (Mosaik Verlag).** Das Werk befasst sich ausführlich mit dem Zusammenhang zwischen Mondphasen und Mondstand im Tierkreis und Wirkung vorbeugender und heilender Maßnahmen für Körper, Geist und Seele.

• **Bauen mit dem Mond** – Renovieren, Hausbau, Holzverarbeitung zum richtigen Zeitpunkt **(Mosaik Verlag).**

• **Fit zum richtigen Zeitpunkt (mit Poster!) (Mosaik Verlag).** Aus einem Leserbrief: »Ich bin jetzt schon 81, aber seit ich die Mondgymnastik mache, musste ich nicht mehr zum Arzt.« Nur drei Minuten täglich, für jedes Alter geeignet!

• *Ein rundes Mondkalender-Programm:* Unsere Bücher begleiten wir seit Jahren mit einem vielfältigen Mondkalenderprogramm:

- **Das Mondjahr – Zeit für mich!** Im Einklang mit dem Mond leben heißt, im Einklang mit sich selbst leben – ausgeglichen, vital und von natürlicher Schönheit. In diesem Kalender machen wir das Mondwissen rund um Schönheitspflege, Ernährung, Gesundheit und Fitness zum richtigen Zeitpunkt zugänglich. Ein wertvoller Begleiter für jede Frau, die jetzt immer öfters sagen kann: »Endlich – Zeit für mich!«

- **Der Gartenkalender!** Der richtige Zeitpunkt kann Ihren Garten in ein Paradies verwandeln, wenn Sie ihn kennenlernen und beherzigen. Fürs Kennenlernen sind wir da, das Beherzigen ist Ihr persönliches Abenteuer.

- **Der Original Paungger & Poppe Abreißkalender.** Mit vielen Mini-Geschichten, die das Wirken der Mondrhythmen leicht verständlich nahebringen. Format 13 x 11,5 cm.

- Das bewährte **Mondjahr als Taschenkalender in Schwarz-Weiß und in Farbe.** 160 Seiten im Format 14,5 x 10,5 cm. Das ideale Büchlein auch für Neueinsteiger. Mit Symbolen und Texten für eine Vielzahl von Tätigkeiten und einer Serie von Mini-Kalendern!

- **Der Foto-Wandkalender.** Zwölf wunderschöne Landschaftsfotos mit Mond verwandeln diesen Monatskalender in eine Zierde für Heim und Büro. Enthält sämtliche Symbole und Texte, die auch im Taschenkalender zu finden sind. Viel Mond wissen auf einen Blick im Format 28 x 32 cm.

- **Der Spiral-Wandkalender.** Ebenfalls ein ganzer Monat auf einen Blick, mit farbigen Tätigkeitssymbolen und noch mehr Platz für Notizen und obendrein noch ein schönes Mondfoto im Querformat – das unentbehrliche Werkzeug im Jumbo-Format, mit den Maßen 33 x 48,5 cm.

- **Die Jahresübersichten** 2015 –2025. 10 Jahre Mondkalender im DIN-A5-Format.

• Das Mondjahr als **Wochenplaner** für den Schreibtisch zum Aufstellen im Format 32 x 11 cm.

• Das Mondjahr als **Familienkalender**. Das bewährte Mondjahr im beliebten Familienkalender-Format. Ein unentbehrlicher Begleiter durch den Termindschungel Ihrer Familie!

• Und schließlich: **Das Mond-Jahrbuch**. Der Abreißkalender als handliches Taschenbuch! Die bunte Vielfalt von Tipps, Merksprüchen usw. zum Nachschlagen und Sammeln!

Unser Service: Wir ermitteln Ihren Ernährungstyp! Zahlreiche Leser-Innen haben uns bestätigt, wie dankbar die Anregungen zum Alpha- und Omega-Typ aufgenommen wurden. Von entscheidender Bedeutung für die Umstellung auf eine gesunde Ernährung ohne Diätstress ist die Kenntnis des eigenen Ernährungstyps. Gesundheit aus eigener Kraft ist erst dann ein mühelos erreichbares Ziel. Natürlich ist es schwierig, nach Jahrzehnten der Gewöhnung an bestimmte Nahrungsmittel den eigenen Ernährungstyp zu erkennen. Hier unser Angebot: Wir ermitteln für Sie Ihren persönlichen Ernährungstyp anhand des von uns ausgearbeiteten Fragebogens auf den nächsten Seiten. Der Scancode führt Sie direkt zu unserem Online-Fragebogen:

Stichwortverzeichnis

Die Tierkreiszeichentabelle

Tierkreis- zeichen	Symbole neu alt	Körperzone	Organsystem	Pflanzenteil
Widder		Kopf, Gehirn, Augen, Nase	Sinnesorgane	Frucht
Stier		Kehlkopf, Schild-drüse, Zähne, Kiefer, Mandeln, Ohren	Blutkreislauf	Wurzel
Zwillinge		Schulter, Arme, Hände (Lunge)	Drüsensystem	Blüte
Krebs		Brust, Lunge, Magen, Leber, Galle	Nervensystem	Blatt
Löwe		Herz, Rücken, Zwerchfell, Blutkreislauf, Schlagader	Sinnesorgane	Frucht
Jungfrau		Verdauungsorgane, Nerven, Milz, Bauchspeicheldrüse	Blutkreislauf	Wurzel
Waage		Hüfte, Nieren, Blase	Drüsensystem	Blüte
Skorpion		Geschlechts-organe, Harnleiter	Nervensystem	Blatt
Schütze		Oberschenkel, Venen	Sinnesorgane	Frucht
Steinbock		Knie, Knochen, Gelenke, Haut	Blutkreislauf	Wurzel
Wassermann		Unterschenkel, Venen	Drüsensystem	Blüte
Fische		Füße, Zehen	Nervensystem	Blatt

Element	Absteigend/ Aufsteigend	Nahrungsqualität	Tages-qualität
Feuer	☽	Eiweiß	Wärmetag
Erde	☽	Salz	Kältetag
Luft	☾	Fett	Luft/ Lichttag
Wasser	☾	Kohlenhydrat	Feuchtetag
Feuer	☾	Eiweiß	Wärmetag
Erde	☾	Salz	Kältetag
Luft	☾	Fett	Luft/ Lichttag
Wasser	☾	Kohlenhydrat	Feuchtetag
Feuer	☽	Eiweiß	Wärmetag
Erde	☽	Salz	Kältetag
Luft	☽	Fett	Luft/ Lichttag
Wasser	☽	Kohlenhydrat	Feuchtetag

2025

Januar	Februar	März	April	Mai	Juni
M 1	S 1	S 1	D 1	D 1	S 1
D 2	S 2	S 2	M 2	F 2	M 2
F 3			D 3	S 3	D 3 ☽
S 4	M 3	M 3	F 4	S 4 ☽	M 4
S 5	D 4	D 4	S 5 ☽		D 5
	M 5 ☽	M 5	S 6	M 5	F 6
M 6	D 6	D 6 ☽		D 6	S 7
D 7 ☽	F 7	F 7	M 7	M 7	S 8
M 8	S 8	S 8	D 8	D 8	
D 9	S 9	S 9	M 9	F 9	M 9
F 10			D 10	S 10	D 10
S 11	M 10	M 10	F 11	S 11	M 11 08.42 🌕
S 12	D 11	D 11	S 12		D 12
	M 12 14.52 🌕	M 12	S 13 01.22 🌕	M 12 17.54 🌕	F 13
M 13 23.24 🌕	D 13	D 13		D 13	S 14
D 14	F 14	D 14 07.55 🌕	M 14	M 14	S 15
M 15	S 15	S 15	D 15	D 15	
D 16	S 16	S 16	M 16	F 16	M 16
F 17			D 17	S 17	D 17
S 18	M 17	M 17	F 18	S 18	M 18 🌓
S 19	D 18	D 18	S 19		D 19
	M 19	M 19	S 20	M 19	F 20
M 20	D 20 🌓	D 20		D 20 🌓	S 21
D 21 🌓	F 21	F 21	M 21	M 21	S 22
M 22	S 22	S 22 🌓	D 22	D 22	
D 23	S 23	S 23	M 23	F 23	M 23
F 24			D 24	S 24	D 24
S 25	M 24	M 24	F 25	S 25	M 25 11.31 🌑
S 26	D 25	D 25	S 26		D 26
	M 26	M 26	S 27 20.30 🌑	M 26	F 27
M 27	D 27	D 27		D 27 04.01 🌑	S 28
D 28	F 28 01.44 🌑	F 28	M 28	M 28	S 29
M 29 13.35 🌑		S 29 11.57 🌑	D 29	D 29	
D 30		S 30	M 30	F 30	M 30
F 31		M 31		S 31	

Juli

D	1	
M	2	☽
D	3	
F	4	
S	5	
S	6	
M	7	
D	8	
M	9	
D	10	☺ Vollmond 21.36
F	11	
S	12	
S	13	
M	14	
D	15	
M	16	
D	17	
F	18	abnehm.
S	19	
S	20	
M	21	
D	22	
M	23	
D	24	Neumond 20.10
F	25	
S	26	
S	27	
M	28	
D	29	
M	30	
D	31	

August

F	1	☽
S	2	
S	3	
M	4	
D	5	
M	6	
D	7	
F	8	
S	9	☺ Vollmond 08.55
S	10	
M	11	
D	12	
M	13	
D	14	
F	15	
S	16	abnehm.
S	17	
M	18	
D	19	
M	20	
D	21	
F	22	
S	23	Neumond 07.06
S	24	
M	25	
D	26	
M	27	
D	28	
F	29	
S	30	
S	31	☽

September

M	1	
D	2	
M	3	
D	4	
F	5	
S	6	
S	7	☺ Vollmond 19.08
M	8	
D	9	
M	10	
D	11	
F	12	
S	13	
S	14	abnehm.
M	15	
D	16	
M	17	
D	18	
F	19	
S	20	
S	21	Neumond 20.53
M	22	
D	23	
M	24	
D	25	
F	26	
S	27	
S	28	
M	29	
D	30	☽

Oktober

M	1	
D	2	
F	3	
S	4	
S	5	
M	6	
D	7	☺ Vollmond 04.45
M	8	
D	9	
F	10	
S	11	
S	12	
M	13	abnehm.
D	14	
M	15	
D	16	
F	17	
S	18	
S	19	
M	20	
D	21	Neumond 13.24
M	22	
D	23	
F	24	
S	25	
S	26	
M	27	
D	28	
M	29	☽
D	30	
F	31	

November

S	1	
S	2	
M	3	
D	4	
M	5	☺ Vollmond 14.18
D	6	
F	7	
S	8	
S	9	
M	10	
D	11	
M	12	abnehm.
D	13	
F	14	
S	15	
S	16	
M	17	
D	18	
M	19	
D	20	Neumond 07.46
F	21	
S	22	
S	23	
M	24	
D	25	
M	26	
D	27	
F	28	☽
S	29	
S	30	

Dezember

M	1	
D	2	
M	3	
D	4	
F	5	☺ Vollmond 00.14
S	6	
S	7	
M	8	
D	9	
M	10	
D	11	abnehm.
F	12	
S	13	
S	14	
M	15	
D	16	
M	17	
D	18	
F	19	
S	20	
S	21	Neumond 02.42
M	22	
D	23	
M	24	
D	25	
F	26	
S	27	☽
S	28	
M	29	
D	30	
M	31	

Die aktuellen Jahresübersichten finden Sie hier:

2026

Symbol	Name	Symbol	Name	Symbol	Name	Symbol	Name
♈	Widder	♊	Zwilling	♌	Löwe	♎	Waage
♉	Stier	♋	Krebs	♍	Jungfrau	♏	Skorpion

Januar

Tag	Datum	Mondphase
D	1	
F	2	
S	3	☺ 11.05
S	4	
M	5	
D	6	
M	7	
D	8	
F	9	
S	10	☾
S	11	
M	12	
D	13	
M	14	
D	15	
F	16	
S	17	
S	18	● 20.50
M	19	
D	20	
M	21	
D	22	
F	23	
S	24	
S	25	
M	26	☽
D	27	
M	28	
D	29	
F	30	
S	31	

Februar

Tag	Datum	Mondphase
S	1	☺ 23.10
M	2	
D	3	
M	4	
D	5	
F	6	
S	7	
S	8	
M	9	☾
D	10	
M	11	
D	12	
F	13	
S	14	
S	15	
M	16	
D	17	● 12.57
M	18	
D	19	
F	20	
S	21	
S	22	
M	23	
D	24	☽
M	25	
D	26	
F	27	
S	28	

März

Tag	Datum	Mondphase
S	1	
M	2	
D	3	☺ 12.41
M	4	
D	5	
F	6	
S	7	
S	8	
M	9	☾
D	10	
M	11	☾
D	12	
F	13	
S	14	
S	15	
M	16	
D	17	
M	18	
D	19	● 02.21
F	20	
S	21	
S	22	
M	23	
D	24	
M	25	☽
D	26	
F	27	
S	28	
S	29	
M	30	
D	31	

April

Tag	Datum	Mondphase
M	1	
D	2	☺ 03.13
F	3	
S	4	
S	5	
M	6	
D	7	
M	8	
D	9	
F	10	☾
S	11	
S	12	
M	13	
D	14	
M	15	
D	16	
F	17	● 12.49
S	18	
S	19	
M	20	
D	21	
M	22	
D	23	
F	24	☽
S	25	
S	26	
M	27	
D	28	
M	29	
D	30	

Mai

Tag	Datum	Mondphase
F	1	☺ 18.24
S	2	
S	3	
M	4	
D	5	
M	6	
D	7	
F	8	
S	9	☾
S	10	
M	11	
D	12	
M	13	
D	14	
F	15	
S	16	● 21.01
S	17	
M	18	
D	19	
M	20	
D	21	
F	22	
S	23	☽
S	24	
M	25	
D	26	
M	27	
D	28	
F	29	
S	30	
S	31	☺ 09.45

Juni

Tag	Datum	Mondphase
M	1	
D	2	
M	3	
D	4	
F	5	
S	6	
S	7	
M	8	☾
D	9	
M	10	
D	11	
F	12	
S	13	
S	14	
M	15	● 03.54
D	16	
M	17	
D	18	
F	19	
S	20	
S	21	☽
M	22	
D	23	
M	24	
D	25	
F	26	
S	27	
S	28	
M	29	
D	30	☺ 00.56

Schütze   Wassermann   abnehm. Mond   Neumond

Steinbock   Fische   zunehm. Mond   Vollmond

2026

Juli

M	1
D	2
F	3
S	4
S	5
M	6
D	7	abnehm. Mond
M	8
D	9
F	10
S	11
S	12
M	13
D	14	Vollmond 10.46
M	15
D	16
F	17
S	18
S	19
M	20
D	21	zunehm. Mond
M	22
D	23
F	24
S	25
S	26
M	27
D	28
M	29	Neumond 15.33
D	30
F	31

August

S	1
S	2
M	3
D	4
M	5
D	6	abnehm. Mond
F	7
S	8
S	9
M	10
D	11
M	12	Vollmond 18.38
D	13
F	14
S	15
S	16
M	17
D	18
M	19
D	20	zunehm. Mond
F	21
S	22
S	23
M	24
D	25
M	26
D	27
F	28	Neumond 05.15
S	29
S	30
M	31

September

D	1
M	2
D	3
F	4	abnehm. Mond
S	5
S	6
M	7
D	8
M	9
D	10
F	11	Vollmond 04.28
S	12
S	13
M	14
D	15
M	16
D	17
F	18	zunehm. Mond
S	19
S	20
M	21
D	22
M	23
D	24
F	25
S	26
S	27	Neumond 17.45
M	28
D	29
M	30

Oktober

D	1
F	2
S	3	abnehm. Mond
S	4
M	5
D	6
M	7
D	8
F	9
S	10	Vollmond 16.53
S	11
M	12
D	13
M	14
D	15
F	16
S	17
S	18	zunehm. Mond
M	19
D	20
M	21
D	22
F	23
S	24
S	25
M	26	Neumond 05.09
D	27
M	28
D	29
F	30
S	31

November

S	1	abnehm. Mond
M	2
D	3
M	4
D	5
F	6
S	7
S	8
M	9	Vollmond 08.04
D	10
M	11
D	12
F	13
S	14
S	15
M	16
D	17	zunehm. Mond
M	18
D	19
F	20
S	21
S	22
M	23
D	24
M	25	Vollmond 15.52
D	26
F	27
S	28
S	29
M	30

Dezember

D	1	abnehm. Mond
M	2
D	3
F	4
S	5
S	6
M	7
D	8
M	9	Vollmond 01.51
D	10
F	11
S	12
S	13
M	14
D	15
M	16
D	17	zunehm. Mond
F	18
S	19
S	20
M	21
D	22
M	23
D	24	Vollmond 02.27
F	25
S	26
S	27
M	28
D	29
M	30	abnehm. Mond
D	31

Die aktuellen Jahresübersichten finden Sie hier:

2027

Widder	Zwilling	Löwe	Waage
Stier	Krebs	Jungfrau	Skorpion

Januar	Februar	März	April	Mai	Juni
F 1	M 1	M 1	D 1	S 1	D 1
S 2	D 2	D 2	F 2	S 2	M 2
S 3	M 3	M 3	S 3	M 3	D 3
M 4	D 4	D 4	S 4	D 4	F 4 ● 20.39
D 5	F 5	F 5	M 5	M 5	S 5
M 6	S 6 ● 16.54	S 6	D 6	D 6 ●	S 6
D 7 ● 21.24	S 7	S 7	M 7 ● 00.50	F 7 ● 11.55	M 7
F 8	M 8	M 8 ● 10.25	D 8	S 8	D 8
S 9	D 9	D 9	F 9	S 9	M 9
S 10	M 10	M 10	S 10	M 10	D 10
M 11	D 11	D 11	S 11	D 11	F 11 ◗
D 12	F 12	F 12	M 12	M 12	S 12
M 13	S 13	S 13	D 13 ◗	D 13 ◗	S 13
D 14	S 14 ◗	S 14	M 14	F 14	M 14
F 15 ◗	M 15	M 15 ◗	D 15	S 15	D 15
S 16	D 16	D 16	F 16	S 16	M 16
S 17	M 17	M 17	S 17	M 17	D 17
	D 18	D 18	S 18	D 18	F 18
M 18	F 19	F 19	M 19	M 19	S 19 ☺ 01.44
D 19	S 20	S 20	D 20	D 20	S 20
M 20	S 21 ☺ 00.22	S 21	M 21 ☺ 23.27	F 21 ☺ 12.02	M 21
D 21	M 22	M 22 ☺ 11.47	D 22	S 22	D 22
F 22 ☺ 13.18	D 23	D 23	F 23	S 23	M 23
S 23	M 24	M 24	S 24		D 24
S 24	D 25	D 25	S 25	M 24	F 25
	F 26	F 26		D 25	S 26
M 25	S 27	S 27	M 26	M 26	S 27 ☾
D 26	S 28 ☾	S 28	D 27	D 27	M 28
M 27		M 29	M 28 ☾	F 28 ☾	D 29
D 28		D 30 ☾	D 29	S 29	M 30
F 29 ☾		M 31	F 30	S 30	
S 30				M 31	
S 31					

2027

Legend:
- Schütze
- Steinbock
- Wassermann
- Fische
- abnehm. Mond
- zunehm. Mond
- Neumond
- Vollmond

Juli

Tag	Datum	Mondphase
D	1	
F	2	
S	3	
S	4	01.01
M	5	
D	6	
M	7	
D	8	
F	9	
S	10	
S	11	
M	12	
D	13	
M	14	
D	15	
F	16	
S	17	
S	18	16.45
M	19	
D	20	
M	21	
D	22	
F	23	
S	24	
S	25	
M	26	
D	27	
M	28	
D	29	
F	30	
S	31	

August

Tag	Datum	Mondphase
S	1	
M	2	11.04
D	3	
M	4	
D	5	
F	6	
S	7	
S	8	
M	9	
D	10	
M	11	
D	12	
F	13	
S	14	
S	15	
M	16	
D	17	08.27
M	18	
D	19	
F	20	
S	21	
S	22	
M	23	
D	24	
M	25	
D	26	
F	27	
S	28	
S	29	
M	30	
D	31	18.41

September

Tag	Datum	Mondphase
M	1	
D	2	
F	3	
S	4	
S	5	
M	6	
D	7	
M	8	
D	9	
F	10	
S	11	
S	12	
M	13	
D	14	
M	15	
D	16	00.02
F	17	
S	18	
S	19	
M	20	
D	21	
M	22	
D	23	
F	24	
S	25	
S	26	
M	27	
D	28	
M	29	
D	30	03.36

Oktober

Tag	Datum	Mondphase
F	1	
S	2	
S	3	
M	4	
D	5	
M	6	
D	7	
F	8	
S	9	
S	10	
M	11	
D	12	
M	13	
D	14	
F	15	14.42
S	16	
S	17	
M	18	
D	19	
M	20	
D	21	
F	22	
S	23	
S	24	
M	25	
D	26	
M	27	
D	28	
F	29	14.41
S	30	
S	31	

November

Tag	Datum	Mondphase
M	1	
D	2	
M	3	
D	4	
F	5	
S	6	
S	7	
M	8	
D	9	
M	10	
D	11	
F	12	
S	13	
S	14	02.24
M	15	
D	16	
M	17	
D	18	
F	19	
S	20	
S	21	
M	22	
D	23	
M	24	
D	25	
F	26	
S	27	
S	28	04.26
M	29	
D	30	

Dezember

Tag	Datum	Mondphase
M	1	
D	2	
F	3	
S	4	
S	5	
M	6	
D	7	
M	8	
D	9	
F	10	
S	11	
S	12	
M	13	17.05
D	14	
M	15	
D	16	
F	17	
S	18	
S	19	
M	20	
D	21	
M	22	
D	23	
F	24	
S	25	
S	26	
M	27	21.13
D	28	
M	29	
D	30	
F	31	

Die aktuellen Jahresübersichten finden Sie hier:

2028

Symbol		Symbol		Symbol		Symbol	
♈	Widder	♊	Zwilling	♌	Löwe	♎	Waage
♉	Stier	♋	Krebs	♍	Jungfrau	♏	Skorpion

Januar

Tag	Datum	Mond
S	1	
S	2	
M	3	
D	4	
M	5	☽
D	6	
F	7	
S	8	
S	9	
M	10	
D	11	
M	12	
D	13	● 05.02
F	14	
S	15	
S	16	
M	17	
D	18	☽
M	19	
D	20	
F	21	
S	22	
S	23	
M	24	
D	25	
M	26	○ 16.13
D	27	
F	28	
S	29	
S	30	
M	31	

Februar

Tag	Datum	Mond
D	1	
M	2	
D	3	☽
F	4	
S	5	
S	6	
M	7	
D	8	
M	9	
D	10	● 16.01
F	11	
S	12	
S	13	
M	14	
D	15	
M	16	
D	17	☽
F	18	
S	19	
S	20	
M	21	
D	22	
M	23	
D	24	
F	25	○ 11.36
S	26	
S	27	
M	28	
D	29	

März

Tag	Datum	Mond
M	1	
D	2	
F	3	☽
S	4	●
S	5	
M	6	
D	7	
M	8	
D	9	
F	10	
S	11	● 02.06
S	12	
M	13	
D	14	
M	15	
D	16	
F	17	☽
S	18	
S	19	
M	20	
D	21	
M	22	
D	23	
F	24	
S	25	
S	26	○ 05.29
M	27	
D	28	
M	29	
D	30	
F	31	

April

Tag	Datum	Mond
S	1	
S	2	☽
M	3	
D	4	
M	5	
D	6	
F	7	
S	8	
S	9	● 11.29
M	10	
D	11	
M	12	
D	13	
F	14	
S	15	
S	16	☽
M	17	
D	18	
M	19	
D	20	
F	21	
S	22	
S	23	
M	24	○ 20.45
D	25	
M	26	
D	27	
F	28	
S	29	
S	30	

Mai

Tag	Datum	Mond
M	1	
D	2	☽
M	3	
D	4	
F	5	
S	6	
S	7	
M	8	● 20.51
D	9	
M	10	
D	11	
F	12	
S	13	
S	14	
M	15	
D	16	☽
M	17	
D	18	
F	19	
S	20	
S	21	
M	22	
D	23	
M	24	○ 09.13
D	25	
F	26	
S	27	
S	28	
M	29	
D	30	
M	31	☽

Juni

Tag	Datum	Mond
D	1	
F	2	
S	3	
S	4	
M	5	
D	6	
M	7	
D	8	● 07.12
F	9	
S	10	
S	11	
M	12	
D	13	
M	14	
D	15	☽
F	16	
S	17	
S	18	
M	19	
D	20	
M	21	
D	22	○ 19.25
S	23	
S	24	
M	25	
D	26	
M	27	
D	28	
D	29	☽
F	30	

2028

Symbol	Bedeutung	Symbol	Bedeutung
♐	Schütze	♒	Wassermann
♑	Steinbock	♓	Fische
☽	abnehm. Mond	☽	zunehm. Mond
⊕	Neumond	☺	Vollmond

Juli

Tag	Datum	Mond
S	1	
S	2	
M	3	
D	4	
M	5	
D	6	19.13
F	7	
S	8	
S	9	
M	10	
D	11	
M	12	
D	13	
F	14	☽
S	15	
S	16	
M	17	
D	18	
M	19	
D	20	
F	21	
S	22	03.59
S	23	
M	24	
D	25	
M	26	
D	27	
F	28	☽
S	29	
S	30	
M	31	

August

Tag	Datum	Mond
D	1	
M	2	
D	3	
F	4	
S	5	09.11
S	6	
M	7	
D	8	
M	9	
D	10	
F	11	
S	12	
S	13	☽
M	14	
D	15	
M	16	
D	17	
F	18	
S	19	
S	20	11.41
M	21	
D	22	
M	23	
D	24	
F	25	
S	26	
S	27	☽
M	28	
D	29	
M	30	
D	31	

September

Tag	Datum	Mond
F	1	
S	2	
S	3	
M	4	00.47
D	5	
M	6	
D	7	
F	8	
S	9	
S	10	
M	11	
D	12	☽
M	13	
D	14	
F	15	
S	16	
S	17	
M	18	19.22
D	19	
M	20	
D	21	
F	22	
S	23	
S	24	
M	25	☽
D	26	
M	27	
D	28	
F	29	
S	30	

Oktober

Tag	Datum	Mond
S	1	
M	2	
D	3	17.23
M	4	
D	5	
F	6	
S	7	
S	8	
M	9	
D	10	
M	11	☽
D	12	
F	13	
S	14	
S	15	
M	16	
D	17	
M	18	03.58
D	19	
F	20	
S	21	
S	22	
M	23	
D	24	
M	25	☽
D	26	
F	27	
S	28	
S	29	
M	30	
D	31	

November

Tag	Datum	Mond
M	1	
D	2	10.14
F	3	
S	4	
S	5	
M	6	
D	7	
M	8	
D	9	☽
F	10	
S	11	
S	12	
M	13	
D	14	
M	15	
D	16	14.22
F	17	
S	18	
S	19	
M	20	
D	21	
M	22	
D	23	
F	24	☽
S	25	
S	26	
M	27	
D	28	
M	29	
D	30	

Dezember

Tag	Datum	Mond
F	1	
S	2	02.39
S	3	
M	4	
D	5	
M	6	
D	7	
F	8	
S	9	☽
S	10	
M	11	
D	12	
M	13	
D	14	
F	15	
S	16	
S	17	03.07
M	18	
D	19	
M	20	
D	21	
F	22	
S	23	☽
S	24	
M	25	
D	26	
M	27	
D	28	
F	29	
S	30	
S	31	17.44

Die aktuellen Jahresübersichten finden Sie hier:

2029

Widder	Zwilling	Löwe	Waage
Stier	Krebs	Jungfrau	Skorpion

Januar

		Mondphase
M	1	
D	2	
M	3	
D	4	
F	5	
S	6	
S	7	☾
M	8	
D	9	
M	10	
D	11	
F	12	
S	13	
S	14	● 18.26
M	15	
D	16	
M	17	
D	18	
F	19	
S	20	
S	21	
M	22	☽
D	23	
M	24	
D	25	
F	26	
S	27	
S	28	
M	29	
D	30	☺ 07.00
M	31	

Februar

		Mondphase
D	1	
F	2	
S	3	
S	4	
M	5	☾
D	6	
M	7	
D	8	
F	9	
S	10	
S	11	
M	12	
D	13	● 11.33
M	14	
D	15	
F	16	
S	17	
S	18	
M	19	
D	20	
M	21	☽
D	22	
F	23	
S	24	
S	25	
M	26	
D	27	
M	28	☺ 18.07

März

		Mondphase
D	1	
F	2	
S	3	
S	4	
M	5	
D	6	
M	7	☾
D	8	
F	9	
S	10	
S	11	
M	12	
D	13	
M	14	
D	15	● 05.19
F	16	
S	17	
S	18	
M	19	
D	20	
M	21	
D	22	
F	23	☽
S	24	
S	25	
M	26	
D	27	
M	28	
D	29	
F	30	
S	31	☺ 13.35

April

		Mondphase
S	1	
M	2	
D	3	
M	4	
D	5	☾
F	6	
S	7	
S	8	
M	9	
D	10	
M	11	
D	12	
F	13	● 22.39
S	14	
S	15	
M	16	
D	17	
M	18	
D	19	
F	20	
S	21	☽
S	22	
M	23	
D	24	
M	25	
D	26	
F	27	
S	28	☺ 11.39
S	29	
M	30	

Mai

		Mondphase
D	1	
M	2	
D	3	
F	4	
S	5	☾
S	6	
M	7	
D	8	
M	9	
D	10	
F	11	
S	12	
S	13	● 14.40
M	14	
D	15	
M	16	
D	17	
F	18	
S	19	
S	20	
M	21	☽
D	22	
M	23	
D	24	
F	25	
S	26	
S	27	☺ 19.40
M	28	
D	29	
M	30	
D	31	

Juni

		Mondphase
F	1	
S	2	
S	3	
M	4	☾
D	5	
M	6	
D	7	
F	8	
S	9	
S	10	
M	11	
D	12	● 04.49
M	13	
D	14	
F	15	
S	16	
S	17	
M	18	
D	19	☽
M	20	
D	21	
F	22	
S	23	
S	24	
M	25	
D	26	☺ 04.23
M	27	
D	28	
F	29	
S	30	

2029

Juli		August		September		Oktober		November		Dezember	
S 1		M 1		S 1	abnehm. Mond	M 1		D 1		S 1	
		D 2	abnehm. Mond	S 2		D 2		F 2		S 2	
M 2		F 3				M 3		S 3			
D 3	abnehm. Mond	S 4		M 3		D 4		S 4		M 3	
M 4		S 5		D 4		F 5				D 4	
D 5				M 5		S 6		M 5		M 5	Neumond 15.55
F 6		M 6		D 6		S 7	Neumond 20.14	D 6	Neumond 05.25	D 6	
S 7		D 7		F 7				M 7		F 7	
S 8		M 8		S 8	Neumond 11.40	M 8		D 8		S 8	
		D 9		S 9		D 9		F 9		S 9	
M 9		F 10	Neumond 02.54			M 10		S 10			
D 10		S 11		M 10		D 11		S 11		M 10	
M 11	Neumond 16.47	S 12		D 11		F 12				D 11	
D 12				M 12		S 13		M 12		M 12	zunehm. Mond
F 13		M 13		D 13		S 14	zunehm. Mond	D 13	zunehm. Mond	D 13	
S 14		D 14		F 14				M 14		F 14	
S 15		M 15		S 15		M 15		D 15		S 15	
		D 16	zunehm. Mond	S 16		D 16		F 16		S 16	
M 16		F 17				M 17		S 17			
D 17		S 18		M 17		D 18		S 18		M 17	
M 18	zunehm. Mond	S 19		D 18		F 19				D 18	
D 19				M 19		S 20		M 19		M 19	
F 20		M 20		D 20		S 21		D 20		D 20	
S 21		D 21		F 21				M 21	Vollmond 05.02	F 21	Vollmond 23.46
S 22		M 22		S 22	Vollmond 17.31	M 22	Vollmond 10.27	D 22		S 22	
		D 23		S 23		D 23		F 23		S 23	
M 23		F 24	Vollmond 02.51			M 24		S 24			
D 24		S 25		M 24		D 25		S 25		M 24	
M 25	Vollmond 14.39	S 26		D 25		F 26				D 25	
D 26				M 26		S 27		M 26		M 26	
F 27		M 27		D 27		S 28		D 27		D 27	
S 28		D 28		F 28				M 28		F 28	abnehm. Mond
S 29		M 29		S 29		M 29		D 29	abnehm. Mond	S 29	
		D 30		S 30	abnehm. Mond	D 30	abnehm. Mond	F 30		S 30	
M 30		F 31				M 31					
D 31										M 31	

Die aktuellen Jahresübersichten finden Sie hier:

Das handliche Mondkalendarium für ein ausgeglichenes Leben

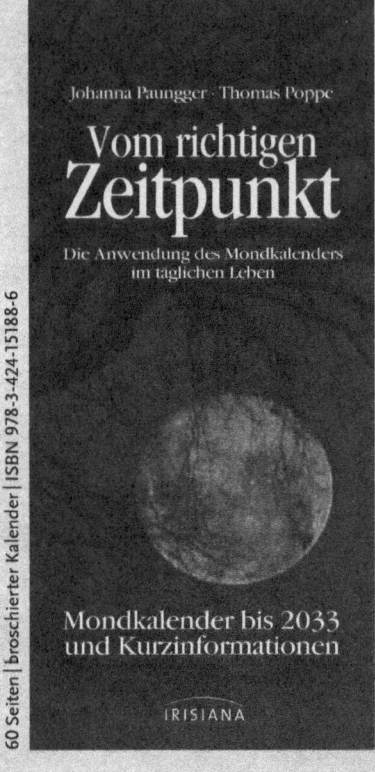

60 Seiten | broschierter Kalender | ISBN 978-3-424-15188-6

Mit diesem handlichen Kalendarium erhalten Sie das perfekte Werkzeug für die Kunst des Handelns zum richtigen Zeitpunkt. Nachhaltiger Gartenbau, Gesundsein und Gesundwerden aus eigener Kraft – all das und mehr noch wird durch das Handeln zum richtigen Zeitpunkt und durch das Wissen um die Natur- und Mondrhythmen viel leichter erreichbar. Alles, was man dazu braucht, ist ein wenig Geduld und Selbstvertrauen – und auch diesen Kalender.
Das aktualisierte Mondkalendarium umfasst den Zeitraum bis 2033.
Damit ist es eine perfekte Ergänzung zu dem Buchklassiker „Vom richtigen Zeitpunkt" von Johanna Paungger und Thomas Poppe.

Weitere Infos unter www.irisiana.de